Bibliografische Information der Deutschen Nationalbibliothek:
Die Deutsche Nationalbibliothek verzeichnet diese Publikation in der Deutschen Nationalbibliografie; detaillierte bibliografische Daten sind im Internet über http://dnb.d-nb.de abrufbar.

Impressum:
Copyright © 2016 ScienceFactory
Ein Imprint der GRIN Verlag GmbH
Druck und Bindung: Books on Demand GmbH, Norderstedt, Germany
Coverbild: pixabay.com

Von der Erfahrung älterer Mitarbeiter profitieren
Was Unternehmer von ihnen lernen können

Inhaltsverzeichnis

Olaf Meschke: Die Bedeutung des Erfahrungswissens älterer Mitarbeiterinnen und Mitarbeiter unter den Bedingungen des demografischen Wandels 7

Abkürzungsverzeichnis 8

Einführung 9

Demografie 11

„Ältere" Mitarbeiterinnen und Mitarbeiter 19

Können und Wollen älterer Mitarbeiter 30

Erfahrungswissen 43

Resümee 54

Literaturverzeichnis 56

Julia Förster: Auswirkungen einer demographieorientierten Rekrutierung auf die Unternehmenskultur 63

Abkürzungsverzeichnis 64

Einleitung 65

Theoretische Grundlagen 67

Untersuchungsrahmen 87

Untersuchung 92

Ergebnisse 122

Literaturverzeichnis 130

Jessica Kühn: Die Wirkungen des demografischen Wandels auf die Betriebe in Deutschland. Handlungsmöglichkeiten für Arbeitgeber und -nehmer 141

Einleitung 142

Demografie und demografische Prozesse in der Bundesrepublik 143

Die Wirkungen des demografischen Wandels auf Arbeitsmarkt und Beschäftigung 149

Maßnahmen für die demografieorientierte Eingliederung der älteren Arbeitnehmer in die Betriebe 155

Betriebliches Personalmanagement – Anpassung der Arbeitsgestaltung im Betrieb 156

Fazit 161

Literaturverzeichnis 162

Dominic Konrad: Die Folgen der Bevölkerungsalterung für den Arbeitsmarkt in Deutschland **165**

Zusammenfassung 166

Einleitung 167

Demographische Entwicklung in Deutschland 169

Die Herausforderungen am Arbeitsmarkt 174

Handlungsempfehlungen 181

Resümee 187

Literaturverzeichnis 188

Einzelbände **191**

Die Bedeutung des Erfahrungswissens älterer Mitarbeiterinnen und Mitarbeiter unter den Bedingungen des demografischen Wandels

Olaf Meschke, 2010

Abkürzungsverzeichnis

ähnl.	ähnlich
Aufl.	Auflage
Bd.	Band
BDA	Bundesvereinigung der Deutschen Arbeitgeberverbände
Diss.	Dissertation
et al.	et alii
H.	Heft
Jg.	Jahrgang
o.S.	ohne Seitenangabe
o.V.	ohne Verfasser
PV	Personalvermögen
S.	Seite
SS	Sommersemester
Verf.	Verfasser
WHO	Weltgesundheitsorganisation
zugl.	Zugleich

Einführung

Wissen als Ressource der Zukunft stellt, in einem Zeitalter, in welchem sich unsere Industriegesellschaft zur Informations- und Dienstleistungsgesellschaft wandelt,[1] eine der zukünftig bedeutsamsten Produktionsmittel dar. Mit der steigenden Lebenserwartung, hervorgerufen durch moderne soziale und medizinische Systeme verschiebt sich das Altern nach hinten. Was in der Vergangenheit als alt oder älter bezeichnet worden ist, wird heute dieser Beschreibung nicht mehr gerecht. In Zukunft werden heute geborene Menschen nicht selten bis zu 100 Jahre alt. Sie bereits mit 40-50 zu den älteren zu zählen, wie es gegenwärtig der Fall ist, wird an dieser Stelle in Frage gestellt. Die zunehmende Bedeutung von Mitarbeiterinnen und Mitarbeitern äußert sich vielfach in Aussagen wie: „Das größte Vermögen unseres Unternehmens sind unsere MitarbeiterInnen."[2] Demografischer Wandel ist überall fast 30 Jahre zu spät im Bewusstsein der Bevölkerung angekommen. Die Umwelt verändert sich in Europa dramatisch, propagierten die Nationalsozialisten noch das „Volk ohne Raum"[3] so spricht die Presse nun vom „Raum ohne Volk"[4]. Trotz unverändert vieler Arbeitsvertragsloser könnte es künftig mehr unbesetzte Arbeitsplätze mangels qualifizierter Mitarbeiterinnen und Mitarbeiter geben. Wie sollen die Arbeitsplätze ohne qualifizierten Nachwuchs besetzt werden? Unsere Gesellschaft ist auf einen Rückgang von Bevölkerung und Produktivität nicht vorbereitet. In der jüngeren Vergangenheit wurde Karriere groß geschrieben, das bedeutete weniger, spät oder keine Kinder. Doch es bedeutet nun als Folge auch Armut, soziale und emotionale. Die Entscheidung gegen Kinder wird im Alter als das schlimmste Versäumnis der eigenen Vergangenheit empfunden. Ob die Generation „Kinderarmut" diese Situation, welche schneller als vorausgesagt kommt, meistern kann, wird die Zeit zeigen. Die heutigen und zukünftigen älteren Mitarbeiter haben im Laufe ihres Arbeitslebens viele nützliche Fähigkeiten und Fertigkeiten also Qualifikationen erworben. Qualifikationen sind ein Teil des Personalvermögenskonzepts, welches von Gerhard E. Ortner entwickelt wurde. Ortners Konzept stellt nicht das Personal selbst als Individuum, sondern dessen Motivationen und Qualifikationen, im folgenden Personalvermögen genannt, in den Vordergrund.

---

[1] Vgl. *Scholz*, 1994, S. 20.

[2] *Thielmann-Holzmeyer*, 2004, S. 9.

[3] *Grimms*, 1927, o.S..

[4] Vgl. *Schwärgl*, 2004, S. 39.

Deshalb wird im Rahmen dieser Arbeit, wenn von Mitarbeitern gesprochen wird, auch der Begriff Personalvermögensträger verwendet. Um das Personalvermögenskonzept zu verstehen, werden in der Arbeit dessen Kernaussagen kurz vorgestellt. Dem Können und Wollen der älteren Mitarbeiterinnen und Mitarbeiter kommt künftig eine steigende Bedeutung zu, insbesondere in kunden- und dienstleistungsintensiven Branchen. Ohne das spezielle Personalvermögen dieser Mitarbeiterinnen und Mitarbeiter, zur besseren Lesbarkeit dieser Arbeit künftig auch nur Mitarbeiter genannt, ist voraussichtlich die Innovations- und Leistungsfähigkeit von Unternehmen zukünftig nicht mehr gegeben oder auf jeden Fall eingeschränkt. Welche Bedeutung, für gegenwärtige und zukünftige unternehmerische Leistungsprozesse, das Personalvermögen in Form von Erfahrungswissen älterer Mitarbeiter vor dem Hintergrund des demografischen Wandels hat, soll in dieser Arbeit erarbeitet werden. Vor und Nachteile der Leistungsfähigkeit älterer Mitarbeiter werden dargestellt und analysiert. Es werden Ansätze zum Vermeiden von Fehlentwicklungen, welche durch Verlust und Nichtnutzung von Erfahrung entstehen können, aufgezeigt. Die Frage, ob man Erfahrungswissen älterer nutzen soll, formulierte Otmar Fahrion auf der Management Circle Fachkonferenz Personalmanagement 50+ in diesem Zusammenhang treffend: „Ältere Menschen vorsätzlich nicht zu beschäftigen ist betriebswirtschaftliche Dummheit, volkswirtschaftliche Vergeudung und gesellschaftspolitische Diskriminierung".[5] Mit dieser provokanten These geht der Autor konform und versucht zu belegen, dass die Einstellung und Erhaltung älterer Mitarbeiter nicht nur eine den demografischen Veränderungen geschuldete Notwendigkeit ist, sondern betriebswirtschaftlich sinnvoll, ethisch korrekt und gesellschaftspolitisch wünschenswert ist.

---

[5] *Berte*, 2006a, S. 28.

Demografie

Demografie (auch Demographie) beschreibt wirtschafts- und sozial-politische Bevölkerungsbewegungen und wird auch als Bevölkerungswissenschaft bezeichnet. Sie untersucht die Größe und die Struktur zum Beispiel Geschlecht, Nationalität und Alter humanoider Bevölkerungen sowie deren ständige Veränderungen wie das Leben, Entstehen und Sterben. Erfasst wird die Anzahl der Bevölkerung, ihre Verteilung innerhalb der Lebensräume und die Determinanten, welche dafür ausschlaggebend sind. Demografie – griechisch démos = Volk, graphé = Beschreibung – erforscht die Gesetzmäßigkeiten und Regelmäßigkeiten betreffend des Zustandes und der Entwicklung von Bevölkerungen. Sie erfasst, sammelt und analysiert diese mithilfe der Statistik und sie nutzt sie verschiedene Beschreibungs- und Erklärungsmodelle. Das bevölkerungswissenschaftliche Forschen hat nach derzeitigen Erkenntnissen in der Mitte des 16. Jahrhunderts in England seinen Ursprung. „Das älteste demografische Modell ist eine Sterbetafel".[6] In Deutschland wurden erstmals 1871 demografische Daten erfasst. Zu dieser Zeit war die Bevölkerung in Deutschland noch konstant.[7] Das heißt, die Zahl der Geburten lag höher als die der Todesfälle.

Demografische Entwicklung in Deutschland

Die Gesellschaft in Deutschland und der Welt wird im Durchschnitt immer älter. In Deutschland sinkt seit 1972 die Bevölkerungszahl kontinuierlich. Der Anstieg der Lebenserwartung (Mortalität) unserer Bevölkerung ist das Ergebnis von verbesserten Hygienebedingungen und einer leistungsfähigen Sozial- und Gesundheitspolitik. Das Absinken, der Geburtenrate (Fertilität) seit Ende der 60er Jahre, verändert die Altersstruktur und Bevölkerungszahl in Deutschland und vielen anderen Industrienationen. Der Geburtenrückgang fällt zusammen mit der Einführung und ständigen Verfügbarkeit der Antibabypille (Pillenknick), welche eine Geburtenkontrolle für Frauen ermöglichte und das Durchschnittsalter von Müttern ansteigen ließ.

---

[6] *Höhn*, 2000, S. 751.

[7] Vgl. *Geschonke*, 2008, S. 24.

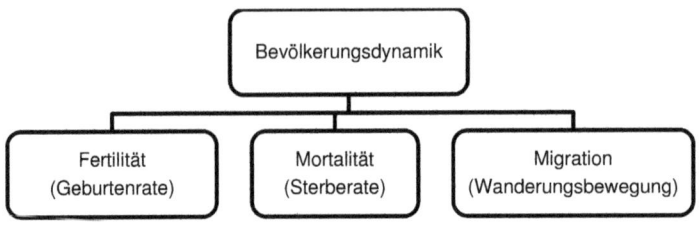

Quelle: eigene Darstellung
Abb. 1: Determinanten der Bevölkerungsdynamik

Möglich wurde diese Form der Geburtenkontrolle nicht nur durch die allgemeine Verfügbarkeit von „sicheren" Verhütungsmitteln sondern auch durch einen Wandel in der Moral, welcher solche Anwendungen erst ermöglichte. Ein weiterer Faktor sind Wanderbewegungen, also Ein- und Auswanderer unserer Gesellschaft. Die Bevölkerungsdynamik ist gegenwärtig so weit zurückgegangen, dass der Überschuss an Einwanderern das Defizit an Geburten nicht mehr ausgleicht. Die Bevölkerung wird wahrscheinlich von derzeit etwa 82 Millionen auf bis zu 67 Millionen bis zum Jahr 2050 schrumpfen,[8] mit all seinen sozialen – zum Beispiel Überlastung von Sozialsystemen – und wirtschaftlichen – Alterung und Reduzierung des Erwerbspotenzials – Folgen. „Die Zuwanderung hat die demografische Alterung der Bevölkerung nur verlangsamt."[9] „In einigen ländlichen Regionen der Schweiz [das gilt auch für Deutschland] wird die demografische Alterung der Bevölkerung zusätzlich durch Abwanderung junger Frauen und Männer verstärkt."[10] „Die Bevölkerungszahl Deutschlands hat im Jahr 2002 ihr historisches Maximum erreicht"[11] und schrumpft seit dem permanent. Bis 2050 könnte sich das auf elf Millionen aufsummieren.[12] „Ohne „Gegenmaßnahmen" [etwa steigende Geburtenraten und erhöhte Zuwanderung] würde die Bevölkerung in Deutschland im Jahr 2100 nahezu um die Hälfte kleiner sein als heute."[13]

---

[8] *Geschonke*, 2008, S. 30.
[9] *Walla*, 2006, S. 56.
[10] *Höpflinger*, 2009, S. 21.
[11] Vgl. *Klingholz*, 2010, S. 1.
[12] Vgl. *Statistisches Bundesamt*, 2009a, S.4.
[13] *Bundesministerium für Familie, Senioren, Frauen und* Jugend, 2005, S. 37.

Altersstruktur unserer Gesellschaft

Die Altersstruktur einer Gesellschaft ergibt sich aus der gegenwärtigen Entwicklung von Geburten und Sterbefällen und wird meist in Pyramidenform dargestellt. Die Alterspyramide, allgemein bekannt und oft dargestellt, ist wohl die „bekannteste graphische Darstellung demographischer Sachverhalte".[14] Jede vorkommende Veränderung wie zum Beispiel Geburtenschwankungen, Kriege, Epidemien oder Naturkatastrophen führt langfristig zu einer Veränderung von Teilen der verschiedenen Altersgruppen und ist an einer Alterspyramide direkt ablesbar. Gegenwärtig werden die Gruppen der Kinder und Jugendlichen sowie der Erwerbsfähigen kleiner und der Anteil der Nichterwerbsfähigen also Rentnerinnen und Rentner größer. „Aus der Bevölkerungspyramide, die wir zu Beginn unseres Jahrhunderts [1910] hatten, wurde zunehmend mehr ein Bevölkerungspilz."[15] „Damit weicht die Bevölkerungsstruktur von der idealen Vorstellung [eines Dreiecks] ab".[16]

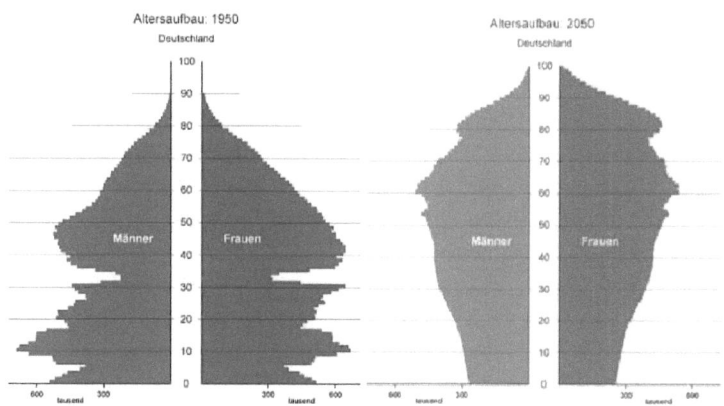

Quelle: Kümmel G., 2007, S. 205
Abb. 2: Bevölkerungswandel in Deutschland

Bedingungen für einen demografischen Wandel

Seit etwa Mitte des 20. Jahrhunderts ist der Demografische Wandel die Beschreibung für eine Überschreitung der Sterberate gegenüber der Geburtenrate.

---

[14] *Mueller*, 2000, S. 16-18.

[15] *Lehr*, 2007, S. 30.

[16] *Statistisches Bundesamt*, 2006, S. 15.

Die fortschrittlichen, meist westlichen, Industriestaaten des letzten Jahrhunderts verlieren stetig an Bevölkerung. Betroffen davon ist bei all seinem Reichtum auch Deutschland. „Es fehlt am wichtigsten Gut einer lebendigen Gesellschaft: den Kindern."[17] Determinanten des Wandels, welche auf Unternehmen und Mitarbeiter wirken, sind technologischer, soziokultureller, ökonomischer und rechtlich-politischer Natur. Berücksichtigung finden muss Inhalt (Tiefe und Nachhaltigkeit), Zeit (Tempo), Richtung (Konsequenzen) und Steuerbarkeit (Planbarkeit) des Wandels.[18] Was führte und führt zu solch ungewollten gegenläufigen Entwicklungen? Für Deutschland konnten sechs wesentliche Faktoren festgestellt werden.

Unterschiedlicher Arbeits- und Familienort

Das 19. Jahrhundert brachte mit seinen modernen Fortbewegungsmitteln der Bevölkerung und den Unternehmen eine neue Mobilität. Unternehmen siedeln nun nicht mehr in der Heimat der Gründer oder Besitzer, sondern am ökonomisch optimalsten Standort. Diese weiter anhaltende Entwicklung leitete die Trennung von Berufs- und Familienort ein. Es war und ist nicht mehr selbstverständlich, das beide Orte aufeinander fallen. Damit kam es zu einer neuen Konstellation. „Wer zu Hause bleibt, um die Kinder zu betreuen, muss häufig auf den Beruf verzichten; wer zur Arbeit geht, muss derweil die Kinder verlassen."[19] Familien wird somit die Entscheidung für das eine oder andere aufgedrängt. Obwohl unsere Verfassung in Artikel 6 und 12 Grundgesetz Familie und Beruf schützen, ist die Vereinbarkeit von Familie und Beruf zum Beispiel durch ganztägige Kinderbetreuung regional unterschiedlich ausgeprägt.

Wegfall von Großfamilien

Unsere heutige Gesellschaft besteht vorwiegend aus Kleinfamilien, Alleinerziehenden und sogenannte Singles. Gegenwärtige Generationen leben generell länger. Legt man das Reproduktionsverhalten früherer Jahrgänge zugrunde, also Kinder im Alter von ca. 20, würde das bei der gegenwärtigen und weiter steigenden Lebenserwartung bedeuten, dass in einer Großfamilie 4-5 Generationen in einem Haushalt leben. Kinder bedingen, dass der- oder diejenige zu Hause bleibt, um den ganzen Tag mit der Erziehung der Kinder verbringen, weil u.a. die staatlichen Angebote für Kinderbetreuung, insbesondere der bis 3 Jährigen,

---

[17] *Kirchhoff*, 2004, S. 11.

[18] Vgl. *Mudra*, 2004, S.476-477.

[19] *Kirchhoff*, 2004, S.12.

den Bedarf nur zu 19% decken. Zu Hause die Kinder erziehen klingt angenehm, ist aber mit den aktuellen Wertevorstellungen nicht in Einklang zu bringen. Anerkennung, Kontakte und geistige Herausforderungen, welche das Berufsleben ausmachen, fehlen. Eine Entlastung durch Eltern oder Großeltern fehlt, weil diese woanders wohnen und eventuell selbst noch berufstätig sind. Hier wird auch deutlich, dass schon innerhalb der Familie der Generationenvertrag, wie er früher in Großfamilien üblich war, nicht mehr funktioniert.

Entwertung der Erziehungsleistung

In Deutschland basieren unsere Sozialsysteme, insbesondere das aktuelle Rentensystem, auf dem sogenannten Generationenvertrag. Mit dem heutigen staatlichen System der Zwangsversicherung werden auch die Kinderlosen abgesichert. Bis zu deren Einführung bestand der wirtschaftliche Wert der Kindererziehung darin, dass die Eltern im Alter oder in der Not einen Beistands- und Unterhaltsanspruch, zumindest einen moralischen, gegen ihre Kinder hatten. Wer viele Kinder hatte, musste sich also keine Sorgen, zumindest keine wirtschaftlichen machen.[20] Heute wird zwar die Kindererziehung begrüßt, gleichzeitig aber als versicherungsfremde Leistungen diffamiert. „Unter den Bedingungen der Industriegesellschaft ist es sicherer und weniger aufwendig, durch sozialversicherungspflichtige Erwerbstätigkeit Rentenansprüche zu erwerben, als viele Kinder großzuziehen."[21] Kinderreichtum passt auch nicht in unser aktuelles Wertesystem. Das lässt unsere Gesellschaft Familien und Alleinerziehende mit mehr als drei Kindern in Form von versteckter Diskriminierung und Ausgrenzung schmerzlich erfahren. Der veränderte „Wert" von Kindern ist einer der Gründe, welcher zu einer Veränderung im Reproduktionsverhalten von Frauen geführt hat, obwohl sich der überwiegende Teil der Bevölkerung, Männer und Frauen, Kinder wünscht. Gänzlich gekippt ist unser Wertesystem also nicht, Umfragen ergaben, 82% unserer Gesellschaft wünschen sich Kinder und 88% Enkelkinder.[22]

Verändertes Reproduktionsverhalten bei Frauen

„Als Schuldige für die niedrige Fertilität werden in jüngeren Presseberichten häufig Akademikerinnen ausgemacht".[23] Tatsächlich sind aktuell ca. 40% Aka-

---

[20] Vgl. *Kirchhoff*, 2004, S. 13.
[21] *Kröhnert/Klingholz*, 2008, S. 3.
[22] Vgl. *Kirchhoff*, 2004, S.15.
[23] *Leggewie*, 2004, S. 22.

demikerinnen mit wahrscheinlich steigender Tendenz kinderlos. Dieses Urteil greift jedoch zu kurz, denn der gesunkene Anteil an geschlechtsreifen Frauen ist nicht höher oder niedriger als der gleichaltriger Männer. Die jungen Menschen sind allgemein weniger geworden. Der Trend zu wenig Kindern ist viel älter und hatte bereits in der Mitte des 19.

Ausgewählte Determinanten des Reproduktionsverhaltens	
1. Personale Faktoren	**2. Politische Faktoren**
Bildungsstand	Familienbild
Herkunft	Zuwanderungsbedingungen
Familienkonstellation	Kinderbetreuungsangebote
Lebenslage	staatliche Leistungen
Religion	Erziehungsurlaub
3. Biomedizinische Faktoren	**4. Sozioökonomische Faktoren**
Empfängnisverhütung	Kinderfreundlichkeit
Medizintechnik	Status der Frau
Alter (biologische Uhr)	Immigration
medizinische Versorgung	Wohlstandsniveau

Quelle: ähnl. Leggewie/Bude, 2004, S. 23
Abb. 3: Determinanten des Reproduktionsverhaltens

Jahrhunderts, zu Beginn der Industrialisierung, seinen Ursprung. Geändert haben sich jedoch die beeinflussenden Bestimmungsgrößen, welche Fertilität und das Reproduktionsverhalten von Frauen bestimmen. Unterstellt man, dass sich mehr Akademikerinnen für Kinder entscheiden würden, ändert das national oder global gesehen wenig. Trotzdem ist es für Deutschland belangvoll, dass sich zunehmend auch Frauen für eine akademische Laufbahn entscheiden, da „Deutschland schon heute eine im internationalen Vergleich niedrigere Akademikerquote aufweist".[24] Nur rechtliche und ökonomische Veränderungen der Rahmenbedingungen könnten das Reproduktionsverhalten beeinflussen, am Kinderwunsch mangelt es jedenfalls nicht.

---

[24] *Zimmermann*, 2006, S. 19.

Familien ablehnende Steuersysteme

Vorliegend besteht in Deutschland ein Steuersystem, welches die Familien belastet, das wirkt sich direkt auf die Menge der gewollten Geburten aus. Die Einkommenssteuer wird derzeit nach der persönlichen Leistungsfähigkeit berechnet. Aus diesem Grund wird demjenigen, der sein Erwerbseinkommen aus einer Kapitalgesellschaft erwirtschaftet, nur sein individueller Teil am Gesellschaftsgewinn zugerechnet. Da die Steuerhöhe mit der Einkommenshöhe ansteigt, ist dies steuerlich von Vorteil. Was für Gesellschaften gilt, sollte auch für eine Erwerbsgemeinschaft, wie die Ehe oder die eingetragene Lebenspartnerschaft, gelten.[25] Die Politik versucht das zur Zeit unter anderem mit dem Instrument des Ehegattensplittings. Ein Teil des ehelichen Einkommens ist der Unterhaltspflicht ihrer Kinder vorbehalten, gehört also wirtschaftlich den Kindern. Die steuerliche Bemessungsgrundlage wird um den Kinderfreibetrag gemindert. Dieser jedoch ist aktuell zu gering [Meinung des Verf.] bemessen. Kinder generieren Kosten für Kleidung, Essen, Teilnahme an sportlichen und kulturellen Aktivitäten oder Equipment zur Bildung. Das ist nicht nur Privatsache der Eltern, sondern mit Blick auf aktuelle und zukünftige demografische Veränderungen auch eine wichtige Angelegenheit von Staat und Gesellschaft.

Mangelhaftes Arbeitsrecht

Menschen wollen Familie und Arbeit möglichst gleichzeitig oder aber nacheinander. Unser Wirtschaftssystem ist auf Wachstum und Produktivität programmiert, für Kinder oder Familie ist oft kein Platz. Wie fällt die Entscheidung aus, wenn man zwischen Kindern und materieller Sicherheit wählen muss? Optimale Jobchancen und somit Verdienstmöglichkeiten hat man zwischen 18 und 40 Jahren. Für Familien und ganz besonders für Frauen ist ein „nacheinander" biologisch riskant. Hier sind Akademikerinnen besonders betroffen, Grund ist die verlängerte Verweildauer in den Bildungssystemen. Fertig ausgebildet bleiben für die Entscheidung Kind oder Karriere nur wenige Jahre. Beides ist bei der aktuellen Gesetzeslage fast unmöglich. Besonders Frauen, welche mehr als ein Kind anstreben, sind sich bewusst, dass ab dem 30. Lebensjahr die Fruchtbarkeit kontinuierlich abnimmt, damit ist der Kinderwunsch nur begrenzt verschiebbar. Der Rückgang der Geburtenhäufigkeit wird bis 2060 im Durchschnitt auf 1,3 Kinder je Frau sinken,[26] das ist zum Erhalt der gegenwärtigen Bevölkerungszahl

---

[25] Vgl. *Kirchhoff*, 2004, S. 13.

[26] Vgl. *Pötzsch*, 2010, S. 39.

zu wenig, „mindestens 2,1 wären nötig."[27] Kinder bedeuten in der Regel Verzicht auf eigens Geld, Status, Ertrag der Ausbildung und Selbstverwirklichung. Es bedeutet für Frauen in den meisten Fällen auch einen Einschnitt oder gar das Ende einer möglichen Karriere.[28] Diesem „Problem" sind gleichaltrige männliche Arbeitnehmer nicht ausgesetzt. Um Familie und Beruf in Einklang zu bringen, bedarf es einer Umgestaltung des Arbeitsrechts. Vorbilder im skandinavischen Raum bieten dazu erste gute Ansatzpunkte.

Gesellschaftlicher Wandel

Gleichzeitig mit dem Wandel der Bevölkerungszusammensetzung verändern sich die Wohngewohnheiten, Freizeitangebote, die zurzeit auf jüngere Arbeitnehmer abgestimmte Arbeitswelt und zwischenmenschliche Paarbindungsformen. Traditionelle Werte wie Familie und Gemeinschaft sind zurzeit wenig ausgeprägt. Dafür kann oft eine Ich Bezogenheit und teilweise sogar Isoliertheit beobachtet werden. Grund ist, dass in unserer Gesellschaft kaum noch echte wirtschaftliche Not vorkommt. Jeder Arbeitsvertragsloser wird auf die eine oder andere Art durch soziale Sicherungssysteme aufgefangen. Der gesellschaftliche Wandel äußert sich in der Suche nach neuen Formen der Selbstverwirklichung in Freizeit und Arbeit. Da die Menschen von der Erwerbsarbeit abhängig sind und sie auch zeitlich den Tagesablauf dominieren, ist die Entwicklung der Arbeitswelt von besonderer Bedeutung. Diese Entwicklung wird bestimmt durch Merkmale, wie zum Beispiel das Ausscheiden von Mitarbeitern und den damit verbundenen Erfahrungsverlust für das Unternehmen durch die Verlängerung der Erwerbstätigkeit und durch veränderte Erwerbsbiografien bei Frauen. Die steigende Frauenerwerbsquote und der demografische Wandel führen zukünftig zu einer höheren Beschäftigungsquote Älterer, falls der Arbeitsbedarf insgesamt nicht wesentlich geringer wird. Vor dem Hintergrund des demografischen Wandels ist nun die steigende Anzahl älteren Mitarbeiterinnen und Mitarbeiter näher zu betrachten.

---

[27] *Lengewie*, 2004, S. 21.

[28] Vgl. *Kirchhoff*, 2004, S. 15.

"Ältere" Mitarbeiterinnen und Mitarbeiter

Ab wann gelten ältere Arbeitnehmerinnen und Arbeitnehmer als „älter"? Die Alterung von Erwerbspersonen unterliegt, einem ständigen individuellen und in unterschiedlicher Geschwindigkeit ablaufendem, Veränderungsprozess.[29] Für die Beurteilung spielt neben dem kalendarischen auch biologische und psychologische Alter eine Rolle. Während das kalendarische Alter leicht berechnet werden kann, ist das biologische (physische Verfassung) und psychologische (psychische Verfassung) Alter bei jedem Menschen individuell unterschiedlich. Grund sind die unterschiedlichen Arbeitsanforderungen in den einzelnen Berufen. Arbeitnehmer der Montanindustrie, welche über lange Zeiträume schwere körperliche Arbeit geleistet haben, werden in der Regel biologisch älter sein als Angestellte, welche überwiegend geistige Leistungen erbracht haben. Ausnahmen sind bei beiden möglich. Zu den älteren Mitarbeiterinnen und Mitarbeitern werden aktuell männliche Arbeitnehmer ab einem Alter von ca. 45 und Frauen sogar schon ab einem Alter von 40 Jahren gezählt, „wer über 50 ist, praktisch überall."[30] „In bestimmten Branchen werden Menschen bereits ab 38 zu den Älteren gezählt."[31] Diese Arbeitnehmerinnen und Arbeitnehmer werden landläufig als leistungsschwächer als die Gruppe der bis 39 Jährigen eingestuft, ja sogar vielfach als „Problemgruppe"[32] stigmatisiert. „Die Zuordnung zur Gruppe der älteren Mitarbeiter hängt zum Teil auch von der Höhe des Personalvermögens ab."[33] Das bedeutet, Mitarbeiter mit geringem Personalvermögen werden früher der Gruppe der Älteren zugeordnet als Mitarbeiter mit hohem Personalvermögen.[34] Bei einem Renteneintrittsalter von bald 67, ergibt sich theoretisch eine Lebensarbeitszeit von ca. 50 Jahren. Das heißt, dass man „mehr als die Hälfte seines Erwerbslebens zur Gruppe der Älteren"[35] zählen wird. Anders als die Wirtschaft definiert die Weltgesundheitsorganisation (WHO) ältere Menschen.[36]

---

[29] Vgl. *Stöckl/Spevacek et al.*, 2001, S. 90.

[30] *Winkler*, 2005, S. 129.

[31] *Winkler*, 2005, S. 129.

[32] Vgl. *Klaßen-Kluger*,1998, S. 28.

[33] *Berte*, 2005, S. 64.

[34] Vgl. *Berte*, 2005, S. 64-65.

[35] *Klaßen-Kluger*,1998, S. 30.

[36] *Winkler*, 2005, S. 129.

45-59 Jahre — alternde Menschen

60-75 Jahre — ältere Menschen

Ab 76 Jahre — alte Menschen

Insgesamt ist die Bezeichnung „älterer" kritisch zu bewerten. Die Verwendung der Bezeichnung „ältere Mitarbeiter" oder 50plus hinterlässt den Eindruck, dass es sich um eine Problemgruppe handelt. Für die Betroffenen kann dies zu einer Motivationsminderung führen. Die Lufthansa AG verwendet für Mitarbeiter ab 50 den wertschätzenden Begriff „Senior Professionals", denkbar wären auch Formulierungen wie „reife" oder „erfahrene" Mitarbeiter.[37] Unabhängig, welche Bezeichnung oder Formulierung ein Unternehmen oder die Politik wählt, sollte sie immer eine Wertschätzung der reiferen Arbeitnehmer beinhalten. Man muss sich darüber klar werden, dass wir uns sowohl mit der Definition „ältere Menschen" als auch bei einer Diskussion über Weiterbildungsmaßnahmen auf eine Gratwanderung zwischen Entwicklung, Förderung und Diskriminierung begeben.[38] Ins Blickfeld, bei der Debatte um ältere Mitarbeiter gerät zuallererst deren Leistungsfähigkeit, die oft als eingeschränkt beschrieben wird, und damit verbunden ein möglicherweise stattfindender altersbedingter Wandel von Leistungsfähigkeit.

Leistungsfähigkeit und Leistungswandel „älterer" Mitarbeiter

In der Diskussion steht die Leistungsfähigkeit älterer Mitarbeiterinnen und Mitarbeiter sowie deren Verlängerung der Lebensarbeitszeit. Tatsache ist „[n]och nie waren die Alten so leistungsfähig wie heute".[39] In den letzten Jahrzehnten war die arbeitswissenschaftliche Forschung darauf ausgerichtet, Erkenntnisse zu erhalten, welche die bessere Gestaltung der Arbeitsbedingungen (altersgerechte Arbeitsplätze) für Ältere betraf. Hier wurde „älter" mit Leistungswandel und Leistungsminderung gleichgesetzt. Diese inzwischen widerlegte Sichtweise beruhte im Wesentlichen auf dem Defizitmodell des Älterwerdens.[40] Passender ist es, das Altern als einen Prozess anzusehen, welcher individuell sehr unterschiedlich abläuft. Die Abnahme, der insbesondere physischen Leistungsvoraussetzungen, wird durch Persönlichkeitsfaktoren ersetzt. Diese neuen Gesichtspunkte

---

[37] Vgl. *Berte*, 2006a, S. 27-28.

[38] *Jasper*, 1996, S. 42.

[39] *Lehr/Kruse*, 2006, S. 240.

[40] Vgl. *Maintz*, 2002, S. XV.

führen zu messbaren Verbesserungen der Arbeitsfähigkeit ältere Arbeitnehmer. Zu nennen sind zum Beispiel Expertenwissen, Erfahrungswissen und soziale Kompetenz.[41] Betrachtet man ältere Mitarbeiter aus ökonomischer Sicht, so steht ihr Beitrag an der Wertschöpfung im Unternehmen im Blickpunkt. Dieser produktive Beitrag setzt sich aus der individuellen Arbeitsleistung und jenem Beitrag, welcher sich in der Gruppenleistung auswirkt, zusammen. „Beispielsweise ist hier an das Erfahrungswissen zu denken, das von jüngeren Mitarbeitenden "angezapft" werden kann."[42]

Veränderungen der Leistung im Altersverlauf		
zunehmend	gleichbleibend	abnehmend
▶ Lebenserfahrung	▶ Leistungsorientierung	▶ Leistungsfähigkeit
▶ Spezifisches Wissen	▶ Zielorientierung	körperliche
▶ Urteilsfähigkeit	▶ Systemdenken	▶ Aufstiegsorientierung
▶ Zuverlässigkeit	▶ Kreativität	▶ Kurzzeitgedächtnis
▶ Qualitätsbewusstsein	▶ Entscheidungsfähigkeit	▶ Lernbereitschaft
▶ Berufserfahrung	▶ Konzentrationsfähigkeit [(2)]	▶ Risikobereitschaft
▶ Besonnenheit	▶ Physische Ausdauer	▶ Weiterbildungsbereit.
▶ Kommunikationsfähigkeit [(1)]	▶ Durchhaltevermögen	▶ Geistige Beweglichkeit
▶ Kooperationsfähigkeit	psychisches	
▶ Pflichtbewusstsein	▶ Kooperationsfähigkeit [(1)]	
▶ Positive Arbeitseinstellung		
▶ Loyalität		
▶ Angst vor Veränderungen	(1) Je nach Autor zunehmend oder gleichbleibend	
▶ Beständigkeit	(2) Je nach Autor gleichbleibend oder abnehmend	
▶ Verantwortungsbewusstsein		
▶ Konfliktfähigkeit		

Quelle: ähnl. Bruggmann, 2000, Tabelle 2, S. 25
Abb. 4: Leistungsveränderung im Altersverlauf

Bei der Betrachtung der Leistungsfähigkeit der Älteren ist das Augenmerk auf die Lernfähigkeit, die Lernbereitschaft, die Leistungsbereitschaft, das Arbeitsverhalten, die Unfallhäufigkeit und das Absentismusverhalten zu legen. Diese

---

[41] Vgl. *Maintz*, 2002, S. XV.
[42] *Bruggmann*, 2000, S. 13.

Faktoren sind unbestritten wichtige Voraussetzungen für deren gegenwärtige und zukünftige Leistungsfähigkeit.

Lernfähigkeit und Lernbereitschaft

Eine der verbreiteten negativen Altersstereotype (verfestigte Meinung) ist, dass älteren Beschäftigten von vielen Arbeitgebern eine geringere Lernbereitschaft zugeschrieben wird. Diese Vorurteile zeigen eine versteckte Altersdiskriminierung auf, welche in Europa und Nordamerika gleichermaßen weit verbreitet ist. Der Zusammenhang zwischen Alter und negativem Lernerfolg ist indes unbewiesen. Diese Arbeit folgt der Annahme, „dass die Lernfähigkeit trotz altersbezogenem Abbaus in manchen kognitiven Funktionen über das gesamte Berufsleben erhalten bleibt."[43] Die Forschung unterscheidet zwei Quellen altersbezogener Veränderungen, die Neuropathologie und den Nicht-Gebrauch kognitiver Funktionen. Neuropathologisches Altern geht auf eine nicht umkehrbare Veränderung (Abbau) des Nervengewebes zurück, die Verluste durch Nicht-Gebrauch dagegen sind durch kognitives Training reversibel. Einige Mitarbeiter, insbesondere Ältere, vermeiden gezielt Tätigkeiten, welche neu erlernte Fertigkeiten voraussetzen, denn Neues macht unsicher.[44] Verstärkt wird die Tendenz, jüngere Mitarbeiter fortzubilden durch Vorgesetzte, welche sie bei Qualifizierungsmaßnahmen bevorzugen. Es hilft natürlich, dass Jüngere durch Neugier und Ehrgeiz eher an Fortschritt interessiert sind als Ältere, welche zuerst den Sinn und Nutzen hinterfragen. Altersabhängige Intelligenz wird unterschieden zwischen fluider (flüssiger) und kristalliner (verfestigter) Intelligenz. „Fluide Intelligenz umfasst die Leistungsressourcen, die Menschen zur Bearbeitung kognitiver Anforderungen befähigt, bei denen nicht auf frühere Lernerfahrungen zurückgegriffen werden kann."[45] Dagegen basiert kristalline Intelligenz auf Wissen und Erfahrung. Sie wird über lange Zeiträume aufgebaut und ist dann eine individuelle Leistungsressource älterer Mitarbeiter. Mittels der kristallinen Intelligenz gleichen Ältere die nachlassenden Funktionen der fluiden Intelligenz, wie z. B. das Nachlassen der Wahrnehmungsgeschwindigkeit, zahlengebundenes Denken, Abnahme der Verarbeitungsgeschwindigkeit oder Verringerung der Kapazität des Kurzzeitgedächtnisses aus (Kompensationsstrategie). Damit wird das düstere Szenario von Lernbereitschaft und Lernfähigkeit bei Älteren korrigiert. Zwar baut die intellektuelle Leistungsfähigkeit tatsächlich ab, jedoch erst sehr spät,

---

[43] *Roßnagel,* 2008a, S. 22.

[44] Vgl. *Ortner/Berte,* 2009, S. 22.

[45] *Roßnagel,* 2008a, S. 31.

jenseits der 60. Diese kognitiven Einbußen der fluiden Intelligenz werden durch die Stabilität der kristallinen Intelligenz ausgeglichen. Damit entsteht bei Älteren vergleichbare Lernfähigkeit.[46] Gleiches gilt für die Lernbereitschaft oder Lernkompetenz, welche sich im Alter, insbesondere auf der Ebene der Lernorientierung, wandelt. Veränderungen sind bei Schwerpunktsetzungen in der Arbeitsmotivation, den Prioritäten arbeitsbezogener Ziele und nachlassender Ehrgeiz möglich. Daraus lässt sich jedoch keine Benachteiligung gegenüber Jüngeren Mitarbeitern für ältere herleiten.[47] Leistungsunterschiede Älterer gegenüber Jüngeren im beruflichen Bereich sind gering und treten vor allem bei geschwindigkeitsbezogenen und in kognitiv besonders stark belasteten Berufsgruppen auf. Die meisten Defizite bei Älteren sind durch einseitige Arbeitsbelastungen wie zum Beispiel körperlich einseitige anstrengende Arbeit, Zwangshaltungen, Zeitdruck, Hitze, Lärm, Beleuchtung, Taktarbeit Schichtarbeit, Daueraufmerksamkeit und soziale Isolation im früheren Berufsleben entstanden. Sie sind aber durch Training ausgleichbar. Den Abbau der körperlichen Leistungsfähigkeit könnte man durch regelmäßigen Sport, den Abbau der geistigen Leistungsfähigkeit durch Training des Gehirns (Forderung) ausgeglichen, aber es ist ethisch fraglich, ob man das von Arbeitern verlangen kann.[48] Die Leistungsfähigkeit ist sogar so weit steigerbar, dass ein Anstieg der Leistungen mit steigendem Alter möglich ist.[49] Wenn jedoch die Leistungsfähigkeit Älterer gegeben ist und diese Annahme wird an dieser Stelle vertreten, dann sollte es Ziel und Aufgabe der Personalpolitik sein, Ältere an das Unternehmen zu binden und den bestehenden Personalvermögensmangel durch gezielte Rekrutierung älterer Mitarbeiter auf dem Personalvermögensmarkt[50] auszugleichen. Durch eine "altersadäquate" Gestaltung des Lernumfeldes kann die Lernbereitschaft Älterer hergestellt und erhöht werden,[51] und durch regelmäßige sportliche Betätigung kann die körperliche Leistungsfähigkeit im Alter von 45 und 65 nahezu unverändert erhalten werden.[52]

---

[46] Vgl. *Roßnagel*, 2008a, S. 31-33.
[47] Vgl. *Roßnagel*, 2008a, S.71.
[48] Vgl. *Ilmarinen*, 2004, S. 35.
[49] Vgl. *Lehr/Kruse*, 2006, S. 242-246.
[50] Vgl. *Weinhold*, 2009, S.118.
[51] Vgl. *Roßnagel*, 2008a, S. 31-33.
[52] Vgl. *Ilmarinen*, 2004, S. 35.

Leistungsbereitschaft und Arbeitsverhalten

Zur Beurteilung von Leistungsbereitschaft und Arbeitsverhalten werden Personalbeurteilungssysteme herangezogen. Die Hauptkriterien der Personalbeurteilung bewerten das Arbeitsverhalten von Mitarbeitern, dazu zählen persönliches Auftreten, geistige Anlagen, Führungsverhalten, Verhalten gegenüber Vorgesetzten und Arbeitsverhalten.[53] Bei der Analyse für eine Beschäftigung älterer Menschen sind zwei herausragende Leistungsdimensionen erkennbar. Erstere bezieht sich auf Gesichtspunkte, welche durch die lange Betriebszugehörigkeit hervorgerufen worden sind. Dazu gehören betriebliche Loyalität und starke Kundenbeziehungen. Ein Bezug zu klassischen Arbeitswerten, wie Zuverlässigkeit und Verantwortungsbewusstsein, wird angesprochen und es geht um soziale Kompetenzen. Die zweite Leistungsdimension hat Bezug zu den aktuell geforderten Werten, wie Flexibilität und Innovativität. Hier kommt auch der Zusammenhang eines Wechsels von Arbeitsbereichen und der Fähigkeit mit zum Teil wesentlich jüngeren Menschen zusammenzuarbeiten zum Tragen.[54] Die Konsequenzen der Ergebnisse sind klar. Flexibilität und Innovativität wird heute personalpolitisch auch von älteren Mitarbeitern erwartet. Das beinhaltet, „dass ältere bzw. langjährige Mitarbeitende häufiger als früher von jüngeren Personen lernen."[55] Nachteilig ist jedoch, dass aufgrund der schweren Einschätzbarkeit und aufwendigeren Datenerhebung, bei eigenen Mitarbeitern kann man vorhandene Daten zurückgreifen, dieser Kriterien ältere Arbeitsuchende im Nachteil sind und damit oft Jüngeren der Vorzug gegeben wird. Abbildung fünf zeigt diejenigen Kriterien, welche am häufigsten für eine Beurteilung von Mitarbeitern genutzt werden.

---

[53] Vgl. *Olfert*, 2006, S. 253-255.
[54] Vgl. *Höpflinger*, 2009, S. 11.
[55] *Höpfliger*, 2009, S. 11.

Beurteilungskriterien von Mitarbeitern			
Beurteilungskriterium	Häufigkeit	**Beurteilungskriterium**	Häufigkeit
Fachkenntnisse	80%	Belastbarkeit	58%
Fleiß/Arbeitseinsatz	74%	Ausdrucksfähigkeit	54%
Verhalten	72%	Arbeitstempo	54%
Zuverlässigkeit	64%	Organisationsvermögen	48%
Arbeitsqualität	62%	Verantwortungsbereitschaft	45%

Quelle: Olfert, 2006, S. 255
Abb. 5: Beurteilungskriterien von Mitarbeitern

Mit Ausnahme von Belastbarkeit und Arbeitstempo kann vermutet werden, dass gerade diese Beurteilungskriterien bei älteren Mitarbeitern überdurchschnittlich gut ausfallen, da es sich um positive Eigenschaften handelt, welche meistens älteren, erfahrenen Mitarbeitern zugeschrieben werden. Kriterien wie Verantwortungsbewusstsein, Zuverlässigkeit und Umsicht werden regelmäßig bei der Beschreibung Älterer verwendet. Hierbei handelt es sich jedoch um Eigenschaften, welche weniger mit dem Alter, als mit langjähriger Betriebs- und Berufsfähigkeit verbunden sind.[56]

Unfallhäufigkeit und Krankheit

Die Unfallhäufigkeit und das gewohnheitsmäßige Fernbleiben vom Arbeitsplatz (Absentismus) von Mitarbeitern stellt neben der erzielten Leistung ein indirektes Produktivitätskriterium dar. Der Nachweis einer vermehrten Unfallhäufigkeit mit zunehmendem Alter konnte nicht erbracht werden. Die Altersgruppe der 40-54 Jährigen hat in Untersuchungen die geringste Unfallhäufigkeit. Das ist zurückzuführen auf das Vorhandensein von Erfahrung und noch vorhandener Wendigkeit.[57] In den Altersgruppen unter 40 und ab 55 ist die Unfallhäufigkeit etwa gleich. Es zeigt sich in der Tendenz, dass bei Älteren das nachlassende Reaktionsvermögen und die damit verzögerte Wahrnehmung gefährlicher Situationen unfallursächlich sein können. Bei jüngeren Mitarbeitern ist jedoch die Risi-

---

[56] Vgl. *Höpflinger*, 2009, S. 11.
[57] Vgl. *Lehr*, 2007, S. 222-224.

kofreudigkeit und die mangelnde Vorsicht unfallverursachend. Damit schneiden ältere Arbeitnehmer nicht schlechter ab als jüngere.

Neben der Unfallhäufigkeit werden die Feststellungen zu den Fehlzeiten Älterer nicht selten als Argument zur Abwertung der Leistungsfähigkeit im Arbeitsprozess verwendet. „Eine Sichtung der Ergebnisse der einschlägigen Untersuchungen zeigt jedoch, dass jüngere Arbeitnehmer zwar häufiger fehlen, allerdings nur kurze Zeit; ältere Arbeitnehmer hingegen fehlen zwar seltener, bleiben dann meistens über einen längeren Zeitraum hinweg der Arbeit fern."[58] Verantwortlich ist eine Scheu sich krankzumelden und erst in einem akutem Krankheitsstadium der Arbeit fern zu bleiben. Damit sind weder bei Krankheit noch bei der Unfallhäufigkeit Vor- oder Nachteile bei älteren Mitarbeitern festzustellen.

Bedeutung „älterer" Mitarbeiter

Die zunehmende Bedeutung der älteren Arbeitnehmerinnen und Arbeitnehmer für die Wirtschaft ist quantitativ und qualitativ messbar.[59] In Zukunft wird der zahlenmäßige Anteil „Älterer" an der Erwerbsbevölkerung steigen und damit auch seine Bedeutung als Erwerbstätige und Konsumenten zunehmen. Das Marketing hat das Potenzial des „älteren" Menschen als zukünftige Zielgruppe bereits erkannt, denn nicht jeder ältere Kunde möchte von einem Mittzwanziger beraten werden. In Branchen, welche nicht zu den typischen Innovationsbranchen, wie zum Beispiel Werbung, Telekommunikation und Computertechnologie gehören, ist der Anteil „Älterer" schon heute überdurchschnittlich. Ein nicht vollständig nachvollziehbarer Widerspruch ist, dass gut ausgebildete ältere Bewerber ohne Erfolg nach einem Arbeitsplatz suchen und gleichzeitig ein Fachkräftemangel von den Unternehmen beklagt wird. Tatsächlich ist der Fachkräftemangel in erster Linie ein Mangel an jungen Fachkräften.[60] Da deren Verfügbarkeit in der Zukunft noch weiter zurückgehen wird, gibt es zur Nichtbesetzung von Arbeitsstellen für die Unternehmen und Organisationen – zum Beispiel Behörden – nur eine Alternative, die intensive Nutzung älterer Mitarbeiter und Arbeitssuchender. Von Vorteil ist, dass über die älteren Mitarbeiter ausreichend Daten verfügbar sind, um angepasste Arbeits- und Qualifizierungsbedingungen zu schaffen, „man weiß was und wen man bekommt". Sich auf die Bedürfnisse, wie zum Beispiel altersgerechte Arbeitsplätze; angepasste Arbeitszeiten; alters-

---

[58] *Lehr*, 2007, S. 223.
[59] Vgl. *Fritsch*, 1994, S. 130.
[60] Vgl. *Morschhäuser/Ochs et al.*, 2005, S. 12.

spezifische Qualifizierungsmaßnahmen von Älteren einzustellen ist ökonomischer als ein ressourcenaufzehrender Kampf („War for Talents"), um die Kohorte der sogenannten High-Potenzials. Bei jungen High-Potenzials muss beachtet werden, dass es für individuelle Karrieresprünge – meist nach ca. 3-5 Jahren – zu Fluktuationen im Unternehmen kommen kann.[61]

Qualitative Bedeutung „älterer" Mitarbeiter

Die Gruppe der älteren Personalvermögensträger ist natürlich nicht einheitlich. Individuelle Unterscheidungen in Bezug auf das faktische Alter (50 bis 67), der beruflichen Erfahrung, der Position im Unternehmen, des Geschlechts, der Gesundheit, des Arbeitsverhältnisses, des Personalvermögens sowie der sozialen Beziehungen sind für jeden ersichtlich. Dies kann als Grund gelten, dass ältere Mitarbeiter in fast allen Funktionsbereichen und Führungsebenen tätig sind. Sie gelten, insbesondere in kleinen und mittelständigen Unternehmen als Leistungsträger und Experten. Ältere Arbeitnehmer verfügen über branchen- und betriebsspezifisches Wissen. Ab einem gewissen Mindestalter erwarten Personalverantwortliche persönliche- und fachliche Qualifikationen und setzen diese Mitarbeiter vor allem in oberen Führungspositionen ein. Statt diese über einen langen Zeitraum erworbenen Qualifikationen zu nutzen, finden immer noch vermehrt Vorruhestandsregelungen Anwendung. Aufgabe der Personalpolitik muss es zukünftig sein, diese Qualifikationen zu aktivieren und zu entwickeln, dies unter Berücksichtigung der besonderen Qualifizierungsbedürfnisse älterer Mitarbeiter.[62]

Quantitative Bedeutung „älterer" Mitarbeiter

Mit der Verschiebung der Altersstruktur unserer Gesellschaft verändert sich auch die Struktur der Erwerbstätigen. Da die Menge der älteren Arbeitnehmer steigt, nimmt die Bedeutung zu, in welchen Branchen und Betrieben tendenziell Ältere beschäftigt sind. Die Quantität der älteren Arbeitnehmer nimmt bedingt durch den demografischen Wandel in den nächsten Jahren weiter zu, die Menge jüngerer Mitarbeiter ab. Die Mehrheit der ca. 70% älteren Mitarbeiter arbeitet in Klein- und Mittelbetrieben mit bis zu 500 Beschäftigten. Sie sind damit überdurchschnittlich häufig in Branchen beschäftigt, in welchen sich Beschäftigungsverluste abzeichnen. Der Anteil Älterer mit akademischem Abschluss oder abgeschlossener Berufsausbildung ist geringer als in anderen Alterskohorten. In

---

[61] Vgl. *Frey*, 1997, S. 244.
[62] Vgl. *Fritsch*, 1996, S. 130-132.

Großbetrieben mit mehr als 500 Mitarbeitern arbeiten mehr Ältere als in Kleinbetrieben mit bis zu neun Beschäftigten.[63] Neben der aktuellen Verteilung älterer Mitarbeiter ist auch von Interesse, in welchen Branchen diese vorwiegend tätig sind und sein werden. Für das Jahr 2001 weisen ältere Mitarbeiter folgende Merkmale der Beschäftigung auf:

Tendenzen älterer Mitarbeiter

Dienstleistungs- und indirekt produktiver Bereich

Klein- und Mittelbetriebe

Höhere Schul- und Berufsabschlüsse

Funktionen mit höheren Qualifizierungsanforderungen

Neue Techniken als Arbeitsgerät

Mehr weibliche als männliche Mitarbeiter

Quelle: ähnl. Stöckl/Spevacek et al., 2001, S. 91
Abb. 6: Sozioökonomische Merkmale

Aus Abbildung 6 kann man verschiedene Trends ableiten, den Trend zu Dienstleistungen, zur Höherqualifizierung, zur Frauenerwerbstätigkeit, zur Kopfarbeit, zu Kleinbetrieben und zur Computerarbeit. Diese Tendenzen belegen die vorhandene und steigende quantitative Bedeutung älterer Mitarbeiterinnen und Mitarbeiter.

Ältere in der Arbeitswelt

Die bisher zu beobachtenden Trends der Unternehmen, ältere Mitarbeiter bei Bewerbungen nicht oder nur in geringer Zahl zu berücksichtigen und die Programme zur Frühverrentung sind auf eine sich verändernde Arbeitswelt und die allgemeine Haltung der Unternehmen zur Beschäftigung älterer Mitarbeiter zurückzuführen. Die Arbeitswelt verändert sich in Geschwindigkeit und Struktur. Die Arbeitsmenge und das Tempo der Arbeitsprozesse steigt. Technologien, Produkte und deren Herstellungsprozesse verändern sich mit steigendem Tempo. Durch inzwischen globale Konkurrenz und den dominierenden Kostenintressen der Besitzer steigt der Kostendruck stetig an. Auch das Verhalten der Konsumenten hat sich geändert, sie erwarten zunehmend Schnelligkeit, Service

---

[63] Vgl. *Stöckl/Spevacek et al.*, 2001, S. 90-91.

und Befriedigung individueller Wünsche. Das beeinflusst die Liefertermine der Herstellungsketten von Produkten. Umstrukturierungen, Besitzerwechsel, Wechsel der Unternehmensleitung und Strategieausrichtung im Unternehmen führen zu Unsicherheiten für die Mitarbeiter.[64] Die Haltung der Unternehmen zur Beschäftigung Älterer hat unter anderem ihre Ursache in der Veränderung der westlichen Kultur. In den letzten Jahrzehnten gab es einen deutlichen Trend zur höheren Bewertung der Jugend und zur Abwertung des Alters, dies obwohl der Anteil der älteren an der Bevölkerung und damit potenziell Erwerbstätigen zunimmt.[65] In der Haltung von Unternehmen sind Trends auszumachen welche, welche den Stärken älterer Mitarbeiter nicht entgegenkommen.

- Ältere beziehen, vor allem wenn sie längere Zeit im gleichen Unternehmen arbeiten, im Allgemeinen einen höheren Lohn, sie kosten höhere Sozialbeiträge, haben länger Ferien und sind häufiger krank. Ältere Mitarbeiter gelten daher als teurer gegenüber jüngeren. Oftmals wird auch auf die geringere "Restnutzungsdauer" hingewiesen.[66]
- In die Weiterbildung älterer Mitarbeiter wird oft weniger investiert.
- In Unternehmen werden ältere Mitarbeiter als weniger leistungsfähig betrachtet. Sie haben oft Schwierigkeiten im Umgang mit modernen Hilfsmitteln und Methoden. Jüngere gelten als belastbarer, flexibler und lernfähiger; demgegenüber werden Erfahrung und Loyalität der Älteren als weniger wichtig eingeschätzt.

Aus all diesen Gründen ist es für ältere Mitarbeiter schwirig, ihren Arbeitsplatz zu erhalten oder einen neuen Adäquaten zu finden.

---

[64] Vgl. *Cranach v.*, 2004, S. 15.
[65] Vgl. *Cranach v.*, 2004, S. 13.
[66] Vgl. *Frerichs*, 1996, S. 20.

Können und Wollen älterer Mitarbeiter

Die aktuellen demografischen Verschiebungen führen auch für die Wirtschaftsunternehmen und Organisationen zu unvermeidbaren Konsequenzen. Zukünftig kommt es zu einer deutlichen Alterung der Belegschaft, zu einem regionalen Ungleichgewicht auf dem Personalvermögensmarkt und einem Mangel an Berufsanfängern. Je nach Branche sind aktuell schon heute erste Unternehmen davon (Besetzung von Arbeitsplätzen, Nachfolgeregelung) betroffen. Die Zahl der Lehrstellen ist im Vergleich gegenüber 2009 um 20% gesunken. Sinkende Schülerzahlen und der Trend zum Besuch einer weiterführenden Schule verstärken den Mangel an Berufsanfängern. Mangelhafte Vorkenntnisse aus der Schulbildung der Bewerber – schlechte Noten – verstärken den Mangel weiter. Während 2007 noch rechnerisch 4 Bewerber auf einen Ausbildungsplatz kamen, sind es 2010 nur noch 1,5. Bei Arbeitgebern mit höheren Anforderungen zum Beispiel Banken ist zurzeit noch eine gleichbleibende Bewerberzahl zu verzeichnen. Bei manchen Handwerksbetrieben liegen je nach Branche die Bewerberzahlen sogar unter den rechnerischen 1,5 Bewerbern. Der Wettbewerb um die wenigen Berufsanfänger wird auch als „War for Talents"[67] bezeichnet. Da es an Berufsanfängern fehlt und sich das auch zukünftig nicht ändert, müssen Unternehmen mit dem zur Verfügung stehenden Arbeitskräftepotenzial wirtschaften. Das sind bedingt durch den demografischen Wandel und die momentan stattfindende Überalterung der Gesellschaft, die „älteren" Arbeitnehmerinnen und Arbeitnehmer bzw. nach Ortner die Personalvermögensträger. Die Situation auf dem gegenwärtigen Personalvermögensmarkt ist für Arbeitnehmerinnen und Arbeitnehmer über 50 Jahre seit ca. 30 Jahren von überdurchschnittlich hohen Arbeitsmarkt- und Beschäftigungsrisiken geprägt.[68] „Mit zunehmendem Alter steigt aktuell die Arbeitslosenquote an."[69] Das Beschäftigungsrisiko älterer Arbeitnehmerinnen und Arbeitnehmer beruht neben der meist physischen Leistungsminderung auch in generationsbedingten Qualifizierungsunterschieden. „Ältere Arbeitnehmer haben in der Regel eine – soziohistorisch zu erklärende – geringere schulische und berufliche Grundqualifikation als jüngere Kollegen, die von der Bildungsexpansion der 1960er und 1970er Jahre profitiert haben."[70] Frauen älterer Ko-

---

[67] *Meifert*, 2008, S. 267.
[68] Vgl. *Clemens*, 2005, S. 37.
[69] *Deller/Kern et al.*, 2008, S. 3.
[70] *Clemens*, 2005, S. 47.

horten sind hier besonders benachteiligt, da zu dieser Zeit die vollständige Gleichberechtigung noch in den Kinderschuhen steckte. Dem gesellschaftlichen Bild entsprach es, Frau für Haushalt und Kindererziehung, der Mann als Einzelverdiener. Personalreduzierung erfolgte und erfolgt, begünstigt durch die aktuelle Gesetzeslage, vorwiegend über Frühverrentung und Pensionierung. „Durch vorzeitiges Ausscheiden älterer Mitarbeiter geht Unternehmen dabei häufig wertvolles, erfolgskritisches Erfahrungswissen verloren."[71] Die massive Nutzung von Frühverrentungsprogrammen führte in der Vergangenheit für die Unternehmen zu einem Verzicht auf das Erfahrungswissen ganzer Belegschaften.[72] Der Trend zur höheren Qualifizierung lässt Berufsanfänger noch später in den Personalvermögensmarkt eintreten, was dazu führt, dass es immer mehr ältere Arbeitnehmerinnen und Arbeitnehmer auf dem Personalvermögensmarkt gibt. Hinzu kommt, dass derzeit immer noch mehrheitlich Jugendfixierung die Personalpolitik bestimmt,[73] ein diesbezügliches Umdenken hat gerade erst begonnen.

Das Personalvermögen

Zum Verständnis der Begriffe Personalvermögen, Personalvermögensmarkt und Personalvermögensträger muss man mit dem Begriff und Inhalt des Personalvermögens vertraut sein. Der Begriff Personalvermögen nach Gerhard E. Ortner beschreibt nicht den Menschen, sondern einzig dessen individuellen Qualifikationen und die dazu jeweils gehörenden Motivationen. Es wird vom Menschen selbst abstrahiert, wodurch eine ökonomische Behandlung aus anthropologischer, ethischer, soziologischer usw. Sicht unbehindert bleibt.[74] Um die Zusammenhänge des Personalvermögens zu erfassen, sind die Begriffe Personal und Vermögen getrennt zu betrachten.

---

[71] *Deller/Kern et al.*, 2008, S. 3.
[72] Vgl. *Maintz*, 2003, S. 44.
[73] Vgl. *Deller/Kern* et al., 2008, S. 3.
[74] Vgl. *Ortner/Thielmann-Holzmeyer*, 2008, S. 106.

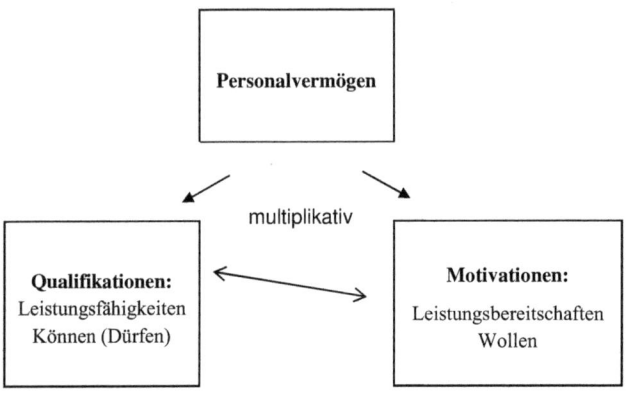

Quelle: Thielmann-Holzmeyer, 2002, S. 53 (modifiziert)
Abb. 7: Komponenten des Personalvermögens

Der personalwirtschaftliche Begriff Personal bezieht sich auf die Menschen in ihrer Funktion als abhängig beschäftigte Personen innerhalb eines Unternehmens. Das Personal wird oftmals auch als Belegschaft oder Mitarbeiter bezeichnet.[75] Es stellt im Rahmen einer arbeitsvertraglich vereinbarten erbringbaren Arbeitsleistung seine Qualifikationen und Motivationen, meist als Wissen bezeichnet, gegen Entgelt dem Unternehmen zur Verfügung. Dabei ist die Erbringung von geistiger oder körperlicher Arbeitsleistung, wirtschaftliches Ziel der Unternehmen. Der Begriff Vermögen bezeichnet allgemein die Gesamtheit aller materiellen und immateriellen Ressourcen, welche dem Unternehmen zur Leistungserstellung zur Verfügung stehen. Ortner fasste beide Begriffe zusammen und bildete im Rahmen des Personalvermögenskonzepts den Begriff Personalvermögen. Wo andere von Personal sprechen, spricht er von Personalvermögen. Dieser Theorie folge ich in meiner Arbeit. Obwohl Ältere über mehr PV verfügen als Jüngere, „ist nicht grundsätzlich davon auszugehen, dass jeder ältere Mitarbeiter über personalwirtschaftlich relevantes erfahrungszentriertes anforderungsorientiertes Personalvermögen verfügt."[76]

---

[75] Vgl. *Olfert*, 2006, S. 24.

[76] Vgl. *Berte*, 2005, S. 68.

Qualifikationen älterer Mitarbeiter

Qualifikationen stellen die Gesamtheit der Fähigkeiten, Kenntnisse und Fertigkeiten dar, über welches ein Individuum verfügt und die es ihm möglich machen, bestimmten Anforderungen gerecht zu werden.[77] Sie umfassen die individuellen, angeborenen und erlernten,[78] Leistungsfähigkeiten bzw. das individuelle Können. Sie sind nicht beliebig herstellbar und nicht jedes Individuum kann sie zu jedem beliebigen Zeitpunkt erwerben. Insgesamt sind es höchst individuelle Eigenschaften und nicht kopierbar. Hinzugerechnet zum Können werden auch die Kompetenzen,[79] also das „Dürfen". Qualifikationen können unterschieden werden in individuelle Kenntnisse, Fertigkeiten und Fähigkeiten, über welche Personen jeweils verfügen. Diese verändern sich fortlaufend.[80] Sie steigen zum Beispiel durch Aus- und Weiterbildung oder Erfahrung und sinken u.a. durch neue Technologien und Innovationen. Auch das im Rahmen dieser Arbeit behandelte Erfahrungswissen „Älterer" ist Bestandteil des Personalvermögens. „Zur Qualifikation gehören dabei nicht nur spezifische Kenntnisse und Fähigkeiten, sondern auch die Vertrautheit mit der vorhandenen Unternehmenskultur."[81] Diese Vertrautheit mit betrieblichen Gepflogenheiten, der Umgang mit Mitarbeitern verschiedener Generationen wird oft auch als soziale Kompetenz (Soft-Skills) bezeichnet. Dieser Teil des Erfahrungswissens Älterer kann nicht im Rahmen von Ausbildungsprogrammen erworben werden und ist entsprechend hoch zu bewerten. Qualifikationen erlernt man im Laufe seines Lebens und ganz gezielt im Berufs- und Arbeitslebens. Zu den ersten Qualifikationen, welche meist im Alter von sechs bis fünfzehn Jahren erworben werden, gehören die schulischen Qualifikationen. Diese Basisqualifikationen haben sich im Laufe der Zeit verändert. In der Nachkriegszeit bis Anfang der 70er Jahre war es üblich, die Schulausbildung frühestmöglich zu beenden und dann ins Berufsleben einzutreten, meist mittels einer Lehre. Der damals übliche Haupt- und Realschulabschluss kann als der mehrheitliche Schulabschluss bezeichnet werden. Heute geht der Trend zu einer höheren Schulbildung. Daraus folgt, dass der Schüler länger im Bildungssystem verbleibt und somit dem Personalvermögensmarkt vorerst nicht zur Verfügung steht. Jeder weitere Bildungsschritt, der

---

[77] Vgl. *Berte*, 2004, S. 30.
[78] Vgl. *Mroß*, 2001, S.101.
[79] Vgl. *Berte*, 2007, S. 4-5.
[80] Vgl. *Ortner*, 2000, S. 17.
[81] *Drumm*, 2008, S.277.

heute von vielen Schülern angestrebt wird, zum Beispiel Fachhochschulreife, Fachschulreife, allgemeine Hochschulreife und letztlich auch ein Fach- oder Hochschulstudium, verschiebt den Berufseintritt nach hinten und senkt die Lebensarbeitszeit insgesamt. Durch die immer höheren Anforderungen im Berufsleben ist in unserer Gesellschaft ein höherer Bildungsabschluss jedoch eine Notwendigkeit, um die eigenen Chancen auf dem Personalvermögensmarkt zu erhöhen. Nach den schulischen Grundqualifikationen beginnen die ersten beruflichen Qualifikationen. Das kann eine Lehre sein, das Studium oder sogar beides. Hier ist der Trend zur höheren Ausbildung gegeben. „Einfache" Berufe, zum Beispiel im Handwerk, sind nur noch zweite Wahl, obwohl das Handwerk gute Perspektiven für die Zukunft aufweist. Während Lehrstellen mit höheren Ansprüchen noch sehr gefragt sind, geht die Nachfrage beim Handwerk und Berufen mit „geringeren" schulischen Anforderungen zurück. Durch den demografischen Wandel ist jedoch in den nächsten Jahren in allen Berufszweigen mit einem Rückgang auf der Angebotsseite zu rechnen, denn weniger junge Menschen bedeuten auch wenigen Berufsanfänger. Diejenigen, welche sich für ein Studium entscheiden, verbleiben in der Regel am längsten im Bildungssystem. Das politische Ziel des Bolognaprozesses war neben einer internationalen Vergleichbarkeit die Senkung der Studienzeiten, damit die jungen Akademiker früher dem Personalvermögensmarkt zur Verfügung stehen. Diese Idee ist nach ersten Erkenntnissen nicht gelungen. Die meisten Bachelorabsolventen streben nach einem Masterabschluss und verbleiben somit noch länger im Bildungssystem als vorher. Die schulischen und die ersten beruflichen Qualifikationen vermitteln regelmäßig Faktenwissen, welches je nach individuellen Fähigkeiten, erlernt werden muss. Mit Abschluss der Lehre oder des Studiums beginnt die Berufstätigkeit und damit der Erwerb von speziellem beruflichem Wissen. Die während der Berufstätigkeit und im Alltag erworbenen Erfahrungen und Kenntnisse werden oft als Erfahrungswissen oder Schlüsselqualifikationen beschrieben. Allgemein werden ältere Mitarbeiter als Träger von Schlüsselqualifikationen angesehen.[82] Die zunehmende Bedeutung äußert sich in Stellenanzeigen, in welchen zum Beispiel Fachkompetenz, Teamfähigkeit, Belastbarkeit, Fremdsprachen oder Kommunikationsbereitschaft gefordert werden. „In unserer schnelllebigen Gesellschaft veraltet Fachwissen rasch – der Wesenskern von Schlüsselqualifikationen verändert sich nicht."[83] Schlüsselqualifikationen bedeu-

---

[82] Vgl. *Menges*, 2000, S. 134.

[83] *Stender-Monhemius*, 2006, S. 1.

ten die reibungslose Erschließung von wechselndem Fachwissen, Persönlichkeit, Belastbarkeit und die individuelle Einstellung zur Arbeit, und damit berufliche Handlungskompetenz.[84] Es ist nachvollziehbar, dass Berufsanfänger nicht vollumfänglich über die nachgefragten Handlungskompetenzen verfügen können, da sie die Zeit, diese zu erfahren, noch nicht hatten. Während fachspezifische Handlungskompetenz bereits nach einigen Jahren vorhanden sein kann, sind für die anderen, insbesondere für die soziale Handlungskompetenz, lange Zeiträume der Erfahrung erforderlich. Wie lang dieser Zeitraum ist, ist von Person zu Person unterschiedlich.

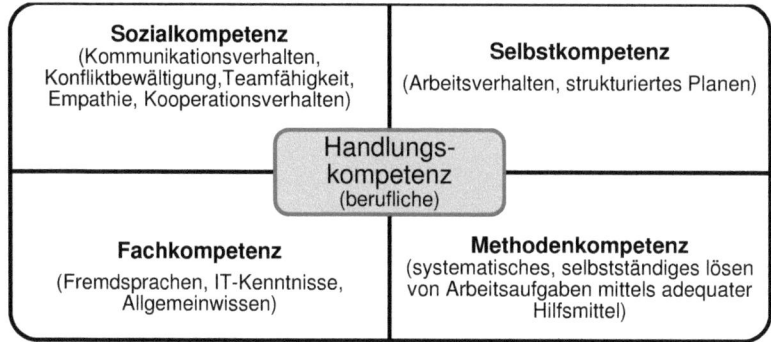

Quelle: eigene Darstellung
Abb. 8: Berufliche Handlungskompetenzen

Motivationen älterer Mitarbeiter

Motivationen sind die Grundlage eines bestimmten individuellen Verhaltens. Veränderungen von Motivationen haben ihre Ursache in einer veränderten Bedürfnisstruktur.[85] Da jegliches Verhalten auf einer ihm zugeordneten mehr oder minder stark ausgeprägten Motivation basiert, gibt es eine Vielzahl von verschiedenen Motivationen. Folglich existiert nicht „die" Motivation.[86] Sie sind im Zusammenspiel mit Qualifikationen personalwirtschaftlich relevant, um im Idealfall einen optimalen Einsatz der Qualifikationen zu gewährleisten und die Leistungsbereitschaften optimal nutzen zu können. Es handelt sich um die psychische Komponente der Leistungsbereitschaft. Es ist das Wollen der Mitarbeiter, ihre Leistungsfähigkeiten optimal zum Einsatz zu bringen und ihre Aufga-

---

[84] Vgl. *Stender-Monhemius*, 2006, S. 1-3.

[85] Vgl. *Bruggmann*, 2000, S. 24-27.

[86] Vgl. *Ortner/Thielmann-Holzmeyer*, 2008, S.104.

ben im Unternehmen so gut wie möglich zu erfüllen. In Literatur und Praxis wird dieser Wille auch als Motivation oder Arbeitsmotivation determiniert.[87] Vorliegend bezieht sich Motivation auf die Bereitschaft der einzelnen Mitarbeiter, ihre Qualifikationen vertragsgemäß und allumfassend einzusetzen, zu erhalten und auch weiterzuentwickeln. Eine hohe Zufriedenheit des Arbeitnehmers vermeidet Fluktuation, sichert ein hohes Personalvermögen und senkt somit Personalkosten. Das bedeutet, dass bei der Rekrutierung und Bindung von Mitarbeitern die Anreize, welche einen Kandidaten antreiben, sich zu bewerben oder im Unternehmen zu verbleiben, berücksichtigt werden müssen. Hier sind zum Beispiel Unternehmensstandort, soziales Umfeld, Leitbilder, Führungsgrundsätze, Unternehmensimage, Macht- und Zugehörigkeitsmotive oder Karrieremöglichkeiten zu nennen. Den Interessen der Arbeitnehmer sollte man im Rahmen der Möglichkeiten möglichst zielgenau entgegenkommen und Motivationsbarrieren abbauen.

Motivationsbarrieren

Motive sind die Ursache für jeden einzelnen Menschen. Sie machen ihn zuversichtlich und ermuntern ihn zu Engagement und Leistung. Motivarmut bewirkt oft das Gegenteil und kann zu Lern- oder Leistungsblockaden führen. Zur Beseitigung von Motivationsbarrieren wird auf monetäre[88] und nichtmonetäre[89] Anreizsysteme zurückgegriffen. Andere Quellen sprechen von extrinsischen und intrinsischen Motiven.[90] Bei Auswertungen zwischen monetären und nichtmonetären Anreizsystemen im Rahmen der betrieblichen Personalplanung fällt auf, dass ältere Arbeitnehmer im Verhältnis zu Jüngeren nur noch gering oder nicht mittels monetärer Anreize – oder sie ist weit überdurchschnittlich – zu motivieren sind. Eine Prämie von zum Beispiel 300 € ist für einen jungen Mitarbeiter mehr als für den älteren. Hier liegt auch einer der Gründe für die verbreitete Annahme, dass ältere Arbeitnehmer teurer sind. Betrachtet man intrinsische Motivatoren, so ist eine Belobigung und die damit verbundene soziale Anerkennung seiner Leistungen dem älteren Mitarbeiter mehr wert als dem jüngeren, welcher sich zwar auch freut, aber in Gedanken die Meinung vertritt, „dafür kann ich mir nichts kaufen". Anerkennung oder Tadel bedeuten Erfolg oder Misserfolg. So

---

[87] Vgl. *Thielmann-Holzmeyer*, 2002, S. 55.
[88] *Mag*, 1998, S. 127.
[89] *Mag.*, 1998, S. 137.
[90] Vgl. *Olfert*, 2006, S.215..

können zum Beispiel Misserfolge je nach Attribution zu Affekten wie Inkompetenz, Schuld, Scham oder Resignation führen und so einen negativen Einfluss auf zukünftiges Leistungsverhalten und die Motivation bewirken.[91] Um eine angepasste Motivationsstrategie durchzuführen, müssen Motivationsbarrieren vom Unternehmen zum Beispiel. durch regelmäßige Personalgespräche und Mitarbeiterbefragungen erkannt und beseitigt werden. Über ältere Mitarbeiter liegen den Personalabteilungen in der Regel mehr Daten vor, als über jüngere bzw. Berufsanfänger. Diesen Informationspool sollten die Personalentscheider umfassend nutzen. „Vor der Beseitigung vorhandener Motivationsbarrieren ist ihre Ermittlung unerlässlich".[92]

- **Wirtschaftliche Motivationsbarrieren:** „Mit vierzig gehört man doch zum alten Eisen." So laute ein gängiger Stereotyp, mit dem insbesondere ältere Arbeitnehmerinnen und Arbeitnehmer ihre Demotivation bezüglich einer Weiterqualifizierungsmaßnahme äußern. Es fehlt ihnen der erwartbare ökonomische Nutzen, diese Anstrengung auf sich zu nehmen, meist wird dann sogleich die Personalvermögensmarktlage als Begründung herangezogen. Durch die meist höheren Leistungsanforderungen scheint ihnen der Misserfolg vorprogrammiert.[93]
- **Biografische Motivationsbarrieren:** „Ich bin ein einfacher Arbeiter – CNC ist nicht meine Welt!" Diese Aussage über die moderne Arbeitswelt ist gleichzeitig Selbstreflexion. Hier besteht die Blockierung gar nicht in einem inhaltlichen Vorbehalt gegen die zeitgemäße Technik und die Weiterbildungsmaßnahmen hierfür. Dass sie als Bruch mit dem Althergebrachten und der eigenen Biografie erscheint und Anknüpfungspunkte zu seinem Wissen und Können vermissen lässt, gerät zum Einwand. Aus einer solchen Stellungnahme spricht das Bedürfnis, das Neue an das Vertraute anzuschließen, um sich heimisch zu fühlen.[94]
- **Kognitive Motivationsbarrieren:** „In meinem Alter begreife ich das nie !" Auf diese Formel reduzieren Betroffene meist ihre Ängste gegenüber den Anforderungen an eine berufliche Anpassung, welche sie für eine zeitgemäße Technik qualifizieren will. Alter, Schulbildung und soziale Herkunft werden als Begründung angeführt. Die mittels dieser Begrün-

---

[91] Vgl. *Bruggmann*, 2000, S. 47.
[92] *Christ/Röhrig*, 2001, S.48.
[93] Vgl. *Axhausen/Röhrig*, 2002, S. 29.
[94] Vgl. *Christ/Röhrig*, 2001, S. 48.

dungen errichtete geistige Schranke gerät zum nicht überbrückbaren Motivationshindernis.[95]
- **Soziale Motivationsbarrieren:** „Das kann ich meiner Familie nicht zumuten." Hier wird eine mangelnde Verträglichkeit mit sozialen Wertmaßstäben beklagt. Die Doppelbelastung von Familie und Arbeit wird als Bedrohung für das Familienleben (Freizeitfaktor) aufgefasst und geraten zum Motivationshindernis.[96]
- **Emotionale Motivationsbarrieren:** „In dieser modernen Welt fühle ich mich nicht wohl!" Diese Abwehrhaltung ist ohne spezifischen Grund. Es ist eine gefühlsmäßige Äußerung. Das Gefühl kann als Ergebnis aller Soll-Ist-Vergleiche interpretiert werden. Es dokumentiert die Unfähigkeit der Mitarbeiter, sich mit den präsentierten Umständen zu identifizieren.

Die Motivationsbarrieren müssen individuell abgebaut werden.

Argumente zum Abbau von Motivationsbarrieren	
allgemeine Intelligenz	Motivation
Aufmerksamkeit	Problemlösungskompetenzen
Beständigkeit	Selbstsicherheit
Erfahrungswissen	Selbstständigkeit
Expertise	Souveränität
Führungspersönlichkeit	soziale Kompetenz
Gelassenheit	Spezialwissen
institutionelles Gedächtnis	Verantwortungsbewusstsein
Know-how	Wissensumfang
Loyalität	Zuverlässigkeit

Quelle: eigene Darstellung
Abb. 9: Argumente zum Abbau von Motivationsbarrieren

Das kann im Personalgespräch durch das gezielte Hervorheben von Vorteilen, welche nur derjenige Mitarbeiter hat, oder durch allgemeine Vorteile, über welche meistens nur ältere Mitarbeiter verfügen. Hier sollte insbesondere auf den

---

[95] Vgl. *Axhausen/Röhrig*, 2002, S. 29-30.
[96] Vgl. *Axhausen/Röhrig*, 2002, S. 29.

Nutzen der Tätigkeit, im Zusammenhang mit dem älteren Mitarbeiter eingegangen werden. Eine konkrete Aussage wie „das Unternehmen ist auf deine Fähigkeiten angewiesen" oder „wir brauchen dich" kann überproportional motivationsfördernd sein. Die Geschäftsführung sollte mittels Taten „Flagge zeigen", also sich zu älteren Mitarbeitern bekennen.[97]

Motivationsverlust

Deutlich an der Spitze der Ursachen für negative Entwicklungen stehen bei älteren Mitarbeitern die Erfahrungen mit neuen Technologien. Dieses Neue wird als Bedrohung, oft sogar als Machtverlust durch organisatorische und technologische Veränderungen empfunden und als unpraktikabel abgetan. Hier wird die Erfahrung zum Hindernis und wirkt kontraproduktiv, was aus ökonomischer Sicht ihren Wert in Frage stellt, jedoch zumindest schmälert.[98] Auch die Zuordnung zur älteren Gruppe erweckt bei den Betroffenen als auch bei den übrigen Mitarbeitern den Eindruck, dass sie zu einer Problemgruppe gehören.[99] Die Betroffenen sind sich selbst ihrer Defizite, welche sich im Laufe ihres Arbeitslebens herausgebildet haben können, sehr wohl bewusst. Oft empfinden sie die Einschränkungen physischer und psychischer Natur intensiver, als diese von anderen Mitarbeitern wahrgenommen werden. Aussagen wie „das hast du aber schon schneller erledigt" oder der begangene Fehler bzw. Ungenauigkeiten werden dem Alter zugeschrieben. Selbstzweifel erfahren Bestätigung und senken sukzessiv die Motivation und damit letztlich die Leistungsfähigkeit. Ein weiterer Grund für Motivationsdefizite kann sich aus dem Führungsstil von Vorgesetzten ergeben. „Ein nicht angemessener Führungsstil wirkt einer vertrauensvollen oder motivierenden Führungsbeziehung entgegen."[100] Insgesamt kann man davon ausgehen, dass die Mehrheit der Arbeitnehmerinnen und Arbeitnehmer „sich massiv angegriffen fühlen werden, bezeichnet man sie als "ältere Menschen"!"[101] Entgegenwirken kann man dem Motivationsfading reiferer Mitarbeiter durch ein angepasstes, altersgerechtes Arbeitsumfeld, obwohl diese Bezeichnung auch schon einen faden Beigeschmack hat. Dies kann erfolgen, in dem man den älteren Mitarbeitern weitgehende Autonomie für ihren Arbeitsbereich

---

[97] Vgl. *Hermann*, 2008, S. 87-88.

[98] Vgl. *Henner*, 1994, S.152.

[99] Vgl. *Berte*, 2006b, S. 28.

[100] Vgl. *Weibler*, 2001, S. 290.

[101] *Jasper*, 1996, S. 43.

einräumt. Die Mitarbeiter sollten zudem nicht kurzfristig durch junge, unerfahrene Vorgesetzte Fremdbestimmung erfahren. Außerdem ist zu vermeiden, dass Neuerungen im Arbeitsablauf und Technologien unbegründet eingeführt werden. Gerade bei Veränderungen sollten man die Mitarbeiter vollumfänglich in Veränderungen einbeziehen. Es nimmt dem Mitarbeiter die Scheu und hilft den Einstieg in neue aktuelle Prozesse und Technologien zu erleichtern und nachhaltig sein Interesse am Neuen zu aktivieren. Der Idealfall ist dann gegeben, wenn der Mitarbeiter sein Erfahrungswissen mit der neuen Technologie oder dem neuen Produktionsablauf verbinden kann. Die Bestätigung, das sein "altes" Wissen nützlich ist und somit Fortschritt und Erfahrung verbunden werden, wirkt motivationssteigernd.

Wertewandel

Bei der Betrachtung von Motiven und Motivationsbarrieren älterer Mitarbeiter steht auch der Wertewandel im Blickpunkt. Einen Überblick verschiedener Thesen des Wertewandels gibt Stengel.[102] In einer der vorgestellten Analysen (Altersstrukturanalyse) wird festgestellt, dass Jüngere zu postmaterialistischen Werten tendieren. Die Ursachen für den Wertewandel sind nicht unumstritten. Es wird vermutet, dass Medien (Presse, Fernsehen, Internet) zu den Einflussfaktoren zählen und/oder die Tätigkeit bei verändertem Anspruchsniveau und geänderten Zielen nicht mehr die Erfüllung bieten und neue Formen der Selbstverwirklichung in Freizeit und Arbeit gesucht werden.[103] „Werte sind kognitive Präferenzstrukturen, die als Entscheidungsregeln fungieren und so das Verhalten steuern."[104] Erfahrung erwerben oder Lernen führt langfristig unausweichlich zu Veränderungen des Wertesystems. Diese Arbeit schließt sich der „Hypothese des Wertewandels"[105] von Inglehart an. Er unterscheidet in Anlehnung an Maslow – Bedürfnispyramide nach Maslow –[106] zwischen materiellen Werten wie zum Beispiel physiologischen Bedürfnissen, wirtschaftlicher Stabilität, Preisstabilität, Ruhe und Ordnung im Staat und postmateriellen Werten wie zum Beispiel Meinungsfreiheit, Selbstverwirklichung, Mitspracherechte, geistige und schöpferische Bedürfnisse.

---

[102] Vgl. *Stengel*, 1991, S. 560-561.

[103] Vgl. *Scholz*, 1994, S. 8-9.

[104] *Scholz*, 1994, S. 4-5.

[105] *Inglehart*, 1979, S. 279-316.

[106] Vgl. *Nicolai*, 2010, S. 530.

Quelle: ähnl. Nicolai, 2010, S. 530
Abb. 10: Bedürfnispyramide nach Maslow

Er vertritt die Hypothese, dass eine Bewegung von materiellen zu postmateriellen Werten stattfindet. Werte, Einstellungen und Verhalten von Menschen verändern sich im langfristigen Zeitablauf. Die Arbeit in Unternehmen und Organisationen ist davon nicht ausgenommen. „Erwartungen, die Menschen an die Arbeit richten, werden maßgeblich durch individuelle und gesellschaftliche Werte bestimmt und nehmen Einfluss auf die Motivation der Mitarbeiter und ihre Identifikation mit Arbeit und Unternehmen,"[107] Aktuell bewegen sich die materiellen Werte auf hohem Niveau, die traditionellen Anreize, wie zum Beispiel Lohn, verlieren aufgrund von Sättigung zunehmend an Bedeutung.[108] Für ältere Mitarbeiter ist „das gebraucht werden" im letzten Abschnitt der Erwerbstätigkeit wichtiger als ein hohes Arbeitsentgelt. Ältere Mitarbeiter bewerten und analysieren den Zusammenhang der eigenen Leistung und Anstrengung sowie ihre damit

---

[107] *Scherm/Süß*, 2003, S. 7.

[108] Vgl. *Scholz*, 1994, S. 5.

verbundene Nützlichkeit für sich und andere.[109] Die Nützlichkeit, von sich selbst und für die Gesellschaft, ist in der späteren Erwerbsphase einer der dominanten Werte für ältere Beschäftigte.

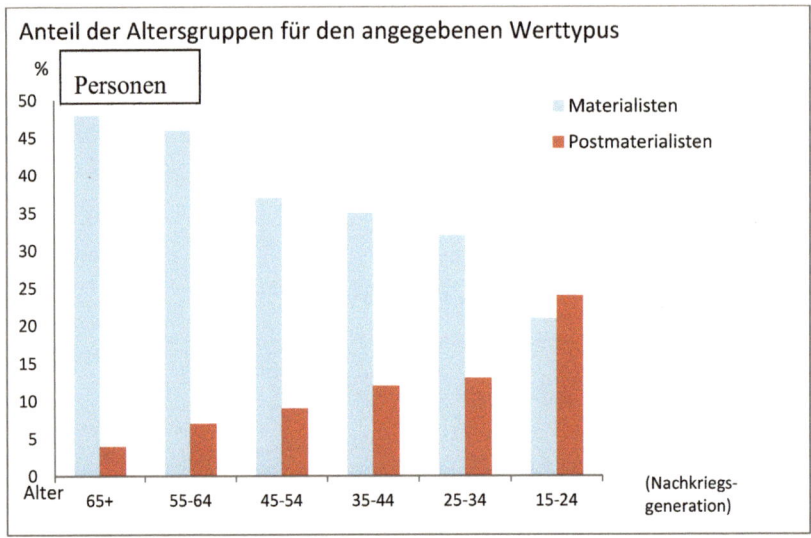

Quelle: Inglehart, 1998, Abb. 5.1, S. 193
Abb. 11: Wertewandel der Generationen

---

[109] Vgl. *Roßnagel,* 2008a, S. 57-59

Erfahrungswissen

Beim erfahrungsabhängigen Wissen handelt es sich um sogenanntes implizites Wissen. Es ist nicht artikulierbar und „beeinflusst das Handeln mehr als angelerntes Faktenwissen".[110] „Die soziale **Lerntheorie** geht davon aus, dass individuelles Verhalten von Erfahrungen geprägt und von Vorbildern erlernt ist."[111] Dabei muss man zwischen allgemeinem Erfahrungswissen und dem für unternehmerische Leistungserstellungsprozesse relevantem Erfahrungswissen unterscheiden, also Erfahrungen, welche im direkten oder indirekten Zusammenhang mit Arbeitsprozessen stehen. Beim Erfahrungswissen handelt es sich regelmäßig um nicht allgemeingültige und damit aufzeichenbare Informationen. Mitarbeiter von Unternehmen oder Organisationen verfügen über eine umfangreichere Berufs- und Lebenserfahrung und damit mehr Anknüpfungspunkte.[112] „Erfahrung gründet auf wiederholtem Wahrnehmen zum Beispiel Erleben, Anschauen, Empfinden von Ereignissen, die sich vorwiegend in der Auseinandersetzung mit den Arbeitsaufgaben, aber auch mit anderen Lebenssituationen sowie mit sich selbst ergeben. Die Transformation der Wahrnehmungsinhalte erfolgt durch teilweise unbewusste Aufnahme, reflexive Verarbeitung, Interpretation und Verknüpfung mit bestehenden Konzepten. Dadurch entstehen im Gehirn veränderte Erlebensweisen und Handlungsvoraussetzungen kognitiver, emotionaler und motivationaler Natur. Diese wiederum bilden die Grundlage für neue Erfahrungen."[113] Beim Erfahrungswissen handelt es sich somit um Wissen, welches durch handelnde und erlebende Erfahrung (learning-by-doing), zuzüglich der gewonnenen Erkenntnisse, entsteht und vom Personalvermögensträger zu einem Erkenntniszusammenhang verknüpft wird. Um den Begriff des Erfahrungswissens zu vertiefen, sind die Bestandteile Erfahrung und Wissen getrennt zu betrachten.

Erfahrung bedeutet den alleinigen Besitz von gebietsspezifischem Wissen, welches jeder individuell erlernt bzw. erfahren hat. Die Literatur nennt für den Begriff Erfahrung die Synonyme: Einsicht, Geschicklichkeit, Übung, Menschenkenntnis Verständnis, Scharfsinn, Vertrautheit und Wissen. Keiner bezweifelt, dass solche Fähigkeiten erfolgskritisch sind. Es ist es somit weder qualitativ

---

[110] *Piéch*, 2009, S. 66f.
[111] *Scherm/Süß*, 2003, S.166.
[112] Vgl. *Ortner/Berte*, 2009, S. 23.
[113] *Bruggmann*, 2000, S.48.

noch quantitativ beliebig herstellbar oder kopierbar, es kann auch nicht substituiert werden. Erfahrung bezieht sich vor allem auf Wissen, welches episodischen, individuell erlebten Ereignissen, dem beruflichen oder privaten Bereich entspringt und dann von den Individuen verinnerlicht wird. Erfahrungen entstehen in flüchtigen Ereignissen nur dann, wenn es für den Menschen selbst subjektiv als relevant und nützlich eingeschätzt wird. Erfahrung kann auch zielgerichtet gefördert werden. Dies geschieht zum Beispiel durch das Bereitstellen von komplexen Lernumgebungen, in welchen den Lernenden Lernziele in Form von erlebbaren Ereignissen, welche sie selbst durch eigene Handlungen am Lerngegenstand steuern und beeinflussen können, nahegebracht werden. Ein aktueller Trend ist die Nutzung von Software und Brettspielen in Form von Simulationsspielen zum Erlernen und Üben von zum Beispiel Management- oder Personalauswahlsituationen. Der Vorteil eines Spiels im Gegensatz zu einer herkömmlichen Lernsoftware oder Weiterbildungsveranstaltung ist, das es allein oder gemeinschaftlich ohne den Druck eines Ergebnisses als Freizeitvergnügen und Herausforderung im Kollegenkreis wahrgenommen wird. Erste Unternehmen lassen speziell auf ihre betrieblichen Bedürfnisse zugeschnittene Planspiele für die Mitarbeiter programmieren. Auch außerhalb von Unternehmen in Universitäten und anderen Bildungsträgern sind Spiele, Brettspiele und Software erfolgreich. Rückmeldungen bestätigen, dass die gesammelten Erfahrungen mit den Spielen (Marketing-Spiele, Planspiele) und deren Inhalte oft noch Jahre später abrufbar sind. Der Einsatz solcher Spiele ist aus mehrfacher Sicht wirtschaftlich. Die Mitarbeiter erwerben spielerisch wertvolles unternehmensrelevantes Personalvermögen. Gleichzeitig kommt es zu einer Senkung von Kosten für die Weiterbildung und Verbesserung des Betriebsklimas. Bei der Diskussion um den Wert von Erfahrungswissens muss ebenso beachtet werden, das sich die Umwelt gesellschaftlich und betrieblich fortlaufend ändert. Das bedeutet, wenn sich die Umwelt verändert, verändert sich der Wert der Erfahrungen und von Wissen.

Wissen – explizites Wissen –[114] als wichtiger Teil der Erfahrung, u.a. als Allgemeinwissen, Bildung, geistiges Kapital, Kenntnisse, Know-how, Sachkenntnis, Sachverstand, Wissensschatz beschrieben, ist bei älteren Arbeitnehmerinnen und Arbeitnehmern so die Argumentation vieler Personalmanager veraltet. Tatsächlich ist das Wissen der Jungen nach drei bis fünf Jahren teilweise verfallen oder wertlos. Die Halbwertszeit von Wissen nimmt in unserem Zeitalter durch schnell wechselnde Technologien und Trends immer schneller ab. Kein Ver-

---

[114] artikulierbar und vom Wissensträger trennbar

fallsdatum hat hingegen das über lange Zeiträume und im Rahmen von Ausbildungen nicht zu erlangende soziale Erfahrungswissen. Nur wer über personalwirtschaftlich aktuelles Wissen verfügt, wird von den Unternehmen umworben. Eine regelmäßige Weiterbildung durch lebenslanges Lernen bedeutet, dass ältere Mitarbeiter genauso über das nachgefragte Wissen verfügen können wie jüngere Kohorten. Ihr Wissen ist regelmäßig auch umfangreicher und genauer.[115] „Weiterbildung wird immer mehr zur Notwendigkeit auf allen Stufen der Berufsleiter und in jedem Alter. Sie geht jeden an: Vorgesetzte wie Mitarbeiter."[116] Wissen ist ein „Ergebnis der Erfahrung",[117] die ein Berufsanfänger nicht hat und den älteren Mitarbeitern Vorteile verschafft. „Vor allem moderne Dienstleistungsunternehmen sind auf diversifizierte Wissensbestände sowie einem Gleichgewicht zwischen Innovation und Erfahrung angewiesen."[118] Der zweifelsos vorhandene Ideenreichtum junger Mitarbeiter, ist ohne die Erfahrungen älterer Mitarbeiter, eine brachliegende Ressource. Wegen des Vermögens Ideen in der Praxis umzusetzen, werde ältere Mitarbeiter auch als „Generation Praxis" bezeichnet. Ältere können über Jahrzehnte gespeichertes Erfahrungswissen abrufen, es wird durch ähnliche Situationen automatisch aktiviert.[119]

Erfahrung im Arbeitskontext

Erfahrung im Zusammenhang mit Arbeit wird auch als Arbeits- und Berufserfahrung beschrieben. Sie sind in der Regel auf die jeweiligen Tätigkeitsfelder der einzelnen Mitarbeiter begrenzt. Erfahrung setzt sich zusammen aus Wissen und Übung, welches in Können umgesetzt wird. Das gesammelte Erfahrungswissen äußert sich dann während der Arbeit zum Beispiel „in einer gefühlsmäßigen Beurteilung anhand von Geräuschen, ob eine Maschine richtig läuft."[120] Gefühl, Gespür und Intuition spielen somit eine entscheidende Rolle.[121] Erfahrung und damit Erfahrungswissen wird in der Regel älteren Arbeitnehmerinnen und Arbeitnehmern zugeschrieben. Es ist jedoch festzustellen, dass die Erfahrungen, insbesondere die die berufliche Tätigkeit betrifft – nicht die sozialen

---

[115] Vgl. *Brugmann*, 2000, S. 70.

[116] *Delhees*, 1990, S. 2.

[117] *Bruggmann*, 2000, S. 75.

[118] *Höpflinger*, 2009, S. 39.

[119] Vgl. *Bruggmann*, 2000, S. 74-75.

[120] *Bruggmann*, 2000, S. 74.

[121] Vgl. *Porschen*, 2008, S. 78.

Kompetenzen – auch überschätzt werden können. „Diese Erfahrungen könnten auch bereits nach einer zwei- bis dreijährigen Tätigkeit erworben werden und setzen keine 20jährige Betriebszugehörigkeit voraus."[122] In jedem Fall ist jedoch eine gewisse Dauer, 2-3 oder auch bis zu zwanzig Jahre zum Erwerb von Erfahrung erforderlich. Wie wichtig ist den Unternehmen und Organisationen das angesammelte Erfahrungswissen? Betrachtet man die Vergangenheit und damit die exzessive Nutzung von Frühverrentungsprogrammen zur Personalreduzierung und den damit einhergehenden „Verzicht auf Erfahrungswissen ganzer Belegschaften"[123] könnte man zu der Annahme kommen, dass dieses Wissen wertlos ist. Das jedoch wird widerlegt durch die steigende hohe Nachfrage nach eben diesem Teil des Personalvermögens. Personal ohne Berufserfahrung wird in Stellenanzeigen nur sehr selten nachgefragt.

Erfahrungswissen als Ressource zur Leistungserstellung

Erfahrungswissen wird dann zu einer für den betrieblichen Leistungserstellungsprozess wichtigen Ressource, wenn es durch andere Ressourcen nicht substituiert werden kann. Den Erfahrungen, welche überdurchschnittlich individuell und regelmäßig nicht austauschbar sind und die durch Aufschreiben nicht konserviert werden können, kommt eine oft unterbewertete Bedeutung zu. Betrachtet man die Erfahrung ökonomisch, steht für die Unternehmen deren Verwertbarkeit durch Mitarbeitende und Unternehmung im Vordergrund. Die Humankapitaltheorie trennt zwischen Erfahrungen, welche nur in der eigenen Unternehmung verwertbar sind und Erfahrungen, die unternehmensübergreifend einsetzbar sind.[124] Humankapital beschreibt Wissen und Können von Individuen. Im Rahmen dieser Arbeit wird jedoch die treffendere Bezeichnung Personalvermögen verwendet. Wann kommt Erfahrungswissen zum Tragen? Die reibungslose Leistungserstellung in betrieblichen Abläufen unterliegt von Zeit zu Zeit unvorhergesehenen Situationen, die selten oder erstmalig vorkommen und somit auch nicht dokumentiert und analysiert sind. Nur langjährige Mitarbeiter haben im Verlauf ihres Lebens vergleichbare oder andere Gefahren- und Krisensituationen selbst erlebt und gelöst. Im Verlauf dieser oft flüchtigen Situationen konnten sie erfahren, wie welche Maßnahmen, zum Beispiel durch Probieren, Hören, Riechen gewirkt haben. Sollten diese Maßnahmen, was selten der Fall

---

[122] *Frerichs*, 1996, S. 21.

[123] *Maintz*, 2003, S. 44.

[124] Vgl. *Bruggmann*, 2000, S. 104-106.

ist; später aufgeschrieben werden, kann schon dort von einen unvollständigen Dokumentation ausgegangen werden, denn Erfahrungen der Sinne lassen sich nur schwer oder nicht dokumentieren. Des Weiteren ist anzunehmen, dass gerade Gefahren- und Krisensituationen immer unterschiedlich ablaufen und nur geringe Parallelen bestehen. Das Erfahrungswissen in Form von kristallinem Wissen kommt erst im konkreten unvorhersehbaren Augenblick zum Einsatz und zwar dann, wenn der Erfahrungswissensträger "unbewusst" oder "instinktiv" handelt. Er erkennt, welche Maßnahme und welches Mittel geeignet ist, um die Gefahr abzuwenden oder einzudämmen. Auch finanziell sind die Vorteile für Unternehmen selbst über Erfahrungswissensträger zu verfügen enorm, da keine Kosten für Zeit und/oder eventuell angeforderte Experten anfallen. Vor diesem Hintergrund ist Erfahrungswissen als Ressource für die unternehmerische Leistungserstellung bedeutungsvoll und meistens eine Notwendigkeit.

Vor dem Erfahrungswissen kommt das Erfahrungslernen

„Die viel zitierte Erfahrung älterer Mitarbeiter stellt einen durch Erfahrungslernen erworbenen Zuwachs an Qualifikationen dar, wobei eine Zunahme von Erfahrungen mit zunehmender Lebensdauer angenommen werden kann."[125] Erfahrungswissen muss erst erlernt werden, das kann durch wiederholtes Zusehen, Erleben, Üben und Anwenden ineinander ähnliche Situationen geschehen. Lebenserfahrung und damit Erfahrungswissen beschreibt eine mittel- bis langfristige Entwicklung oder Veränderung der menschlichen Persönlichkeit von der Unreife zur Reife.

Unreife		Reife
Passivität	....	Aktivität
Abhängigkeit	....	Unabhängigkeit
Enges Verhaltensrepertoire	....	breites Verhaltensrepertoire
Oberflächliche Interessen	....	Tiefer gehende Interessen
Kurze Zeitperspektive	....	lange Zeitperspektive
Unterordnung	....	Gleich- oder Überordnung
Fehlende Selbstkenntnis	....	Selbstkenntnis und -kontrolle

Quelle: ähnl. Bruggmann, 2000, S. 103
Abb. 12: Entwicklung von Erfahrungswissen

---

[125] *Berte*, 2005, S. 68.

Bedingungen für Erfahrungslernen ist, dass die jeweiligen Arbeitnehmerinnen und Arbeitnehmer keine eintönigen oder monotonen Arbeitsabläufe – jahrelange Arbeit am Fließband – ausführen und die Möglichkeit erhalten, wechselnde berufliche Aufgaben auszuführen. Im Laufe ihrer Arbeitszeit sollten sie je nach Befähigung mit Führungsaufgaben betraut werden, damit sich neben den fachlichen auch soziale Kompetenzen entwickeln können. Die Erfahrung kann durch On-the-job-training oder Off-the-job-training vermittelt werden.

On-the-job-training	Off-the-job-training
Arbeitsunterweisung	Selbststudium
Erfahrungsvermittlung	Programm, Unterweisung
Arbeitsplatzwechsel (job rotation)	Vortrag, Vorlesung
Entwicklungsvorbereitung	Fallmethode
Multiple Führung	Planspiel
	Konferenzmethode

Quelle: ähnl. Mag, 1998, S. 152
Abb.: 13: Möglichkeiten der gelenkten Erfahrungsvermittlung

Hier spricht man von gelenkter oder gesteuerter Erfahrungsvermittlung. Bei der gelenkten Erfahrungsvermittlung hat der Mitarbeiter die Möglichkeit, über einen längeren Zeitraum sich kontinuierlich mit größeren anspruchsvolleren Aufgabengebieten vertraut zu machen. Es handelt sich in diesem Fall um eine systematische Bildungsmaßnahme.[126]

Erfahrungswissen in Vergangenheit und Zukunft

Vor Erfindung der Schrift wurden Erfahrungen und Wissen mündlich oder mittels Bildern (Wandmalereien) von Generation zu Generation weitergegeben. Erfahrungswissen (Handlungsabläufe, Wirkungen von Pflanzen, Standorte von Ressourcen, Abläufe von Jahreszeiten) war für unsere Vorfahren Teil und Notwendigkeit ihres Überlebenskampfes. Nicht oder nicht rechtzeitig überliefertes Erfahrungswissen konnte verloren gehen und einen gesellschaftliche Rückschritt verursachen. Die Möglichkeit, Faktenwissen schriftlich für spätere Generationen aufzuzeichnen, kann nur als eine zusätzliche, nicht vollständige, Möglichkeit der

---

[126]Vgl. *Mag*, 1998, S.151-155.

Sicherung von Wissen angesehen werden. Der Wert solcher Aufzeichnungen darf trotzdem nicht unterschätzt werden, denn oftmals dienen sie, wenn Wissen verloren gegangen ist oder Erfindungen nicht weiterentwickelt worden, später als Ansatzpunkt für neue Innovationen und sind Grundlage für erneutes Forschen. Welche Bedeutung wird Erfahrungswissen künftig haben? Erfahrungswissen ist außer im Alltag vor allem im Berufsleben wichtig, weil die Erwerbstätigkeit einen großen Einfluss auf das gesamte Leben – Lebensmittelpunkt und Einkommensquelle – der Erwerbstätigen hat. Die Unternehmen haben in der Vergangenheit zum Abbau von Überkapazitäten, um der nachrückenden Generation Platz und Aufstiegsmöglichkeiten zu schaffen oder einfach aus Kostengründen, ältere Mitarbeiter mittels Pensionierung oder Frühverrentung ausgegliedert. Mit dem Ausscheiden älterer Mitarbeiter ist besonders in technischen Bereichen wertvolles betriebliches Erfahrungswissen verloren gegangen. Dieser Nachteil in der unternehmerischen Leistungserstellung wird von den betroffenen Unternehmen meist erst im Nachhinein wahrgenommen. Die Bedeutung der sozialen Handlungskompetenz erfahrener Mitarbeiter bei der Umsetzung innovativer Lösungen, der Bewältigung betrieblicher Problem- und Krisensituationen ist groß und es kommt ohne sie zu Fehlentwicklungen und Produktionseinbußen.[127] Die Sicherung dieses impliziten Wissens ist nicht einfach, denn als nicht artikulierbares Wissen ist es nicht so wie Faktenwissen aufzeichnungsfähig. Das bedeutet, ein älterer Erfahrungswissensträger muss, über einen längeren Zeitraum, einem geeigneten jüngeren Mitarbeiter, dieses Wissen durch Anleitung beibringen. Dazu sind gemischte Teams erforderlich. Für kurzfristig planende Unternehmen, das ist in unserer auf schnelle Gewinne getrimmten Kapitalgesellschaft zurzeit die Regel, sind solche langfristigen Maßnahmen nicht populär. Der Wert von Lebens und Berufserfahrung älterer Mitarbeiter liegt nicht zwingend in konkreten Wissensbeständen und Handlungsformen, sondern darin, durch Erfahrung Neues und Altes, Mögliches und Unmögliches zu verbinden bzw. ins Gleichgewicht zu bringen.[128] Der inzwischen eingetretene, spürbare Verlust an erfolgskritischem Erfahrungswissen wird zurzeit noch bagatellisiert und als Einzelfall abgetan. In naher Zukunft wird zunehmender Handlungsdruck die Unternehmen zwingen, die Ressource Erfahrungswissen neu zu bewerten und für das Unternehmen zu sichern oder teuer „einzukaufen". Die Bedeutung von Erfah-

---

[127] Vgl. *Frerichs*, 1996, S. 21.

[128] Vgl. *Höpflinger*, 2009, S. 17.

rungswissen für die Zukunft und damit für die Wettbewerbsfähigkeit von Unternehmen kann nicht hoch genug bewertet werden.

Ältere Mitarbeiter und der Personalvermögensmarkt

Die Veränderungen auf dem Personalvermögensmarkt sind auf der Bedarfsseite besonders auf eine zunehmende Globalisierung der Märkte, den sich weiter verschärfenden Wettbewerb, eine anhaltende hohe Arbeitslosigkeit und gesamtwirtschaftliche Reorganisation zurückzuführen. Im Vergleich dazu werden strukturelle Veränderungen auf der Angebotsseite durch Determinanten wie Geburten und Migration sowie die in Bildungssystemen vermittelten Qualifikationen und Werte geprägt.[129] Betroffen von den sich ständig wandelnden Bedingungen am Personalvermögensmarkt sind bedingt durch den hohen Anteil ältere Arbeitnehmer. Die Beschäftigungsquote der 55 bis 64 Jährigen ist von 38,1% im Jahr 1997 auf 51,5% im Jahr 2007 gestiegen.[130] Bereits ab dem 40. Lebensjahr nimmt das Risiko spürbar zu, bei Arbeitsplatzverlust nicht wieder in Arbeit zu kommen.[131] Mit steigendem Alter sinken die Chancen auf einen neuen Arbeitsplatz. Ab 55 gehen sie gegen Null. Gleichfalls zu beobachten, dass mit steigendem Alter die Arbeitslosenzeiten ansteigen. Obwohl es schon heute schwierig ist, passendes Personalvermögen auf dem Personalvermögensmarkt zu rekrutieren, „ist zu beobachten, dass immer weniger Unternehmen ältere Arbeitnehmer beschäftigen".[132] Der sinkenden Menge an qualifizierten Berufseinsteigern steht eine steigende Menge älterer Arbeitnehmer gegenüber. Bis junge Menschen in höher qualifizierten Berufen einsetzbar sind, vergehen im Durchschnitt 28 Jahre. In diesem Zeitraum „investiert" die Volkswirtschaft große Summen in Schulbildung, Lehre und Studium. Die anschließende Nutzung dieser nicht unerheblichen Investition dauert nur noch rund zwanzig Jahre, denn mit spätestens 50 gehört man zur geduldeten und blockierten Gruppe der Älteren. Der Überfluss an älteren Arbeitskräften, bei gleichzeitigem Mangel an jüngeren muss zukünftig zu einer vermehrten Nutzung des vorhandenen Potenzials führen, also längere Beschäftigung älterer Mitarbeiter und Neueinstellung älterer Arbeitsvertragsloser. Hierzu bedarf es des Umdenkens im Einstellungsverhalten von Unternehmen und einer Neubewertung bezüglich des Kriteriums Alter. Verfestigte An-

---

[129] Vgl. *Mudra*, 2004, S. 84.

[130] *Statistisches Bundesamt*, 2009b, S.1.

[131] Vgl. *Puhlmann*, 2001, S. 14-19.

[132] *Meifert*, 2008, S. 88.

sichten, dass Lern- oder Leistungsfähigkeit bei Älteren nicht vollumfänglich gegeben sind, wurden entkräftet. Dennoch gibt es gerade bei der Personalvermögensbeschaffung Entwicklungen, welche ältere Bewerberinnen und Bewerber meistens benachteiligt. Jeder vierte Personalentscheider überprüft bereits, je nach Branche grundsätzlich das sogenannte Online-Image von Bewerbern.[133] Ältere sind meist im Netz weniger aktiv als jüngere Menschen. Obwohl ein fehlendes Online-Image kein Beleg für fehlende Fachkenntnisse dieser modernen Technologien sind, wählen Entscheider denjenigen aus, der seine Daten unkontrolliert oder gezielt manipuliert im weltweiten Netz einstellt. Das sind meist die jüngeren Bewerber.

Handlungsfelder für altersgerechtes Personalmanagement

Um gezielt das Personalvermögen älterer Mitarbeiter nutzen zu können, sind personalpolitische Maßnahmen durch die Unternehmen vorzunehmen. Jede weitere Vernachlässigung und Aufschiebung bei der Rekrutierung und Sicherung von Personalvermögen kann in Zukunft zu Mangel und Verlust von Erfahrungswissen führen und damit hohe Kosten für deren Neubeschaffung erzeugen. Welche Maßnahmen sind von den Personalverantwortlichen zu ergreifen? Im Rahmen des Prime-Time-Projekts, in welchem Beispiele aus der Praxis analysiert worden sind, wurden folgende vielversprechende Ansätze herausgearbeitet. Konkret sollten Maßnahmen des altersgerechten Personalmanagement und der strategischen Personalentwicklung[134] immer gezielt stattfinden und auf eine ausgewogene Altersdurchmischung im Unternehmen geachtet werden. Auch wenn sich, demografisch bedingt, der Altersdurchschnitt nach hinten verschieben sollte, muss möglichst jeder Jahrgang im Unternehmen vertreten sein.

---

[133] Vgl. *o.V.*, 2010, S. 456.
[134] Vgl. *Staudinger*, 2008, S. 298-302.

Ansätze & Beispiele für altersgerechtes Personalmanagement
Rekrutierung
keine Altersangaben in Stellenanzeigen
proaktive Lehrlingsausbildung
gezielte Einstellung bestimmter Altersgruppen, um die Altersdurchmischung zu fördern
Arbeitszeit
gezielter Einsatz von Teilzeitarbeit
Arbeitsplatzgestaltung
Arbeitsplätze ohne leistungsgeminderte
Einsatz von projektorientierten Arbeitsformen mit gezielter Altersmischung
Honorierung
Lohnsysteme ohne Altersautomatismen
Abschaffung gewisser Altersautomatismen
Plafonierung des Lohns
Personalentwicklung
Anschluss-Qualifizierungsprogramm für gering qualifizierte ältere Mitarbeitende
strategische Personalentwicklungsplanung
Wissensmanagement
Mentoring
Einsatz von projektorientierten Arbeitsformen mit gezielter Altersmischung
Innerbetriebliche Beförderung und Arbeitsplatzwechsel
gezielte altersgemischte Zusammensetzungen von Projektteams
Angebot von Bogenkarrieren
Förderung von Job Rotation
Seminarangebot zur Standortbestimmung für Mitarbeitende zwischen 45-55 Jahren

Freisetzung und Austritt
Seminare zur Vorbereitung auf die Pensionierung
flexibler Ausstieg aus dem Berufsleben möglich zum Beispiel durch Altersteilzeit
Senior-Consultingmodelle
Einstellungswandel und Kultur
Chancenrichtlinien oder Diversity-Strategie, welche die Variable Alter berücksichtigen
Auswertung von Mitarbeiterbefragungen nach Alter

Quelle: Zölch/Mücke et al., 2009, S. 63
Abb. 14: Maßnahmen für altersgerechtes Personalmanagement

Ältere sollten mit ihrem Erfahrungswissen verstärkt im Kundendienst (Reklamationsbearbeitung, Beratung) eingesetzt werden, denn Kundendienst basiert auf Langzeiterfahrung (Altanlagen, Kenntnisse der Gepflogenheiten von langjährigen Kunden) älterer Mitarbeiter. Mit zunehmendem Alter ist eine Verlagerung von handwerklichen Tätigkeiten hin zur Beratung und Akquisition sinnvoll. Gerade in der Beratung ist Erfahrungswissen besonders wertvoll, hierzu ist auch eine stärkere Kompetenz- und Souveränitätsübertragung zu empfehlen. Der Dienstleistungssektor bietet hier vielfältige Möglichkeiten für einen Teil arbeitsvertragslose Arbeitnehmer.

Resümee

Die Fähigkeit von Unternehmen, schneller und nachhaltiger aktuelles Wissen zu erschließen und zu publizieren, bestimmt mehr und mehr dessen Positionierung gegenüber anderen Unternehmen und im Wettbewerb. Es gilt, die richtigen Personalvermögensträger zu binden, zu ermitteln und deren Personalvermögen anhaltend weiterzuentwickeln. Dabei spielt Alter und Hierarchie keine Rolle. Angesichts der Globalisierung und des damit einhergehenden demografischen Wandels müssen neue Wege bei Aus- und Weiterbildung, bei der Personalvermögensbeschaffung und Nachwuchsrekrutierung beschritten werden. Auch wenn die Ressourcen an besonders hohem Personalvermögen in Zukunft weiter knapp sein werden, so wird bedingt durch demografische Veränderungen vorübergehend ein quantitativer Überschuss an älteren Personalvermögensträgern den Personalvermögensmarkt bestimmen. Die Ressource älterer Mitarbeiter erhält zukünftig eine steigende Bedeutung und muss mit Blick auf den demografischen Wandel eine Neubewertung erfahren. Diese ergibt sich zwangsläufig aus der aktuell steigenden Anzahl an älteren Erwerbstätigen bzw. -fähigen und der momentanen und noch zunehmenden Knappheit Jüngerer auf dem Personalvermögensmarkt. „Die meisten europäischen Unternehmen sind auf die zu erwartenden demographischen Veränderungen mehr oder weniger nicht oder nur schlecht vorbereitet."[135] Da die Verfügbarkeit qualifizierter Mitarbeiter in der Zukunft noch weiter zurückgehen wird, gibt es zur Nichtbesetzung von Arbeitsstellen für die Unternehmen und Organisationen nur eine Alternative, die Umorientierung auf die vielen älteren Mitarbeiter. Die Ressource Ältere nicht auszuschöpfen bedeutet, verlängerte Entwicklungszeiten bei Innovationen und Imageschäden welche sich auf die Produkte der anbietenden Unternehmen auswirken, denn ältere Menschen sind auch Konsumenten. Wenn sich Unternehmen nicht rechtzeitig umorientieren, verursachen die unbesetzten Arbeitsplätze hohe Kosten für notwendige Personalvermögensbeschaffung. Dem gilt es gezielt und rechtzeitig vorzubeugen. In der Arbeit wurde herausgearbeitet, dass der verstärkte Einsatz Älterer gezielt möglich ist und eine geeignete Maßnahme darstellt, dem Fachkräfte- und damit Personalvermögensmangel zu begegnen. Die gängigen Stereotypen, welche derzeit immer noch Personalverantwortliche verleiten, Jüngere gegenüber Älteren vorzuziehen, konnten nicht belegt werden. Damit ist die fast uneingeschränkte Nutzung der wertvollen Ressource ältere

---

[135] *Kuhn*, 2003, S.74

Mitarbeiter und deren Erfahrungswissen nicht nur möglich, sondern aus betriebswirtschaftlicher Sicht auch wirtschaftlich und damit folgerichtig. Die Rekrutierung und Bindung älterer Mitarbeiter beginnt damit, sie nachhaltig zu motivieren, eine verlängerte Lebensarbeitszeit anzustreben bzw. trotz fortgeschrittenem Alter noch eine neue Arbeit aufzunehmen und sich somit noch einmal zu qualifizieren. Die gesellschaftliche und betriebliche Anerkennung von Erfahrung, Wissen und Leistung muss zukünftig stärker in unserer Gesellschaft sowie der Unternehmens- bzw. Organisationskultur[136] verankert werden. Damit wird auch das Miteinander von Jung und Alt nachhaltig gefördert. Gerade in altersgemischten Gruppen kommt der besondere Wert von Erfahrungswissen älterer Mitarbeiter voll zum Tragen und bleibt dem Unternehmen auch nach dessen Ausscheiden, zumindest durch teilweisen Wissenstransfer, erhalten. Unternehmen mit überdurchschnittlich jungen Mitarbeitern sollten zukünftig ebenfalls ältere Mitarbeiter rekrutieren und gegebenenfalls qualifizieren. Zwar sind die Kosten für eine Amortisation von Investitionen in eine Weiterbildung bei Älteren stark verkürzt,[137] aber „[b]ei einem Renteneintritt mit 67, wie wir ihn bald haben werden, lohnt es sich bei einer durchschnittlichen Amortisationsdauer von fünf Jahren sogar noch, einem 62 Jahre alten Mitarbeiter eine Fortbildung zu zahlen."[138] Die Motivationen Älterer können durch „altersgerechte" Arbeitsbedingungen und Qualifizierungsmaßnahmen so weit gesteigert werden, dass diese die Arbeitskräfte für die jüngere Zukunft, sein können und auch wollen. Unternehmen welche sich nicht rechtzeitig auf Ältere umorientieren, könnten im späteren Wettbewerb um Ältere das Nachsehen haben. Die Bedeutung von individuellem und damit auch institutionellem Erfahrungswissen wird in naher Zukunft noch steigen und damit nachhaltig die Wettbewerbsfähigkeit der Unternehmen bestimmen.

Damit wird die Sicherung von Erfahrungswissen zu einer bedeutsamen Aufgabe für die Personalwirtschaft.

---

[136] Vgl. *Weibler*, 2001, S. 124-125.

[137] Vgl. *Blien/Meyer*, 2000, S. 1049.

[138] *Roßnagel*, 2008b, S. C3

Literaturverzeichnis

Axhausen S./Christ M. et al.: Ältere Arbeitnehmer – eine Herausforderung für die berufliche Weiterbildung, Bundesinstitut für Berufsbildung (Hrsg.), Bonn, 2002

Axhausen S./Röhrig R.: Wissenschaftliche Beiträge zur Motivierung und Qualifizierung älterer Arbeitnehmer, in: Ältere Arbeitnehmer – eine Herausforderung für die berufliche Weiterbildung, Bundesinstitut für Berufsbildung (Hrsg.), Bonn, 2002, S. 27-46

Ballwieser W./Börsig C. (Hrsg.): Demographischer Wandel als unternehmerische Herausforderung, Stuttgart, 2007

Bandura B./Schellschmidt H. et al. (Hrsg.): Fehlzeiten-Report 2002, Berlin/Heidelberg, 2003

Berte K.: Was sind eigentlich Qualifikationen?, in: Das Personalvermögen, Magazin für Managementstudien und Personalentwicklung, erschienen unter Richter K., 1. Jg., H. 2, 2004, S. 30

Berte K.: Die Beschäftigung älterer Mitarbeiter aus personalwirtschaftlicher Perspektive, erschienen unter Richter K., in: Mroß M./Thielmann-Holzmayer, C. (Hrsg.), Zeitgemässes Personalmanagement, Wiesbaden, 2005, S. 55-75

Berte K.: Auf Erfahrung verzichten?, Sicherung des Personalvermögens lebensälterer MitarbeiterInnen?, in: Das Personalvermögen, Magazin für Managementstudien und Personalentwicklung, 3. Jg., H.1, 2006a, S. 27-28

Berte K.: Personalvermögen sichern, Die Beschäftigung lebensälterer Mitarbeiter, in: Das Personalvermögen, Magazin für Managementstudien und Personalentwicklung, 3. Jg., H. 2, 2006b, S. 11-13

Berte K.: Was sind eigentlich Kompetenzen?, in: Das Personalvermögen, Magazin für Managementstudien und Personalentwicklung, 4. Jg., H. 1, 2007, S. 28

Bertelsmann Stiftung (Hrsg.): Erfolgreich mit älteren Arbeitnehmern, 2. Aufl., Gütersloh, 2005

Blien U./Meyer W.: Bevölkerungsdynamik und Arbeitsmarkt, in: Handbuch der Demographie 2, Berlin u.a., 2000, S. 1025-1065

Bruggmann M.: Die Erfahrung älterer Mitarbeiter als Ressource, zugl. Diss. in Zürich, Wiesbaden, 2000

Bundesinstitut für Berufsbildung (Hrsg), Ältere Arbeitnehmer – eine Herausforderung für die berufliche Weiterbildung, Bielefeld, 2002

Bundesministerium für Familie, Senioren, Frauen und Jugend : Fünfter Bericht zur Lage der älteren Generation in der Bundesrepublik Deutschland, Berlin, 2005

Christ M./Röhrig R.: Ältere in Unternehmen und Weiterbildung, in: Qualifizierung, Personal- und Organisationsentwicklung mit älteren Mitarbeiterinnen und Mitarbeitern, Schemme D. (Hrsg.), Bonn, 2001

Clemens W.: Ältere Arbeitnehmer im sozialen Wandel, Von der verschmähten zur gefragten Humanressource, Reihe: Alter(n) und Gesellschaft, Bd. 3, Opladen, 2001

Clemens W./Höpflinger F. et al.: Arbeit in späteren Lebensphasen, Bern/Stuttgart/Wien, 2005

Cranach v. M.: Die Beschäftigung älterer Menschen im Unternehmen, in: Ältere Menschen im Unternehmen, Cranach v. M./Schneider H.-D. et al. (Hrsg.), Bern/Stuttgart/Wien, 2004, S. 13-28

Cranach v. M./Schneider H.-D. et al. (Hrsg.), Ältere Menschen im Unternehmen, Bern/Stuttgart/Wien, 2004

Delhees K. H.: Die Lern- und Entwicklungsfähigkeit älterer Mitarbeiter, in: Die Unternehmung, 44. Jg., H. 1, 1990, S. 2-12

Deller J./Kern S. et al.: Personalmanagement im demografischen Wandel, Heidelberg, 2008

Drumm H. J.: Personalwirtschaft, 6. überarbeitete Aufl., Heidelberg/Berlin, 2008

Frerichs F. (Hrsg.): Ältere Arbeitnehmer im Demographischen Wandel – Qualifizierungsmodelle und Eingliederungsstrategien, Münster, 1996

Frerichs F.: Der Einsatz älterer Mitarbeiter im Betrieb, in: Angewandte Arbeitswissenschaft, H. 159, 1999, *S. 1-18*

Frey H.: Personalkostenmanagement, München, 1997

Fritsch S.: Aktivierung des Potenzials älterer Mitarbeiter, in: Personal, 48. Jg., H. 3, 1996, *S. 130-132*

Geschonke C.: Die demografische Entwicklung in Deutschland, in: Ältere Arbeitnehmerinnen und Arbeitnehmer, Kerschbaumer J./Busch S. et al., Frankfurt am Main, 2008, S.23-40

Grimms H.: Volk ohne Raum, München, 1927

Henze H.: Motivation älterer Mitarbeiter, Ergebnisse einer empirischen Untersuchung, in: Personalführung: Für alle die Personalverantwortung tragen, Deutsche Gesellschaft für Personalführung (Hrsg.), 27. Jg., H. 2, 1994, S.150-157

Herrmann N.: Erfolgspotenzial ältere Mitarbeiter, München, 2008

Höhn C.: Mortalität, Handbuch der Demographie 2, Mueller U./Nauck B./Diekmann A.(Hrsg.), Berlin/Heidelberg/New York, 2000

Höpflinger F.: Ältere Arbeitnehmer und Arbeitnehmerinnen, 2009

Ilmarinen J. E.: Älter werdende Arbeitnehmer und Arbeitnehmerinnen, in: Ältere Menschen im Unternehmen, Cranach v. M./Schneider H.-D. et al. (Hrsg.), Bern/Stuttgart/Wien, 2004, S. 29-47

Ingelhart R.: Wertewandel in den westlichen Gesellschaften, in: Wertewandel und gesellschaftlicher Wandel, Klages H./Kmieciak P. (Hrsg.), Frankfurt, 1979

Inglehart R.: Modernisierung und Postmodernisierung, Frankfurt/New York, 1998

Jasper T.: Die Überwindung von Altersbarrieren bei der Einstellung und Qualifizierung von Mitarbeitern aus Sicht der IG-Medien, Druck und Papier, in: Ältere Arbeitnehmer im Demographischen Wandel, Frerichs F. (Hrsg), Münster, 1996

Kerschbaumer J./Busch S. et al.: Ältere Arbeitnehmerinnen und Arbeitnehmer, Frankfurt am Main, 2008

Kirchhoff P.: Ist unsere Gesellschaft hinreichend zukunftsfähig?, Walter-Raymond-Stiftung der BDA (Hrsg.), Berlin, 2004, S. 11-19

Klaßen-Kluger L.: Qualifizierungskonzept für ältere Arbeitnehmerinnen und Arbeitnehmer, Gelsenkirchen, 1998

Klingholz R.: Raumwirksame Folgen des demografischen Wandels in Ostdeutschland, Statistisches Bundesamt (Hrsg.), Wiesbaden, 2010

Kröhnert S./Klingholz R.: Emanzipation oder Kindergeld?, Version 2008, in: Sozialer Fortschritt, 54. Jg., H. 12, 2005, S. 280-290

Kuhn K.: Programme und Strategien zur Förderung älterer Arbeitnehmer in Europa, in: Fehlzeiten-Report 2002, Bandura B./Schellschmidt H. et al. (Hrsg.): Berlin/Heidelberg, 2003, S. 73-83

Kümmel G.: Pensionsfonds – Ein Finanzierungsinstrument für die Herausforderungen des demographischen Wandels, in: Demographischer Wandel als unternehmerische Herausforderung, Ballwieser W./Börsig C. (Hrsg.), Stuttgart, 2007

Leggewie C./Bude H.: Altes Europa – Junges Amerika: Welche Werte und Normen steuern die Demographie ?, Walter-Raymond-Stiftung der BDA (Hrsg.), Berlin, 2004, S. 21-48

Lehr U./Kruse A.: Verlängerung der Lebensarbeitszeit – eine realistische Perspektive, in: Zeitschrift für Arbeits- und Organisationspsychologie, 50. Jg., H. 4, Göttingen, 2006, S. 240-247

Lehr U.: Psychologie des Alterns, 11. korrigierte Aufl., Wiebelsheim, 2007

Mag W.: Einführung in die betriebliche Personalplanung, 2. völlig neubearbeitete Aufl., München, 1998

Maintz G.: Leistungsfähigkeit älterer Arbeitnehmer – Abschied vom Defizitmodell, in: Demographischer Wandel – Herausforderung für die betriebliche Personal- und Gesundheitspolitik, Astor M./Bandura B. (Hrsg.), Berlin u.a., 2003

Maslow A. H.: Motivation and Personality, 2. Aufl., New York, 1970

Meifert M. T. (Hrsg.): Strategische Personalentwicklung, Berlin, 2008

Menges U.: Ältere Mitarbeiter als betriebliches Erfolgspotenzial, Köln, 2000

Meschke O.: Determinanten der Personal(vermögens)beschaffung und deren Beeinflussbarkeit durch Unternehmen, Seminararbeit, FernUniversität in Hagen, Hagen, 2010

Morschhäuser M./Ochs P. et al.: Erfolgreich mit älteren Arbeitnehmern, Bertelsmann Stiftung, Bundesvereinigung der Deutschen Arbeitgeberverbände (Hrsg.), 2. Aufl., Gütersloh, 2005

Mroß D. M.: Risiken bei der Investition in das Personalvermögen und Strategien zu deren Absicherung. Zugl. Diss. Hagen, München/Mehring, 2001

Mroß D. M./Thielmann-Holzmayer, C. (Hrsg.), Zeitgemässes Personalmanagement, Wiesbaden, 2005

Mudra P.: Personalentwicklung, München, 2004

Mueller U./Nauck B. et al. (Hrsg.).: Handbuch der Demographie 1, Berlin u.a., 2000

Mueller U./Nauck B. et al. (Hrsg.).: Handbuch der Demographie 2, Berlin u.a., 2000

Nicolai C.: Motive, Motivation und Arbeit, in: wisu das wirtschaftsstudium, Zeitschrift für Ausbildung, Prüfung, Berufseinstieg und Fortbildung, 39. Jg., H. 4, 2010, S. 527-536

o.V.: Bewerber und ihr Online-Image, in: wisu das wirtschaftsstudium, Zeitschrift für Ausbildung, Prüfung, Berufseinstieg und Fortbildung, 39. Jg., H. 4, 2010, S. 456

Olfert K.: Personalwirtschaft, 12. überarbeitete und aktualisierte Aufl., Ludwigshafen, 2006

Ortner, G. E./Berte K.: Personalentwicklung und Bildungsbetriebslehre, Kurs 41650 der FernUniversität in Hagen, KE 2: Didaktische Grundlagen und Instrumente der Personalvermögensentwicklung, Hagen, 4/2009

Porschen S.: Austausch impliziten Erfahrungswissens, Wiesbaden, 2008

Piéch S.: Das Wissenspotenzial der Expatriates, Sternenfels, 2009

Pötzsch O.: Annahmen zur Geburtenentwicklung in der 12. Koordinierten Bevölkerungsvorausberechnung, Statistisches Bundesamt (Hrsg.), Wiesbaden, 2010, S. 29-39

Puhlmann A.: Situation Älterer auf dem Arbeitsmarkt, in: Qualifizierung, Personal- und Organisationsentwicklung mit älteren Mitarbeiterinnen und Mitarbeitern, Schemme D. (Hrsg.), Bonn, 2001, S. 14-19

Roßnagel C. S.: Mythos: „alter" Mitarbeiter, Weinheim, 2008a

Roßnagel C. S.: Unser Gehirn lernt bis zur letzten Sekunde, in: Frankfurter Allgemeine Zeitung, 04.11.2008, 2008b, S. C3

Schemme D. (Hrsg.): Qualifizierung, Personal- und Organisationsentwicklung mit älteren Mitarbeiterinnen und Mitarbeitern, Bonn, 2001

Scherm E./Süß S.: Personalmanagement, München, 2003

Scholz C.: Personalmanagement, 4. Verbesserte Aufl., München, 1994

Schwägerl C.: Im alten Land, in: Frankfurter Allgemeine Zeitung, 23.04.2004, S. 39

Schwuchow K./Gutmann J.(Hrsg.): Jahrbuch Personalentwicklung 2008, Neuwied, 2008

Statistisches Bundesamt (Hrsg.): Bevölkerung Deutschlands bis 2050, 11. koordinierte Bevölkerungsvorausberechnung, Wiesbaden, 2006

Statistisches Bundesamt (Hrsg.): Bevölkerung Deutschlands bis 2060, 12. koordinierte Bevölkerungsvorausberechnung, Wiesbaden, 2009a

Statistisches Bundesamt (Hrsg.): Erwerbsbeteiligung älterer Arbeitnehmer, Wiesbaden, 2009b

Staudinger U. M.: Strategische Personalentwicklung und demographischer Wandel, in: Jahrbuch Personalentwicklung 2008, Schwuchow K./Gutmann J.(Hrsg.), Neuwied, 2008, S.295-304

Stender-Monhemius K.: Schlüsselqualifikationen, München, 2006

Stengel M.: Wertewandel, in: Führung von Mitarbeitern, Rosenstiel L. von, Stuttgart, 1991, S. 556-570

Stöckl M./Spevacek G. et al.: Älterer Arbeitnehmer, in: Qualifizierung, Personal- und Organisationsentwicklung mit älteren Mitarbeiterinnen und Mitarbeitern, Schemme D. (Hrsg.), Bonn, 2001, S. 90-92

Thielmann-Holzmayer, C.: Interne Bildung von Personalvermögen durch integratives Personalentwicklungsmarketing, zugl. Diss. Hagen, Wiesbaden, 2002

Thielmann-Holzmayer, C.: Personale Ressourcen, in: Das Personalvermögen, Magazin für Managementstudien und Personalentwicklung, 1. Jg., H. 1, 2004, S. 9-11

Walla W./Eggen B. et al.: Der demographische Wandel, Stuttgart, 2006

Walter-Raymond-Stiftung der BDA (Hrsg.): Demographie und gesellschaftlicher Wandel, Berlin, 2004

Weibler J.: Personalführung, München, 2001

Weinhold, K.: Personalwirtschaft in Personalentwicklungsunternehmen, zugl. Diss. Hagen 2005, Taunusstein, 2009

Zimmermann K. F.: Unternehmerische Personalplanung: Alternde Belegschaften und gravierender Nachwuchsmangel, in: Demographischer Wandel als unternehmerische Herausforderung, Ballwieser W./Börsig C. (Hrsg.), Stuttgart, 2006

Zölch M./Mücke A. et al.: Fit für den demografischen Wandel?, Bern u.a., 2009

Auswirkungen einer demographieorientierten Rekrutierung auf die Unternehmenskultur

Julia Förster, 2014

Abkürzungsverzeichnis

Abb.	Abbildung
Aufl.	Auflage
bzw.	beziehungsweise
d. h.	das heißt
Hrsg.	Herausgeber
Tab.	Tabelle
u. a.	unter anderem
vgl.	vergleiche
z. B.	zum Beispiel

Einleitung

Problemstellung

Aufgrund steigender Lebenserwartungen und rückläufiger Geburtenraten ergibt sich im Zuge des demographischen Wandels in Deutschland eine Verschiebung der Altersstrukturen, die zur Schrumpfung und Überalterung der Gesellschaft führen und Unternehmen daher vor neue Herausforderungen stellen wird.[139] Diese bestehen im Speziellen darin, „sich auf den Wandel im Bevölkerungsaufbau einzustellen und zugleich die globalen, strukturellen und wirtschaftlichen Trends zu berücksichtigen und für sich zu nutzen."[140] Die Verknappung junger, qualifizierter Arbeitskräfte führt zu einem Fachkräftemangel,[141] der Unternehmen dazu zwingt, ihre Rekrutierungsmaßnahmen noch stärker auf die Anforderungen der demographischen Entwicklung auszurichten.[142] Hierbei rücken Frauen und ältere Personen, aus denen sich Belegschaften zunehmend zusammensetzen, in den Fokus.[143] Zudem ist die Mehrheit der älteren Personen weiblich.[144] Außerdem sind insbesondere ältere Frauen durch veränderte Lebensformen wie Scheidungen oder Brüchen im Erwerbsverlauf, z. B. aufgrund von Kindererziehung, zur Alterssicherung darauf angewiesen, einer Beschäftigung auch in höherem Alter nachzugehen.[145] Daher sind ältere Frauen im Rahmen einer demographieorientierten Rekrutierung von besonderem Interesse. Hieraus ergeben sich jedoch weitere Herausforderungen für das Personalmanagement, denn die ältere Generation weist andere Werte als die jüngere auf.[146] Dies kann durch die Beeinflussung kultureller Annahmen, Denk- und Verhaltensweisen zu einer Veränderung der bestehenden Unternehmenskultur führen.[147] Für den Erfolg eines Unternehmens ist diese jedoch von besonderer Relevanz, da die konkrete Ausgestaltung der Kultur einen nachhaltigen Wettbewerbsvorteil darstellen kann.

---

[139] Vgl. Huber (1998), 39f.
[140] Günther (2010), 21.
[141] Vgl. Lebrenz (2009), 20.
[142] Vgl. Brauweiler (2010), 99.
[143] Vgl. Krell (1999), 27.
[144] Vgl. Zahidi (2012), 23.
[145] Vgl. Clemens (2006), 43ff.
[146] Vgl. Rump et al. (2006a), 15.
[147] Vgl. Sackmann (1990), 172.

Fehlt diese Ausgestaltung, sind negative Konsequenzen für den Unternehmenserfolg zu erwarten.[148] Daher stehen Unternehmen vor der Herausforderung, ihre langfristige Wettbewerbsfähigkeit unter Berücksichtigung einer demographieorientierten Rekrutierung und deren Auswirkungen auf die unternehmensinterne Kultur zu sichern.

Zielsetzung

In dieser Arbeit wird zunächst gezeigt, welche negativen Konsequenzen die Rekrutierung älterer Frauen für die Kultur und damit für den Erfolg eines Unternehmens haben kann. Hierfür wird ein Worst Practice-Szenario erarbeitet, das die negativen Auswirkungen der demographieorientierten Rekrutierung auf besonders relevante Aspekte der Unternehmenskultur darstellt. Des Weiteren wird das Ziel verfolgt, die Handlungsmöglichkeiten von Unternehmen hinsichtlich ihrer Kultur herauszuarbeiten und auf das Worst Practice-Szenario anzuwenden. Daraus wird im nächsten Schritt ein Best Practice-Szenario erarbeitet, das zeigt, inwiefern negativen kulturellen Auswirkungen begegnet werden kann und welche positiven Effekte zu erwarten sind. Die Möglichkeit, dass eine entsprechende Rekrutierung von Vornherein zu einem Best Practice-Szenario bzw. zu einem Szenario, das sich nicht negativ auf die Wettbewerbsfähigkeit eines Unternehmens auswirkt, führen kann, soll zwar berücksichtigt, aufgrund der mangelnden Problematik, die sich daraus ergibt, jedoch nicht näher fokussiert werden.

---

[148] Vgl. Sackmann (2004), 31.

Theoretische Grundlagen

Demographischer Wandel

Begriff und Entwicklung

Der Begriff Demographie stammt aus dem Altgriechischen und bedeutet, das Volk (demos) beschreiben (graphein), während der Begriff des demographischen Wandels die Veränderung der Bevölkerungsgröße und -struktur umfasst.[149] Letzteres wird durch drei Einflussgrößen bestimmt. Der erste Einflussfaktor ist die Fertilität, welche die Zahl der Lebendgeburten beschreibt und bei niedrigem Stand zu einer Überalterung der Gesellschaft beiträgt. Des Weiteren trägt die Mortalität, welche die Sterblichkeit und beim Rückgang dieser eine steigende Lebenserwartung der Bevölkerung umfasst, zur demographischen Entwicklung bei. Zuletzt wird diese durch die Migration, d. h. den Wanderungssaldo einer Bevölkerung, beeinflusst.[150]

In Deutschland wird seit dem Jahr 2003 eine schrumpfende und zunehmend alternde Bevölkerung verzeichnet.[151] Dies liegt u. a. an der seit über drei Jahrzehnten niedrigen Geburtenrate, die den erforderlichen Wert von 2,1 Kindern pro Frau zum Erhalt des Bevölkerungsbestandes mit gegenwärtig 1,4 Kindern pro Frau unterschreitet.[152] Zukünftige Entwicklungen der Geburtenraten sind aufgrund verschiedener Einflussfaktoren wie Wertewandel und Lebensformen schwer zu prognostizieren. Eine mittelfristige Stagnation wird jedoch als realistisch angesehen, während ein Wiederanstieg auf das erforderliche Niveau zum Erhalt des Bevölkerungsbestandes aus heutiger Sicht unwahrscheinlich ist.[153] Ein weiterer Grund liegt in der gestiegenen Lebenserwartung der Bevölkerung, welche sich u. a. aus dem medizinischem Fortschritt und einer damit einhergehenden besseren Gesundheitsversorgung sowie verbesserten Lebens- und Arbeitsbedingungen ergibt.[154] Berechnungen zufolge wird das Durchschnittsalter

---

[149] Vgl, Günther (2010), 4f.
[150] Vgl, Günther (2010), 7ff.
[151] Vgl. Sachverständigenrat (2011), 22.
[152] Vgl. Ilmarinen (2005), 22.
[153] Vgl. Sporket (2011), 28.
[154] Vgl. Bäcker et. al. (2010), 166.

der Bevölkerung bis zum Jahr 2030 gegenüber dem Jahr 2005 um zehn Jahre ansteigen und bei 51 liegen.[155]

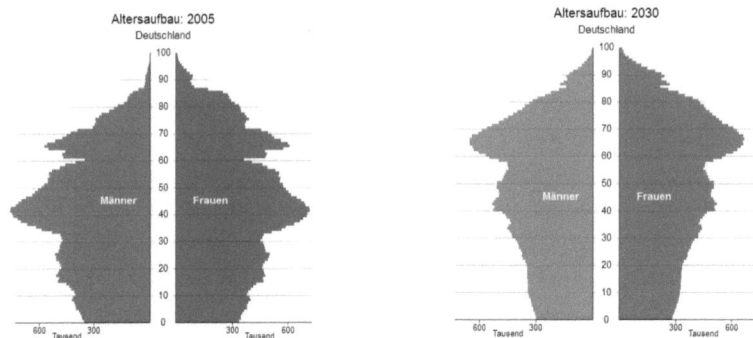

Abb. 2.1: Verschiebung der Altersstrukturen in Deutschland von 2005 bis 2030[156]

Eine weitere Beeinflussung der Bevölkerungsgröße und –struktur ergibt sich aus der Migration. Dieser Faktor war nicht nur in der Vergangenheit starken Schwankungen unterworfen, sondern wird es voraussichtlich auch in Zukunft sein, sodass Prognosen kaum möglich sind. Dies liegt an den politischen, demographischen, ökonomischen und sozialen Bedingungen, die sowohl in Deutschland als auch in den jeweiligen Herkunftsländern vorherrschen und einen erheblichen Einfluss auf den Wanderungssaldo ausüben.[157] Es wird zwar davon ausgegangen, dass die Zuwanderung die Schrumpfung und Alterung der Bevölkerung verlangsamen, jedoch nicht aufhalten kann.[158]

Auswirkungen auf Unternehmen

Die bisherige Forschung zum demographischen Wandel berücksichtigt keine Unterscheidung zwischen den Geschlechtern.[159] Unabhängig vom Geschlecht ergeben sich jedoch neue Herausforderungen für Unternehmen. Der Wandel zeigt sich zum einen innerhalb von Unternehmen, da eine schrumpfende und alternde erwerbstätige Bevölkerung zu einer deutlichen Veränderung der Beleg-

---

[155] Vgl. Rump et al. (2006b), 130.
[156] Vgl. Statistisches Bundesamt, (o. J.), abgerufen am 15.07.2014.
[157] Vgl. Statistisches Bundesamt (2006), 51f.
[158] Vgl. Sporket (2011), 39.
[159] Vgl. Bellmann et al. (2006), 12.

schaftsstruktur führt.[160] Zum anderen zeigen Untersuchungen seit Jahren, dass die auf dem Arbeitsmarkt zur Verfügung stehenden Erwerbspersonen zunehmend von älteren Arbeitskräften dominiert sein werden, wodurch eine demographieorientierte Rekrutierung erforderlich wird.[161]

	2005	2010	2015	2020	2030
Durchschnittsalter der Bevölkerung	41	43	45	47	51
Durchschnittsalter in Unternehmen	43	45	47	49	53

Tab. 2.1: Durchschnittsalter in Unternehmen[162]

Obwohl Deutschland im internationalen Vergleich am stärksten von der demographischen Veränderung betroffen ist, wird das zur Verfügung stehende Potenzial am Arbeitsmarkt bisher nicht ausreichend ausgeschöpft.[163] Dies ist insofern problematisch, da der demographische Wandel auch bei guter Wirtschaftslage aufgrund fehlender junger, nachwachsender Menschen zu einem Fachkräftemangel führt.[164] Durch die Verrentung älterer Arbeitnehmer und dem damit verbundenen Know-How-Verlust wird der Fachkräftemangel zusätzlich verstärkt.[165] Unternehmen, die auf diese Entwicklung nicht rechtzeitig reagieren und demographieorientiert handeln, gefährden daher ihre Wettbewerbsfähigkeit.[166] Bisher werden ältere Beschäftigte jedoch nicht ausreichend in die Wertschöpfung eingebunden. Dies liegt vor allem an der negativen Meinung, die in der betrieblichen Praxis gegenüber älteren Beschäftigten vorherrscht.[167] Aufgrund vergangener und gegenwärtiger Entwicklungen ist es aus ökonomischer Perspektive wie z. B. dem Erhalt der Wettbewerbsfähigkeit jedoch unausweichlich, das Potenzial älterer Mitarbeiter besser zu nutzen. Eine demographieorien-

---

[160] Vgl, Günther (2010), 24.
[161] Vgl. Brauweiler (2010), 82.
[162] Rump et al. (2006b), 130.
[163] Vgl, Günther (2010), 21f.
[164] Vgl. Roth et al. (2010), 38.
[165] Vgl, Günther (2010), 26.
[166] Vgl. Watrinet et al. (2009), 75.
[167] Vgl. Klee et al. (2004), 143.

tierte Rekrutierung leistet dabei aufgrund des Fachkräftemangels sowie dem drohenden Know-How-Verlust durch die Verrentung älterer Arbeitnehmer einen zentralen Beitrag zur Sicherung der Produktivität von Unternehmen.[168]

Unternehmenskultur

Begriff

Kultur ist ein Phänomen, das in verschiedenen Forschungsgebieten untersucht und aufgrund der unterschiedlichen Betrachtung vielfältig definiert wird. Unterschiede der Kulturdefinitionen kristallisieren sich jedoch nicht ausschließlich zwischen den Forschungsgebieten heraus, sondern herrschen auch innerhalb eines Forschungsgebiets vor.[169] Dies liegt an unterschiedlichen Kulturkonzepten, die sich durch unterschiedliche Perspektiven und damit unterschiedliche Auffassungen von Kultur ergeben.[170] Nach aktuellem Forschungsstand gibt es drei grundsätzliche Konzepte, mit denen die Kultur eines Unternehmens beschrieben werden kann.[171] Im funktionalistischen Ansatz wird Unternehmenskultur „als Komponente im sozialen System Unternehmung"[172] verstanden. Der interpretative Ansatz versteht Unternehmenskultur hingegen nicht als Instrument der Unternehmensleitung, sondern „als soziale Konstruktion der Wirklichkeit in den Köpfen der Mehrzahl der Unternehmensmitglieder."[173] Die Kombination beider Ansätze stellt das dritte Kulturkonzept dar und wird als „reflektiert funktionalistisch" bezeichnet.[174] Ein Vertreter dieses Ansatzes ist *Schein*. Er geht davon aus, „dass Unternehmenskultur integrierter Bestandteil und Variable eines soziokulturellen Systems ist."[175] Sein Modell gilt als das am meisten zitierte und wird von zahlreichen Autoren als Grundlage für weitere Forschungen aufgegriffen.[176] Da die Dynamik im Rahmen dieser Arbeit von hoher Bedeutung für die Untersuchung ist und Kultur in der Synthese des funktionalistischen und interpretati-

---

[168] Vgl. Raabe et al. (2003), 150.

[169] Vgl. Rothlauf (2006), 17.

[170] Vgl. Allaire et al. (1984), 194.

[171] Vgl. Pittrof (2011), 17.

[172] Grabner-Kräuter (2000), 295.

[173] Ebd.

[174] Pittrof (2011), 24.

[175] Unterreitmeier et al. (2004), abgerufen am 19.07.2014.

[176] Vgl. Prätorius et al. (1993), 65.

ven Ansatzes als dynamisches Konstrukt verstanden wird,[177] bildet das reflektiert funktionalistische Konzept auch hier die Grundlage. In diesem Ansatz wird Unternehmenskultur als „the pattern of basic assumptions which a given group has invented, discovered, or developed in learning to cope with its problems of external adaption and internal integration, which have worked well enough to be considered valid, and, therefore, to be taught to new members as the correct way to perceive, think and feel in relation to those problems"[178] verstanden.

Nach *Schein* gibt es drei Ebenen, auf denen sich Kultur analysieren lässt. Diese werden vor allem durch einen unterschiedlichen Grad der Sichtbarkeit gekennzeichnet.[179]

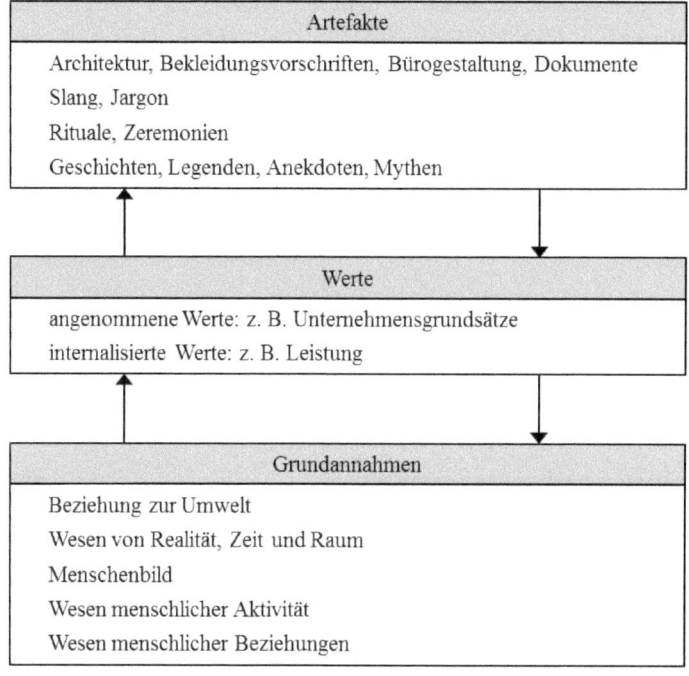

Abb. 2.2: Ebenen der Kultur[180]

---

[177] Sackmann (1990), 162.
[178] Im Original sind einzelne Textbausteine unterstrichen. Schein (1983), 1f.
[179] Vgl. Schein (1995), 29.
[180] Scholz nach Schein: Scholz (2014), 913.

Die erste Ebene bilden die Artefakte, welche die sichtbaren Elemente einer Kultur darstellen. Daher sind sie für Außenstehende leicht zu beobachten. Aufgrund der Mehrdeutigkeit von Symbolen kann eine Interpretation jedoch erst dann erfolgen, wenn auch auf den übrigen Ebenen Erfahrungen gesammelt wurden. Eine Bedeutung der Artefakte erschließt sich Beobachtern daher nur, wenn sie eine gewisse Zeit in dieser Kultur gelebt haben.[181]

Kollektive Werte sind Gegenstand der zweiten Ebene. Diese spiegeln den Wertekanon wider, der sich im Laufe der Zeit innerhalb einer Gruppe gebildet hat.[182] Sie werden als „enduring belief that a specific mode of conduct or end state of existence is personally or socially preferable to an opposite or converse mode of conduct or end state of existence"[183] definiert. Hierbei wird zwischen angenommenen Werten, z. B. Führungsgrundsätzen, und internalisierten Werten, z. B. Sozialverhalten, unterschieden. Letztere üben dabei einen stärkeren Einfluss auf das Verhalten von Mitgliedern einer Kultur aus.[184]

Werte, die eine kontinuierliche Bestätigung erfahren, werden zunehmend als selbstverständlich angesehen und wandeln sich im Laufe der Zeit zu Grundannahmen. Diese stellen die dritte Ebene dar und werden als Essenz einer Kultur beschrieben, da erst das Verständnis der Grundannahmen dazu führt, dass die übrigen Ebenen im gegebenen Kulturkontext richtig interpretiert bzw. beurteilt werden (können). Innerhalb einer Gruppe finden sich bezüglich der Grundannahmen meist nur geringe Unterschiede, da jedes Verhalten, das von den geteilten und als selbstverständlich angesehenen Grundannahmen abweicht, abgelehnt wird.[185]

Kulturdualität als dynamischer Ansatz

Das Dualitätsprinzip erklärt die Entstehung von Kultur.[186] Es „verlangt die Berücksichtigung der wechselseitigen Beeinflussung von kulturellen Vorgaben (Grundannahmen, Werten, Normen und Einstellungen) und gelebtem Verhalten:

---

[181] Vgl. Schein (1995), 30f.
[182] Vgl. Schein (1995), 31f.
[183] Rokeach (1973), 5.
[184] Vgl. Scholz (2014), 913f.
[185] Vgl. Schein (1995), 33.
[186] Vgl. Scholz (2014), 998.

Organisationskultur ergibt sich zum einen aus dem Verhalten der Organisationsmitglieder, beeinflußt zum anderen selbst deren Verhalten."[187]

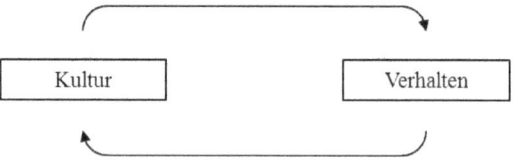

Abb. 2.3: Kulturdualität (eigene Darstellung)

Da Unternehmenskultur aus dem laufenden Verhalten von Mitarbeitern entsteht, ist sie auf der einen Seite Verhaltensergebnis. Auf der anderen Seite dient sie jedoch auch als Orientierungssystem, da das Verhalten durch die Unternehmenskultur geprägt wird. Aufgrund dieser Beeinflussung nähern sich Unternehmenskultur und -verhalten schrittweise an. Verhalten sich Mitarbeiter nicht im Sinne der vorherrschenden Kultur, kann dies einen Kulturkonflikt hervorrufen, der möglicherweise zur (inneren) Kündigung oder aufgrund des Dualitätsprinzips zu einer Veränderung der Unternehmenskultur führt. Im Rahmen des Dualitätsprinzips lässt sich Kultur ausschließlich über das Verhalten analysieren und verändern. Sie selbst prägt jedoch permanent das Verhalten.[188]

Dimensionen zur Erfassung von Unternehmenskultur

Aus zahlreichen empirischen Studien, die den Zusammenhang zwischen Dimensionen der Unternehmenskultur und dem Unternehmenserfolg untersuchten, hat *Sackmann* neun inhaltliche Dimensionen charakterisiert, die positiv mit dem Erfolg eines Unternehmens korrelieren. Aufgrund der Mehrdimensionalität und -schichtigkeit von Unternehmenskulturen wird davon ausgegangen, dass sowohl eine gleichzeitige Beachtung der Dimensionen als auch eine Berücksichtigung ihrer Abhängigkeiten für den Unternehmenserfolg relevant sind.[189]

<u>Klare und kommunizierte Identität:</u> Erfolgreiche Unternehmen haben eine klare Identität bzw. klare Werte und kommunizieren diese nach innen und außen. Dies umfasst u. a., welche Verhaltensweisen des Unternehmens, der Führungskräfte

---

[187] Scholz (1990), 55.
[188] Vgl. Scholz (2014), 930f.
[189] Vgl. Sackmann (2006), 7.

und Mitarbeiter wünschenswert sind. Als Indikator kann das Unternehmensleitbild dienen.[190]

Strategische (Ziel-)Orientierung: Dieser Erfolgsfaktor ist mit dem vorherigen eng verbunden und umfasst eine an der Unternehmensidentität ausgerichtete Zielorientierung, die sich u. a. in der strategischen Führung widerspiegelt. Als Indikatoren können die strategische Vision und ihre Verbreitung bzw. Kommunikation innerhalb des Unternehmens herangezogen werden.[191]

Kundenorientierung: Diese nach außen gerichtete Dimension hat Studien zufolge den stärksten Einfluss auf den finanziellen Unternehmenserfolg. Entscheidend ist dabei, dass diese Dimension in der strategischen Orientierung verankert ist. Einen Indikator zur Messung dieses Erfolgsfaktors stellt je nach Branche z. B. die Anzahl der Reklamationen dar. Die Dimension kann jedoch auch über die Befragung von Mitarbeitern oder Kunden erfasst werden.[192]

Lern- und Anpassungsfähigkeit: Lernfähigkeit umfasst sowohl die Offenheit und Wahrnehmung gegenüber Veränderungen im relevanten Umfeld als auch die Reflexion eigener Handlungen sowie eine stetige Weiterentwicklung. Basierend auf der Lernfähigkeit erfordert die Anpassungsfähigkeit, dass Unternehmen sich an dem gegebenen Umfeld orientieren und entsprechend verändern. Damit kann sowohl eine unmerkliche Verkrustung als auch eine Abdriftung von Unternehmenskulturen vermieden werden. Als Indikatoren zur Messung dieser Dimensionen dienen bei der Lernfähigkeit z. B. das Ausmaß an Entwicklungsmöglichkeiten, bei der Anpassungsfähigkeit die Häufigkeit und zeitliche Dauer von strategischen Anpassungen.[193] Hierbei ist jedoch fraglich, inwieweit diese Indikatoren messbar gemacht werden können.

Innovationsfähigkeit: Die Innovationsfähigkeit kann für Unternehmen einen revolutionären Charakter annehmen und steht in engem Zusammenhang mit der evolutionär orientierten Lernfähigkeit. Wenn Unternehmen neuartige Produkte oder Prozesse generieren, die am Markt Bestand haben sowie effektiv bzw. effizient sind, kann dies die Wettbewerbsposition eines Unternehmens sichern bzw.

---

[190] Vgl. Sackmann (2006), 8.
[191] Ebd.
[192] Vgl. Sackmann (2006), 9.
[193] Vgl. Sackmann (2006), 9f.

stärken. Als Indikator für Innovationsfähigkeit kann z. B. die Anzahl der Verbesserungsvorschläge von Mitarbeitern herangezogen werden.[194]

Nutzen der Potenziale von Mitarbeitern: Diese Dimension beinhaltet u. a. die Ausrichtung an humanistischen Werten, die Einbeziehung von Beschäftigten, sowie die Mitarbeiterorientierung. Ebenso vielfältig wie die Auswirkungen dieser Dimension sind auch ihre Indikatoren zur Messung. Hierbei können Befragungen zu einzelne Auswirkungen durchgeführt oder auf bereits vorhandene Statistiken, z. B. hinsichtlich der Fluktuationsrate, zurückgegriffen werden. Aufgrund der branchenbedingten Variation dieser Kennzahlen lässt sich die relative Position eines Unternehmens erst im Branchenvergleich feststellen.[195]

Partnerschaftliche und kulturkonforme Führung – offene Kommunikation: Die Art der Führung ist mit der vorangegangen Dimension eng verbunden und besitzt einen starken Einfluss auf das Verhalten sowie das Engagement von Mitarbeitern und ihrer Identifikation mit dem Unternehmen. Partnerschaftliche und partizipative Führung korrelieren in verschiedenen Studien mit dem Unternehmenserfolg. In Bezug auf eine kulturkonforme Führung, die voraussetzt, dass Führungskräfte sich entsprechend der im Unternehmen herrschenden Kultur verhalten und als Vorbild agieren, gibt es keine direkten Korrelationen. Dennoch weisen quantitative Studien auf eine zentrale Bedeutung dieser Führungsart hin, da erfolgreiche Unternehmen bei der Rekrutierung von Führungskräften eine Selektion vornehmen, die sich u. a. an der Kultur orientiert. Unabhängig von der Art der Führung wird der Form der Kommunikation eine starke Bedeutung beigemessen. Als besonders wichtig wird dabei nicht nur die Offenheit, sondern auch die Konsistenz mit (sowie die Verstärkung) der Unternehmenskultur angesehen. Je nachdem, welche Kommunikation in einem Unternehmen bzw. einer Kultur vorherrscht, kann die Nutzung von Mitarbeiterpotenzialen ermöglicht, aber auch verhindert werden. Hierfür sind z. B. Mitarbeitergespräche ein wichtiger Indikator.[196]

Leistungsorientierung/Leistungsbereitschaft und –fähigkeit: Diese Dimension spiegelt sich vorrangig in einem Denken und Verhalten wider, das selbstinitiiert ist. Dementsprechend stellt das Ausmaß selbstinitiierten Handelns neben der Bereitschaft zu zusätzlichen Beiträgen oder der Zielerreichung einen möglichen

---

[194] Vgl. Sackmann (2006), 11.
[195] Vgl. Sackmann (2006), 11f.
[196] Vgl. Sackmann (2006), 12ff.

Indikator zur Erfassung dieser Dimension dar.[197] Fraglich ist jedoch zum einen, inwieweit das Ausmaß selbstinitiierten Handelns messbar gemacht werden kann und zum anderen, ob eine solche Messung objektiven Kriterien entsprechen würde.

Balancierte Stakeholder-Orientierung: Eine Berücksichtigung dieser Dimension findet in Fragebogenstudien selten statt. Fallstudien weisen jedoch darauf hin, dass die Orientierung an Stakeholdern eine größere Bedeutung für den Erfolg eines Unternehmens hat als die Orientierung an Shareholdern. Als wichtigste Stakeholder werden Kunden, Mitarbeiter sowie Shareholder angesehen. Eine gleichzeitige, ausgewogene und stetige Berücksichtigung der Interessen dieser Anspruchsgruppen soll den langfristigen Unternehmenserfolg sichern.[198]

Neben den inhaltlichen Dimensionen deduzierte *Sackmann* drei Gütemaße, die über Funktionalität bzw. Qualität einer Kultur Aufschluss geben sollen. Zum einen charakterisiert sie die strategische Passung, die einen hohen Übereinstimmungsgrad zwischen der vorhandenen Unternehmenskultur sowie der sich daraus ergebenen notwendigen strategischen Orientierung eines Unternehmens erfordert. Eine besondere Bedeutung spielen dabei in Hinblick auf dynamische Märkte die Lern- und Anpassungs- sowie Innovationsfähigkeit eines Unternehmens.[199] Zum anderen betrachtet *Sackmann* die multidimensionale Orientierung als Gütemaß. Dies bedeutet, dass Unternehmenskultur aus mehr als einer Dimension besteht und die bloße Betrachtung einzelner Dimensionen keinen Aufschluss über die Kultur eines Unternehmens geben kann. Welche Dimensionen letztlich zur genauen und sicheren Erfassung von Unternehmenskultur dienen, ist jedoch unklar. Auf Basis bisheriger Studien und Theorien lässt sich lediglich sicher sagen, dass die Kultur eines Unternehmens aus mehreren Dimensionen besteht.[200] Das letzte Gütemaß ist die Konsistenz zwischen normativem Anspruch und gelebtem Verhalten. Je höher der Übereinstimmungsgrad zwischen gewünschter und gelebter Unternehmenskultur ist, desto stärker korreliert diese mit dem Unternehmenserfolg. Ein geringer Grad der Übereinstimmung weist hingegen auf deutliche Probleme im Unternehmen hin.[201]

---

[197] Vgl. Sackmann (2006), 14.
[198] Vgl. Sackmann (2006), 14f.
[199] Vgl. Sackmann (2006), 15f.
[200] Vgl. Sackmann (2006), 17f.
[201] Vgl. Sackmann (2006), 18.

Neben diesen Dimensionen erfüllen Unternehmenskulturen mehrere für den Wettbewerb und damit für das Unternehmen relevante Funktionen. Diese werden nachfolgend dargestellt.

Bedeutung von Unternehmenskultur für Unternehmen

Das Dualitätsprinzip zeigt, dass die Kultur eines Unternehmens nicht nur von Mitarbeitern beeinflusst wird, sondern für diese auch handlungsleitend ist. Bezogen auf die Mitarbeiter, aber auch darüber hinaus, erfüllt die Unternehmenskultur eine Reihe von Funktionen. Fünf besonders relevante Funktionen werden von *Scholz* charakterisiert.

Die Motivationsfunktion umfasst die Sinngebung der Arbeit sowie die damit verbundene Steigerung der Leistungsbereitschaft von Mitarbeitern.[202] Voraussetzung für den motivationalen Charakter einer Unternehmenskultur ist jedoch die Identifikation der Mitarbeiter mit dieser.[203] Daher kommt der Kultur auch eine Identifikationsfunktion zu, die das Zugehörigkeitsgefühl und in diesem Zusammenhang auch Motivation und Engagement von Mitarbeitern erhöhen soll. Das Verhalten wird hingegen über die Koordinationsfunktion gesteuert.[204] Diese bietet als Basis für die alltägliche Zusammenarbeit einen Orientierungsrahmen sowie Wertekonsens,[205] wodurch den Mitgliedern einer Kultur sowohl für die Wahrnehmung als auch für die Interpretation von Ereignissen Muster vorgegeben werden,[206] die in Entscheidungssituationen Sicherheit geben und damit zu einer Reduktion von Komplexität führen.[207] Daneben betont *Scholz* die Profilierungsfunktion, die eine Abgrenzung zu anderen Unternehmen darstellt, sowie die Akquisitionsfunktion, welche die Außenwirkung des Unternehmens aufgreift und das Unternehmen für mögliche Bewerber attraktiv erscheinen lassen soll. Darüber hinaus ergeben sich aus den genannten Funktionen sekundäre Auswirkungen wie die Steigerung der Innovationsleistung oder eine Verbesserung des Arbeitgeberimages.[208]

---

[202] Vgl. Scholz (2014), 909.
[203] Vgl. Beile et al. (2009), 232.
[204] Vgl. Scholz (2014), 909.
[205] Vgl. Lönnies (2010), 325.
[206] Vgl. Steinmann et al. (2013), 654.
[207] Vgl. Kobi et al. (1986), 60.
[208] Vgl. Scholz (2014), 909.

Die Unternehmenskultur gewinnt als Wettbewerbs- und Imagefaktor zunehmend an Bedeutung.[209] Dies zeigen auch Studien von *Great Place to Work*. Demnach unterscheiden sich sehr gute Arbeitgeber von weniger guten Arbeitgebern insbesondere in der Unternehmenskultur sowie den für die Unternehmenskultur getätigten Investitionen.[210] Damit wird Kultur zu einem Wettbewerbsvorteil, der aufgrund der Nicht-Kopierbarkeit nachhaltiger sein kann als Produkte oder Dienstleistungen. Zur Nutzung dieses Wettbewerbsvorteils ist jedoch die Ausgestaltung der Unternehmenskultur von zentraler Bedeutung. Diese kann die Wettbewerbsfähigkeit sowohl im positiven als auch im negativen Sinne beeinflussen.[211]

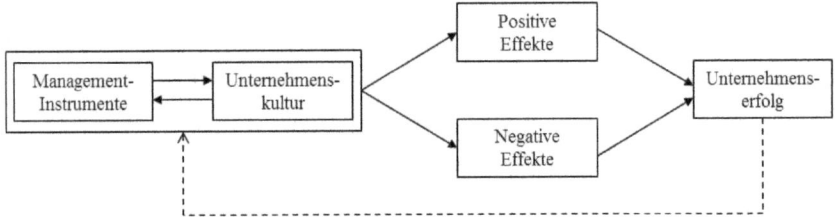

Abb. 2.4: Zusammenhang zwischen Unternehmenskultur und Unternehmenserfolg[212]

Auch *Scholz* weist bei den genannten Funktionen der Unternehmenskultur auf mögliche negative Konsequenzen hin. So kann die Motivationsfunktion Innovationen eindämmen, die Koordinationsfunktion zu Problemen mit Kunden führen, die Identifikationsfunktion das Gefühl vermitteln, als sei das Unternehmen ein „Selbstbedienungsladen", die Profilierungsfunktion zu einer offensiven Abkopplung und die Akquisitionsfunktion zum Anlocken „falscher" Mitarbeiter führen.[213] Weitere negative Effekte können sich durch mangelnde Flexibilität, Blockierungen neuer Orientierungen, Fixierung auf bisherige Erfolgsmuster oder Vermeidung von Selbstreflexion ergeben.[214]

---

[209] Vgl. Beile et al. (2009), 245.
[210] Vgl. Schulte-Deußen et al (2013), 111f.
[211] Vgl. Sackmann (2004), 31.
[212] Baetge et. al. (2007), 189.
[213] Vgl. Scholz (2014), 909.
[214] Vgl. Steinmann et al. (2013), 670f.

Ältere Arbeitnehmerinnen

Der Altersbegriff

Es gibt verschiedene Ansätze, die zur Definition des Alters herangezogen werden können. Die nachfolgende Tabelle stellt eine Übersicht dieser Ansätze dar.

Ansatz	Definition
Chronologisch/Kalendarisch	Zeitliche Existenz einer Person
Biologisch	Anatomische Eigenschaften und ihre altersbedingte Veränderung
Sozial	Alter im Verhältnis zum Durchschnittsalter einer normativen Gruppe/Soziale Wahrnehmung und Einstellung der Gesellschaft hinsichtlich der Kategorisierung in „jung" und „alt"
Psychologisch	Orientierung an Bedürfnissen, Erwartungen und Verhalten
Funktional	Fähigkeit, Leistungsanforderungen zu erfüllen
Subjektiv	Wahrnehmung des eigenen Alters (im Gegensatz zum sozialen Alter liegt hier eine Selbstwahrnehmung vor)
Organisational	Dauer der Betriebszugehörigkeit/aktuellen Position

Tab. 2.2: Abgrenzung verschiedener Altersansätze[215]

Eine eindeutige Definition des Alters wird nicht nur durch die Anzahl verschiedener Ansätze erschwert, sondern auch dadurch, dass zwischen Menschen gleichen kalendarischen Alters Differenzen hinsichtlich geistiger und körperlicher Fähigkeiten bestehen können.[216] Daher kann im Rahmen dieser Arbeit nur das chronologische bzw. kalendarische Alter als absolute Unterscheidungsgröße

---

[215] Vgl. Bruggmann (2000), 6ff.
[216] Vgl. Schmidt (2004), 23.

herangezogen werden. Theoretisch wäre zwar auch das soziale Alter denkbar, doch dieses hängt maßgeblich von der zu betrachtenden Gruppe ab. Da in dieser Arbeit jedoch kein explizites Unternehmen und damit auch keine explizite Gruppe betrachtet wird, kann der Ansatz des sozialen Alters nicht als Definitionsgrundlage dienen. Bezüglich des chronologischen bzw. kalendarischen Alters liegen jedoch verschiedene Definitionen vor. Die *OECD* definiert ältere Beschäftigte beispielsweise als in der zweiten Berufshälfte stehende Personen, die gesund und arbeitsfähig sind, wodurch die Grenze bei etwa 45 Jahren gezogen wird.[217] *Ilmarinen* legt die untere Grenze hingegen bei einem kalendarischen Alter von 45 bis 50 Jahren an.[218] Je nach Branche kann die Schwelle jedoch auch deutlich niedriger oder höher liegen. Während sie in der IT-Branche weit unter 40 Jahren liegt,[219] kann sie im Bereich der Verwaltung 55 Jahre betragen.[220] Die *Bundesagentur für Arbeit* bezeichnet Arbeitnehmer ab 50 Jahren als älter.[221] Dies deckt sich mit der Ansicht der deutschen unternehmerischen Praxis, die Beschäftigte ebenfalls ab 50 Jahren als alt einstuft.[222] Da in dieser Arbeit nicht zwischen Branchen unterschieden wird und sich die Untersuchung auf deutsche Unternehmen bzw. Arbeitnehmerinnen konzentriert, werden erwerbstätige Personen ab einem Alter von 50 Jahren als „ältere Arbeitnehmer/Mitarbeiter" angesehen. Diese gehören der Generation der Babyboomer an, wie nachfolgend dargelegt wird.

Charakterisierung der Babyboomer-Generation

Der Begriff der Babyboomer geht auf den Anstieg der Geburtenrate nach dem Ende des Zweiten Weltkriegs zurück und beschreibt eine Generation, die sowohl durch die Spätfolgen des Zweiten Weltkriegs als auch die Zeiten des Wirtschaftswunders geprägt wurde.[223] Über die exakte zeitliche Einordnung dieser Generation bestehen jedoch unterschiedliche Auffassungen. So ordnet *Holste* die Babyboomer beispielsweise im Geburtszeitraum von 1946 bis 1964 ein,[224]

---

[217] Vgl. Lehr (2000), 208.
[218] Vgl. Ilmarinen (2004), 29.
[219] Vgl. Günther (2010), 32.
[220] Vgl. Naegele (1992), 8ff.
[221] Vgl. Gartz (2011), abgerufen am 23.07.2014.
[222] Vgl. Hettstedt (2010), 43f.
[223] Vgl. Parment (2009), 23.
[224] Vgl. Holste (2012), 19.

während *Müller* einen Zeitraum von 1950 bis Mitte der 1960er angibt[225] und *Oertel* die Geburtenjahrgänge von 1956 bis 1965 als Babyboomer-Generation ansieht.[226] Die Angabe von Zeiträumen, welche einzelne Generationen voneinander differenzieren soll, ist jedoch nicht als strikte Grenzziehung zu verstehen.[227] Sie basiert vorrangig auf geteilten Werten und Erfahrungen. Daher ist es auch möglich, dass Personen, die innerhalb eines oben angegebenen Zeitraums geboren sind, im Grunde nicht der Charakteristik der Babyboomer-Generation entsprechen, während andere, außerhalb dieses Zeitraums geborene Personen, dieser Generation aufgrund ihrer Werte und Erfahrungen theoretisch zugeteilt werden können. Dies stellt jedoch eher den Ausnahmefall als die Regel dar.[228] Die unterschiedlichen Auffassungen über den Geburtszeitraum der Babyboomer finden sich primär beim zeitlichen Beginn dieser Generation. Hinsichtlich des Endes herrscht insoweit Einigkeit darüber, dass die Geburtenjahrgänge bis Mitte der 1960er Jahre der Babyboomer-Generation zuzuordnen sind. Dies ist für diese Arbeit insofern von Belang, als dass ein Großteil dieser Generation das 50. Lebensjahr bereits vollendet hat und daher jene Personen, d. h. Frauen, einschließt, die in der Untersuchung von Interesse sind. Die letzten Angehörigen der Babyboomer werden etwa 2030 aus dem Unternehmen ausscheiden, d. h. zu einem Zeitpunkt, in dem das Durchschnittsalter in Unternehmen bereits bei 53 Jahren liegt.[229]

Die primäre Prägung einer Generation erfolgt im Kindheits- und Jugendalter durch das Erleben und Verhalten des jeweiligen sozio-kulturellen Umfelds. Eine besondere Bedeutung erlangen dabei unter anderem die Ereignisse und Entwicklungen politischer, wirtschaftlicher, demografischer, kultureller, geografischer und rechtlicher Natur.[230] Bezogen auf die Generation der Babyboomer umfasst die Sozialisationsphase den Zeitrahmen der 1960er und 1970er Jahre des 20. Jahrhunderts, während sich der Eintritt ins Erwerbsleben hauptsächlich auf die 1970er und 1980er Jahre konzentriert. In diesen Phasen waren der Mauerbau im Jahre 1961, der technische Fortschritt, wachsende Freiheit, steigende Löhne, zunehmende Berufstätigkeit der Frauen, das Abflachen des Wirtschaftswachstums

---

[225] Vgl. Müller (2013), 463.

[226] Vgl. Oertel (2014), 28.

[227] Vgl. Burke (2004), 1.

[228] Vgl. Holste (2012), 18f.

[229] Vgl. Oertel (2014), 41.

[230] Vgl. Oertel (2014), 29.

in der zweiten Hälfte der 1960er, die Studentenunruhen im Jahre 1968, die Gleichberechtigungsbewegung, die Ölkrise mit der Folge des Einbruchs von Konjunktur und Arbeitsmarkt sowie inflationären Tendenzen, politische Unruhen und weltweites Kriegsgeschehen in den 80er Jahren von Bedeutung.[231] Im Erwerbsleben trafen die Babyboomer auf deutlich arbeitnehmerfreundlichere Bedingungen als die vorherigen Generationen. Der Arbeitsalltag wurde zunehmend von Mitbestimmung und Teamarbeit geprägt.[232] Die grundsätzlich vorherrschenden Trends zur prägenden Zeit der Babyboomer-Generation lassen sich unter den Stichworten „Demokratisierung, Pluralisierung, Globalisierung, Technologisierung sowie (…) wachsendes Körper- und Umweltbewusstsein"[233] zusammenfassen.

In Unternehmen arbeiten verschiedene Generationen zusammen, aktuell die Babyboomer-Generation sowie die Generation X (Geburtenjahrgänge von 1965 bis 1978) und die Generation Y (Geburtenjahrgänge von 1979 bis 1999).[234] Jede dieser Generationen verknüpft bestimmte positive und negative Stereotypen mit den anderen Generationen, wodurch Auswirkungen auf die Leistung und Zusammenarbeit von Teams zu erwarten sind.[235] Durch unterschiedliche, generationenbedingte Werte leidet dabei nicht selten die Zielerreichung.[236] Jede Generation verfügt über bestimmte, diese Generation charakterisierende, geteilte Werte. Insbesondere erwachsene Menschen besitzen ein gefestigtes System zentraler Wertevorstellungen. Bestimmend sind hierbei vor allem die im deutschen Grundgesetz verankerten Grundrechte wie z. B. Würde, Gleichheit oder Persönlichkeitsentfaltung. Unabhängig von der Generationen-Zugehörigkeit sind diese Werte für alle Menschen wesentlich und einem Wandel kaum unterworfen. Bei den inhaltlich nachgeordneten Werten entstehen jedoch Differenzen zwischen verschiedenen Generationen.[237] Dies liegt vor allem an der unterschiedlichen Gewichtung der Werte. Werte, die bei den Babyboomern eine höhere Priorität haben, können in der nachfolgenden Generation an nachgeordneter Stelle ste-

---

[231] Vgl. Oertel (2014), 31f.

[232] Vgl. Oertel (2014), 33.

[233] Oertel (2014), 33.

[234] Vgl. Dämon (2011), abgerufen am 05.08.2014.

[235] Vgl. Oertel (2014), 29.

[236] Vgl. Thom et al. (2012), 82.

[237] Vgl. Oertel (2014), 33f.

hen.[238] Babyboomer wiesen z. B. einen hohen Berufsbezug auf und begegnen ihrer Arbeit. Darüber hinaus bevorzugen sie Beständigkeit und messen der Arbeitsplatzsicherheit eine hohe Bedeutung bei.[239] Gleichzeitig fühlen sie sich verpflichtet, mit ihrer Arbeit einen positiven Beitrag zur Gesellschaft und dem Umweltschutz zu leisten. Insbesondere Babyboomer-Frauen messen der Anerkennung ihrer Arbeit eine hohe Bedeutung bei.[240] Ihr Arbeitsstil wird als strukturiert, kooperativ und teamorientiert beschrieben.[241] Letzteres hat bei den Babyboomern eine besondere Bedeutung, denn sie sind es gewohnt, in Gruppen zu arbeiten, sich mit anderen zu vergleichen und mit ihnen gemeinsam zu handeln oder sich gegen sie durchzusetzen. Insbesondere die Durchsetzung ist eine charakteristische Fähigkeit, die die Babyboomer durch ihr starkes Selbstbewusstsein und häufige Konkurrenzsituationen ausgebildet haben. Dennoch wurde ihr (Erwerbs-) Leben durch die Teamarbeit geprägt und wird auch heute noch als ihre bevorzugte Arbeitsform angesehen. Der Grund hierfür liegt im Sicherheitsbestreben dieser Generation. Im Team kann Unsicherheiten, die sich z. B. durch das Aufbrechen von Strukturen privater, beruflicher oder politischer Natur ergeben, besser begegnet werden. Andere Altersgruppen bestätigen dieser Generation ihre ausgeprägte Teamorientierung und schätzen sie darüber hinaus für ihr Durchhaltevermögen, ihre gute Selbsteinschätzung sowie ihren Idealismus und beschreiben sie zusätzlich als freundlich, sozial kompetent, zuverlässig und hilfsbereit.[242] Frauen weisen allerdings einen stärkeren gemeinschaftlichen Bezug auf als Männer, die eher materialistisch geprägt sind. Dies liegt an der unterschiedlichen gesellschaftlichen Sozialisation von Mann und Frau. Einer Studie zufolge ist Frauen der Babyboomer-Generation Erfolg, Macht und Vielseitigkeit wichtiger als Männern, während letztere Traditionen eine größere Bedeutung zuschreiben.[243] Weitere positive Merkmale dieser Generation ergeben sich durch das fortgeschrittene Alter. So werden älteren Arbeitnehmern aufgrund ihrer Erfahrung Effizienz- und Beziehungsvorteile sowie über Jahre angewachsenes Expertenwissen bescheinigt. Des Weiteren erlaubt ihnen ihre Erfahrung einen realistischeren Blick auf die Arbeitswelt, Menschenkenntnis, innere Ruhe

---

[238] Vgl. Lyons et al. (2005), 764.

[239] Vgl. Holste (2012), 19.

[240] Vgl. Hewlett et al. (2009), 73f.

[241] Vgl. Hauke et al. (2008), 59.

[242] Vgl. Oertel (2014), 34f.

[243] Vgl. Lyons et al. (2005), 766, 775.

und einen guten Umgang mit Stress- und Konfliktsituationen.[244] Das große Erfahrungskontinuum der Babyboomer sowie ihr aufgebautes Beziehungsnetzwerk führen zu Leistungen, die jüngere Arbeitnehmer in dieser Qualität nicht zeigen (können). Die über Jahre ausgebildeten logischen Denkstrukturen, das Argumentationsvermögen sowie die Sprachbeherrschung der Babyboomer-Generation ermöglichen Entscheidungen, die nicht nur fundiert und mit Weitsicht, Realismus sowie entsprechendem Urteilsvermögen gefällt wurden, sondern auch jeglicher persönlicher Betroffenheit entbehren und die Effektivität der Aufgabenbewältigung steigern können.[245] Aufgrund des akkumulierten Wissens, ihres Erfahrungsschatzes und ihrer Reife sind Babyboomer in ihrem Handeln sehr selbstsicher.[246]

Die Generation der Babyboomer weist jedoch auch kritische Eigenschaften auf. Im Rahmen von Diskussionen, beispielsweise bei Teamarbeit, aber auch darüber hinaus, reagieren Babyboomer überempfindlich auf Kritik[247] und sind egozentrisch.[248] Des Weiteren können sich hinsichtlich der Arbeit Schwierigkeiten ergeben, da viele Frauen dieser Generation die Organisation des Privatlebens übernehmen. Diese Doppelbelastung kann die Arbeitsproduktivität schwächen sowie zu häufigen Fehlern führen. Darüber hinaus fühlen sich viele Frauen durch diese Belastung gestresst.[249] Aufgrund des Strebens nach Beständigkeit weisen sie eine geringe Veränderungsbereitschaft auf und können sich nur schwer auf einen radikalen Wechsel von Arbeitsweisen und Handlungsstilen einlassen.[250] Autoritätspersonen gegenüber sind sie misstrauisch und werden im Allgemeinen als unangepasst beschrieben.[251] Dies zeigt sich auch in der Nutzung innovativer Medien und Technik, der die Babyboomer wenig aufgeschlossen gegenüberstehen.[252] Das Berufsleben erfordert diesbezüglich jedoch eine permanente Öffnung von ihnen, um Entscheidungen nachvollziehen und auch treffen zu können. Aufgrund ihres Sicherheitsbestrebens und Misstrauens wird das Konfliktpoten-

---

[244] Vgl. Müller (2013), 465.
[245] Vgl. Oertel (2014), 38.
[246] Vgl. Oertel (2014), 35.
[247] Vgl. Holste (2012), 19.
[248] Vgl. Lyons et al. (2005), 769.
[249] Vgl. Wright (2005), 180.
[250] Vgl. Kast (2014), 234.
[251] Vgl. Lyons et al. (2005), 769.
[252] Vgl. Müller (2013), 465.

zial innerhalb eines Unternehmens allerdings gefördert.[253] Außerdem nehmen ihre Fröhlichkeit, Lebhaftigkeit sowie Begeisterungsfähigkeit mit zunehmendem Alter ab.[254] Des Weiteren erleben viele jüngere Mitglieder der Babyboomer-Generation noch die Zeit, in der ihre Kinder aufwachsen bzw. einer Ausbildung nachgehen und unterstützen diese finanziell. Daneben übernehmen sie gleichzeitig Verantwortung für ihre Elterngeneration.[255] Der Anteil typischer „Hausfrauenkarrieren" wird zwar aufgrund der Emanzipation seltener,[256] doch jene Frauen, die eine solche Mehrfachbelastung durch Beruf und Familie tragen, verzeichnen Einschränkungen bezüglich ihrer Flexibilität, Zeitautonomie und Mobilität.[257] Trotzdem arbeiten insgesamt 82% der Babyboomer-Frauen noch heute.[258]

Durch eine Erhöhung des Rentenalters und eine Verkürzung von Ausbildungszeiten werden unterschiedliche Generationen um mindestens zehn Jahre länger innerhalb eines Unternehmens zusammenarbeiten als bisher. Dies führt zu einer längeren Parallelität unterschiedlicher Werte- und generellen Vorstellungen bezüglich des Arbeitslebens, wodurch sich zahlreiche Konfliktquellen ergeben.[259] Dies zeigt sich auch hinsichtlich sozialer Dimensionen. So unterscheiden sich Babyboomer von jüngeren Arbeitnehmer-Generationen nicht nur bezüglich ihrer Form der Mediennutzung und ihrer Sozialisationserfahrung, sondern auch hinsichtlich der Tatsache, dass Babyboomer eine langfristige Bindung an ihren Arbeitgeber bevorzugen, wohingegen jüngere Beschäftigte mehr Wert auf Karrieresprünge und Flexibilität legen.[260] Weitere Unterschiede finden sich in der Arbeitsmoral bzw. -einstellung, welche die Babyboomer-Generation bei der Generation X und Y als störend empfindet und kaum nachvollziehen kann, sowie den Arbeits- und Denkweisen, der Kommunikation und den altersbedingten Bedürfnissen einer jeden Generation.[261] Es gibt jedoch nicht nur Differenzen zwischen

---

[253] Vgl. Tschopp (o. J.), abgerufen am 02.08.2014.

[254] Vgl. Oertel (2014), 35.

[255] Vgl. Hewlett et al. (2009), 74.

[256] Vgl. DGB Bundesvorstand, Abteilung Frauen-, Gleichstellungs- und Familienpolitik (2013), 11.

[257] Vgl. Oertel (2014), 39.

[258] Vgl. Statistisches Bundesamt (2014), abgerufen am 14.08.2014.

[259] Vgl. Klaffke (2014), 201.

[260] Vgl. Müller (2013), 463.

[261] Vgl. Dämon, (2011), abgerufen am 05.08.2014.

den Generationen. Insbesondere die Generation Y arbeitet aufgrund verschiedener Überschneidungen, wie z. B. der gemeinsamen Ansicht, dass Geld die falsche Arbeitsmotivation sei, gerne mit Babyboomern zusammen.[262] Die nachfolgende Tabelle gibt einen groben Überblick über die wesentlichen Merkmale der derzeit in Unternehmen zusammenarbeitenden Generationen.

	Babyboomer	Generation X	Generation Y
Typ	Abheben von der Masse, Konkurrenzverhalten, Workaholics	Unabhängig, pragmatisch, flexibel, misstrauisch gegenüber Fremden	Hohes Selbstbewusstsein, nicht kritikfähig, flexibel
Medien	Fernseher, Telefon	Fernseher, E-Mail, PC	Web 2.0, Handy, Laptop
Denkweise	Idealistisch	Pessimistisch, lustlos, individualistisch	Pragmatisch, kooperativ
Verhältnis zur Arbeit	Ehrgeizig, aufstrebend, gerechtigkeitsorientiert, stark strukturierter Arbeitsstil, **Leben, um zu Arbeiten**	Prägt den Begriff der "work-life-balance", Arbeit nicht als Selbstzweck, **Arbeiten, um zu Leben**	Ablehnung von Hierarchien, flexibel und ergebnisorientiert, kein Absitzen von Arbeitszeit, Überstunden müssen gut begründet werden, wechselt eher den Job als sich anzupassen, **Leben beim Arbeiten**
Motivation	Leistung und Erfolg	Work-life-balance	Optimale Ausbildung, gute Supervision
Verhältnis zur nächsten Generation	Versteht Arbeitsauffassungen der Folgegeneration nicht	Hält Babyboomer für "workaholics" und Generation Y für arrogant und verwöhnt	Hält Generation X für "Jammerlappen" und Babyboomer für "workaholics"

Tab. 2.3: Unterschiede zwischen Babyboomer, Generation X und Generation Y[263]

---

[262] Vgl. Hewlett et al. (2009), 74.
[263] In abgeänderter Form, Schmidt et. al. (2011), 518 sowie unter Hinzunahme von Thom et al. (2012), 83.

Untersuchungsrahmen

Mentales Modell

Nach der Darstellung der theoretischen Grundlagen wird an dieser Stelle das Mentale Modell, das dieser Arbeit zugrunde liegt, vorgestellt und knapp erläutert.

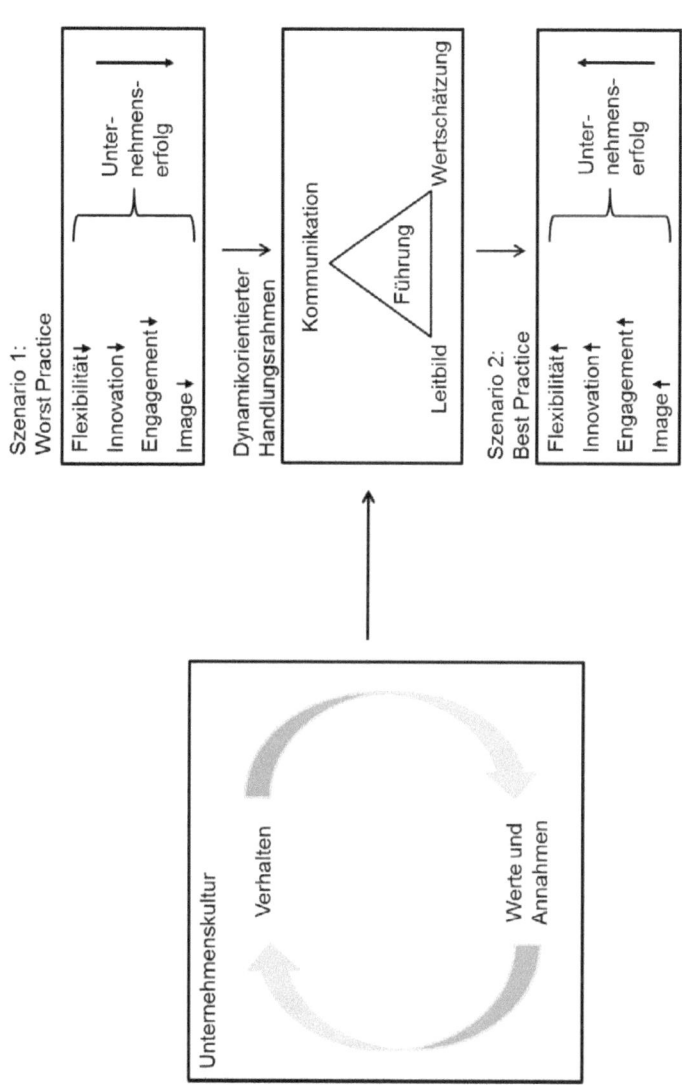

Abb. 3.1: Mentales Modell (eigene Darstellung)

Das Mentale Modell stellt mögliche Extrem-Szenarien dar, die sich durch die Veränderung der Unternehmenskultur aufgrund einer demographischen Rekrutierung für den Unternehmenserfolg ergeben können und zeigt, welche Handlungsansätze Unternehmen haben, um einem möglicherweise schlechten Szenario (Worst Practice) entgegenzuwirken bzw. dieses zu beheben.

Der linke Teil des Mentalen Modells stellt die Unternehmenskultur dar. Dieser greift den Ansatz der Kulturdualität auf, nach dem die Unternehmenskultur das Verhalten der Mitarbeiter beeinflusst, aber auch durch diese beeinflusst wird. Durch eine demographieorientierte Rekrutierung können sich daher Veränderungen der Unternehmenskultur ergeben. Diese wiederum nehmen Einfluss auf den Erfolg eines Unternehmens.

Die Auswirkungen aufgrund unternehmenskultureller Veränderungen sind in Form von Szenarien in das Mentale Modell integriert. Hierbei wird davon ausgegangen, dass die demographieorientierte Rekrutierung negative Auswirkungen auf den Unternehmenserfolg hat (Worst Practice), aber auch, dass sich positive Auswirkungen für den Erfolg ergeben können (Best Practice). Zwischen den Szenarien ist der Handlungsrahmen eingebettet, da Unternehmen ihre Kultur zumindest teilweise beeinflussen und daher aus einem negativen Szenario idealerweise ein positives formen können, sofern sich dieses nicht von Vornherein ergibt.

Die im Rahmen der Untersuchung, des Modells und für den Unternehmenserfolg relevanten Variablen stützen sich auf die Dimensionen von *Sackmann*. Die Lern- und Anpassungsfähigkeit ist im Mentalen Modell unter dem Begriff der Flexibilität integriert. Die Variable der Innovation geht aus der Innovationsfähigkeit und die des Engagements aus der Leistungsorientierung bzw. Leistungsbereitschaft und –fähigkeit hervor. Das Image hingegen ist keine explizit genannte Dimension bei *Sackmann*, jedoch eine bedeutsame Funktion der Unternehmenskultur, da dieses die Abgrenzung zu anderen Unternehmen erlaubt und für die Akquise von Fachkräften bedeutsam ist. Die Dimensionen der klaren und kommunizierten Identität (Leitbild, Kommunikation, Führung), der strategischen (Ziel-)Orientierung (Leitbild, Führung), der Nutzung von Mitarbeiterpotenzialen (Leitbild, Wertschätzung, Führung) und der Führung sowie Kommunikation werden im Handlungsrahmen aufgegriffen und in die Untersuchung eingebunden. Nicht explizit aufgegriffen werden hingegen die Dimensionen der Kunden- und Stakeholder-Orientierung, da diese sich bereits in anderen Dimensionen wie der strategischen Orientierung wiederfinden und die übrigen Dimensionen im Rahmen der Untersuchung aufgrund der starken Beeinflussbarkeit von besonderem Interesse sind.

Methodik

Da die Entwicklung von Zukunftsbildern in der Untersuchung besonders relevant ist, orientiert sich die Methodik der Untersuchung an der Szenario-Technik nach *Reibnitz*. Hierbei werden unterschiedliche, jedoch konsistente Szenarien zukünftiger Entwicklungen entworfen, aus denen sich Konsequenzen für Unternehmen ableiten lassen.[264] Dies geschieht üblicherweise in einem achtstufigen Prozess.

---

[264] Vgl. Reibnitz (1992), 14.

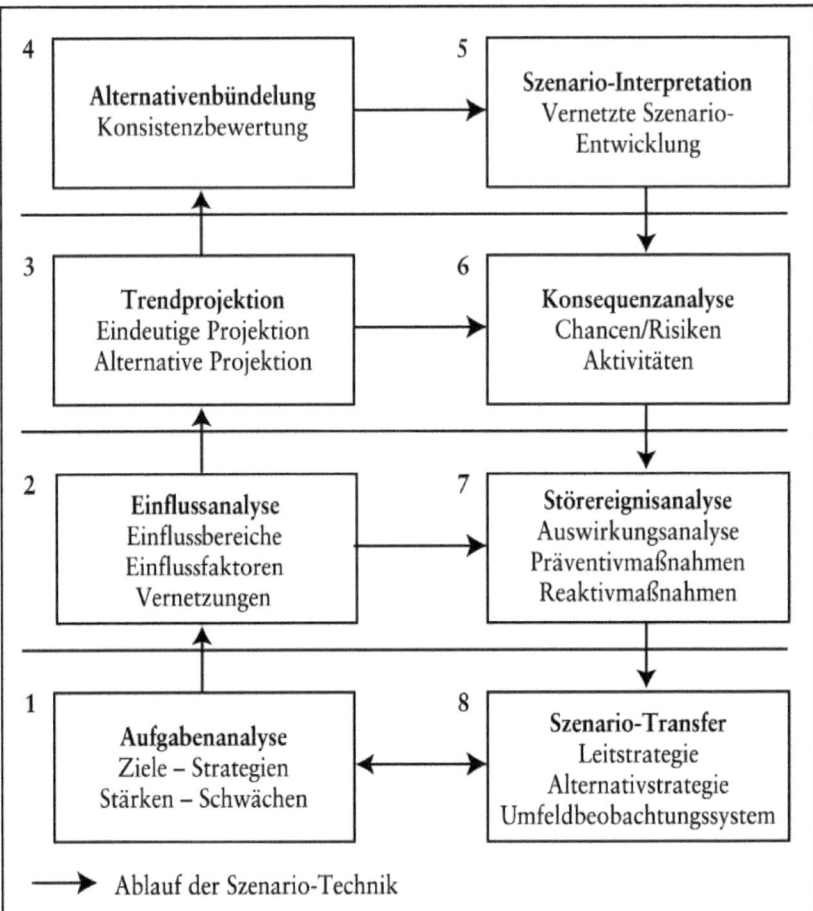

Abb. 3.2: Ablauf der Szenario-Technik[265]

Im ersten Schritt der Szenario-Technik erfolgt eine Analyse des Untersuchungsgegenstandes, wobei ein spezifisches Unternehmen, eine Geschäftseinheit oder beispielsweise eine Produktgruppe fokussiert wird.[266] Da in dieser Arbeit keine Untersuchung eines expliziten Unternehmens erfolgt, wird dieser Schritt ausgelassen. Im Schritt der Einflussanalyse werden die Einflussbereiche, die auf Unternehmen einwirken, festgelegt sowie die Einflussfaktoren ermittelt und ver-

---

[265] Reibnitz (1992), 30.
[266] Vgl. Reibnitz (1992), 30.

netzt, um der Systemdynamik des Umfeldes gerecht zu werden.[267] Dieser Schritt ergibt sich aus den vorangegangenen theoretischen Grundlagen, wonach der demographische Wandel, der Fachkräftemangel sowie der Wettbewerb die externen Einflussbereiche darstellen. Im Rahmen der demographieorientierten Rekrutierung und Kulturdualität sind ältere Arbeitnehmerinnen sowie die Unternehmenskultur Einflussfaktoren. Eine Vernetzung dieser Faktoren ergibt sich bereits durch den Ansatz der Kulturdualität sowie durch die Dimensionen von *Sackmann*. Diese im Mentalen Modell verarbeiteten Dimensionen von *Sackmann* stellen die notwendige Grundlage für die Deskriptoren im Schritt der Trendprojektion dar. Diese erlauben eine Beschreibung zukünftiger Entwicklungen, wobei üblicherweise auch weitere mögliche Zukunftsentwicklungen berücksichtigt werden.[268] Eine Berücksichtigung aller Alternativen würde jedoch den Rahmen dieser Arbeit „sprengen", weshalb lediglich die „Extrem"-Szenarien betrachtet werden. Eine Überprüfung der Konsistenz verschiedener Alternativentwicklungen ist Gegenstand des vierten Schrittes,[269] während die Ausgestaltung der Szenarien im fünften Schritt erfolgt.[270] In dieser Arbeit wird die Ausgestaltung der Szenarien durch die deduktiv-nomologische Methode unterstützt, um eine Kausalität und damit eine Konsistenz der Szenarien zu sichern.[271] Eine Ableitung möglicher Konsequenzen sowie die Ausgestaltung konkreter Maßnahmen erfolgt im sechsten Schritt. Dieser wird als der wichtigste Szenario-Schritt angesehen, da ein Repertoire an zukunftsorientierten Handlungen entwickelt wird.[272] Im Anschluss daran werden im siebten Schritt dieser Methodik mögliche unvorhergesehene Ereignisse, die ein Unternehmen stark beeinflussen können, gesammelt sowie bewertet und entsprechende Maßnahmen entworfen.[273] Dieser Schritt wird in der Untersuchung jedoch nicht berücksichtigt, da er weit über das Untersuchungsziel hinausgeht. Dasselbe gilt für den achten Schritt, in dem Leit- und eventuelle Alternativstrategien formuliert sowie ein Umfeldbeobachtungssystem etabliert werden sollen.

---

[267] Vgl. Reibnitz (1992), 32.

[268] Vgl. Reibnitz (1992), 45.

[269] Vgl. Reibnitz (1992), 49.

[270] Vgl. Reibnitz (1992), 53.

[271] Vgl. Raithel (2008), 18.

[272] Vgl. Reibnitz (1992), 56.

[273] Vgl. Reibnitz (1992), 59.

Untersuchung

Szenario 1

Flexibilität

Für den Begriff der Flexibilität existiert eine Fülle von Definitionen. Im Kern wird Flexibilität dabei meist als die Anpassungsfähigkeit an sich ändernde Bedingungen verstanden.[274] Dies ist auch weitgehend das Verständnis der Flexibilität im Zusammenhang mit Unternehmenskulturen, wonach sich Flexibilität in der Lern- und Anpassungsfähigkeit von Unternehmen zeigt.[275] Die Bedeutung dieser Fähigkeiten geht aus den positiven Korrelationen mit dem prozentualen Umsatzwachstum und der Rentabilität eines Unternehmens sowie dem langfristigen Erfolg hervor.[276] Voraussetzung hierfür ist jedoch die Bereitschaft der Mitarbeiter, sich in einem dynamischen Umfeld entsprechend mitzuverändern. Erst dann sind Unternehmen in der Lage zu lernen, sich weiterzuentwickeln und an neue Gegebenheiten anzupassen.[277]

Mangelnde Flexibilität ist jedoch neben der Annahme veralteter Qualifikationen u. a. einer der Gründe dafür, dass ältere Mitarbeiter von Unternehmen nicht bzw. seltener eingestellt werden als junge Mitarbeiter. Im Rahmen von Defizitmodellen wird angenommen, ältere Menschen seien nicht mehr in der Lage ebenso gut zu lernen wie jüngere Menschen. Diese Modelle sind zwar widerlegt, dennoch werden Beschäftigte, die das 50. Lebensjahr überschritten haben, aufgrund niedriger Amortisationsperioden von Trainingsaufwendungen kaum noch an Weiterbildungen beteiligt.[278] Dies zeigt zum einen, dass die Lernfähigkeit der Babyboomer-Generation prinzipiell keine negativen Effekte auf die Flexibilität und damit auf Unternehmenskultur und Unternehmenserfolg hat. Zum anderen deutet die geringe Beteiligung Älterer an Weiterbildungen aber auch darauf hin, dass Unternehmen hinsichtlich ihrer Flexibilität noch Verbesserungsbedarf haben. Der demographische Wandel sowie der Fachkräftemangel sind Herausforderungen, denen Unternehmen nur begegnen können, indem sie ältere Mitarbeiter rekrutieren, halten und in sie investieren, damit ihr Know-How bzw. ihre

---

[274] Vgl. Seidenberg (1989), 35.
[275] Vgl. Poech (2002), 95.
[276] Vgl. Calori et al. (1991), 71.
[277] Vgl. Poech (2002), 95.
[278] Vgl. Eckardstein (2004), 130f.

Qualifikationen wettbewerbsfähig bleiben und zum Unternehmenserfolg beitragen können. Bisher fehlt es Unternehmen an der notwendigen Lernfähigkeit, den veränderten Bedarf zu erkennen und entsprechend zu handeln, wie die geringe Rekrutierungsrate Älterer sowie deren mangelnde Beteiligung an Weiterbildungen zeigt. Dies ist jedoch die Voraussetzung für Anpassungsfähigkeit. Unabhängig vom Verhalten älterer Mitarbeiter und speziell älterer Frauen kann Unternehmen in Hinblick auf die demographischen Veränderungen und das dementsprechend erforderliche Verhalten bisher weitestgehend Inflexibilität unterstellt werden.

Basierend auf der Lernfähigkeit ist die Anpassungsfähigkeit bedeutsam für die Flexibilität. Diese erfordert zunächst eine Orientierung am gegebenen Umfeld und schließlich eine entsprechende Veränderung an die Gegebenheiten, um in einer dynamischen Umgebung bestehen zu können. Da die Anpassungsfähigkeit eines Unternehmens voraussetzt, dass auch die Beschäftigten bereit sind, sich entsprechend des gegebenen Umfeldes mitzuverändern, kann sich die Rekrutierung älterer Arbeitnehmerinnen als problematisch für den Unternehmenserfolg erweisen. Denn die Generation der Babyboomer weist allgemein eine geringe Veränderungsbereitschaft auf und steht Neuem nicht aufgeschlossen gegenüber. Hinzu kommt, dass es insbesondere Frauen durch die Organisation von Berufs- und Privatleben an Anpassungsfähigkeit mangelt. Diese wünschen sich von Unternehmen jedoch Flexibilität hinsichtlich der Arbeitszeitgestaltung.[279] Eine solche Flexibilität, ausgehend vom Unternehmen, würde zwar dazu führen, dass Frauen ihr Berufs- und Privatleben flexibler organisieren könnten, wodurch sich das Gefühl von Stress und einer damit einhergehenden geringeren Arbeitsproduktivität sowie häufigen Fehlern reduzieren ließe,[280] würde jedoch nichts am Problem der geringen Veränderungsbereitschaft ändern. Im Gegensatz dazu empfinden jüngere Mitarbeiter Veränderungen oftmals als normal und begegnen diesen flexibel.[281] Sie sind es gewohnt, sich auf neue Bedingungen einzustellen und stehen Veränderungen und Wandel daher grundsätzlich offener gegenüber als ältere Beschäftigte.[282] Somit agieren in Unternehmen Generationen, die Veränderungen mit einer gegensätzlichen Einstellung begegnen.

---

[279] Vgl. Hewlett et al. (2009), 75.
[280] Vgl. Wright (2005), 180.
[281] Vgl. Schmidt (2004), 76f.
[282] Vgl. Poech (2002), 72.

Während Generation X und Y flexibel und Neuem gegenüber aufgeschlossen sind, stellen die beständigkeitsorientierten Babyboomer das Gegenteil dar. Diese unterschiedlichen Denk- und Handlungsweisen der jüngeren und älteren Generationen führen zu arbeitsbezogenen Schwierigkeiten. Ein Beispiel hierfür sind moderne Technologien, die Flexibilität und damit Offenheit sowie Anpassungsfähigkeit erfordern.[283] Babyboomer stehen diesen Technologien jedoch nicht aufgeschlossen gegenüber und nutzen andere Mittel zur Verständigung als die Generationen X und Y. Diese unterschiedlichen Wege der Kommunikation können zu Problemen wie etwa Missverständnissen führen.[284] Problematisch ist dabei insbesondere, dass die Nutzung der Technologien kein freiwilliges, vom Unternehmen selbst initiiertes Handeln ist, sondern die notwendige Anpassung an externe Gegebenheiten, um wettbewerbsfähig zu bleiben. Neben der Einführung und Nutzung neuer Technologien erfordern auch Globalisierung und soziokulturelle Veränderungen ein flexibles Agieren von Unternehmen.[285] Ältere Arbeitnehmerinnen, die wenig angepasst und veränderungsbereit sind, tragen mit ihrer Denk- und Handlungsweise daher zu einer Schwächung der Wettbewerbsposition von Unternehmen bei. Durch ihre Einstellung erschweren sie die Einführung und Nutzung neuer Prozesse. Im schlimmsten Fall blockieren sie diese möglicherweise sogar. Aufgrund ihrer mangelnden Aufgeschlossenheit gegenüber Neuem kann vermutet werden, dass nicht nur notwendige Veränderungen aufgrund von externen Gegebenheiten schwieriger durchzusetzen sind, sondern auch, dass vom Unternehmen selbst ausgehende Veränderungen, d. h. Innovationen, von älteren Frauen nicht gefördert, sondern gehemmt, möglicherweise sogar blockiert werden.

Innovation

Die Innovationsfähigkeit eines Unternehmens ist eng mit dem kulturellen Aspekt der Flexibilität verknüpft,[286] denn flexible Strukturen sind innovationsfördernd und üblicherweise Teil einer spezifischen Unternehmenskultur, die wiederum durch ihre konkrete Ausgestaltung eine positive Wirkung auf die Innovationsfähigkeit haben kann.[287] Im Umkehrschluss bedeutet dies, dass wenig flexib-

---

[283] Vgl. Sackmann et al. (2008), 112.
[284] Vgl. Schmidt (2004), 76.
[285] Vgl. Sackmann et al. (2008), 112f.
[286] Vgl. Sackmann (2004), 203.
[287] Vgl. Poech (2002), 44.

le Strukturen bzw. hinsichtlich der Flexibilität nicht gut ausgestaltete Unternehmenskulturen innovationshemmend wirken. Diese sind aufgrund der vielfältigen Herausforderungen wie beispielsweise Globalisierung und neuer Technologien jedoch umso wichtiger, da die Innovationsfähigkeit nachweislich ein bedeutender Kulturfaktor für den Unternehmenserfolg in einem dynamischen Umfeld ist.[288]

Die mangelnde Rekrutierung sowie Weiterbildung älterer Arbeitnehmerinnen deutete bereits auf eine Schwäche der Lern- und Anpassungsfähigkeit und damit auf eine gewisse Inflexibilität von Unternehmen bezüglich der demographischen Entwicklung hin. Zudem hemmen ältere Frauen die Flexibilität, da sie selten veränderungsbereit und aufgeschlossen gegenüber Neuem sind. Eine Studie, die das Anpassungspotenzial von Unternehmen im internationalen Vergleich erforschte, kam zu dem Ergebnis, dass Deutschland im Bereich der Innovation lediglich 38 von 100 bestmöglichen Punkten erzielt.[289] Dies ist problematisch, da Unternehmen aufgrund des dynamischen Umfeldes nur dann erfolgreich sein können, wenn sie in der Lage sind, sich effizient zu erneuern.[290] Voraussetzung für innovatives Agieren ist jedoch Flexibilität, die wiederum darauf basiert, dass Mitarbeiter lern- und anpassungsfähig sind. Dass diese durch die Rekrutierung älterer Arbeitnehmerinnen eingeschränkt sein kann, geht bereits hervor. Zudem setzt innovatives Handeln voraus, dass Mitarbeiter die Ziele eines Unternehmens verinnerlichen und diese in ihrem Arbeitsalltag umsetzen können.[291] Dass diese jedoch nicht von allen Beschäftigten gleich verinnerlicht werden, liegt an den unterschiedlichen Profilen jüngerer und älterer Mitarbeiter. Es ist zwar so, dass auch innerhalb von Generationen Unterschiede bestehen, doch junge Menschen, d. h. die Generation X und Y, sind im Gegensatz zu älteren Menschen weitestgehend als innovativ, flexibel und reaktionsschnell einzustufen.[292] Dies sind Aspekte, die im Rahmen eines dynamischen Umfeldes hohe Bedeutung haben. Die Babyboomer sind den jüngeren Generationen hingegen ein „Dorn im Auge", da sich die jüngeren Generationen durch ältere Beschäftigte „in ihren Möglichkeiten, Innovationen und Veränderungen voran zu treiben eingeschränkt"[293] fühlen.

---

[288] Vgl. Eberhardt (2013), 11.

[289] Vgl. Hülskamp (2008), 101.

[290] Vgl. Sackmann (2004), 204.

[291] Vgl. Poech (2002), 96.

[292] Vgl. Schmidt (2004), 36, 65f.

[293] Kohlbacher (2007), 750.

Unter Berücksichtigung eines dynamischen Umfeldes, das flexibles Agieren von Unternehmen erfordert, liegt nahe, dass ältere Frauen die Unternehmensziele nur schwer annehmen können. Prinzipiell kann die Heterogenität der Belegschaft im Rahmen der Zusammenarbeit positiv für den Innovationsprozess sein, sofern diese geschätzt wird.[294] Problematisch ist allerdings, dass Babyboomer und insbesondere die Frauen dieser Generation wenig flexibel sind und Neuem kaum aufgeschlossen gegenüberstehen, wodurch sich Konflikte aufgrund unterschiedlicher Einstellungen ergeben. Diese sind bezüglich der Innovationsfähigkeit in einem bestimmten Ausmaß zwar erwünscht und können als Vorteil der Heterogenität angesehen werden, entscheidend ist jedoch, welche Art von Konflikt vorliegt. Während Sachkonflikte erwünscht sind, wirken Ziel- und Wertekonflikte kontraproduktiv, da diese auf unterschiedliche Interpretationen von Aufgabenstellungen bzw. auf unterschiedliche vorherrschende Werte zurückzuführen sind. Die unterschiedlichen Einstellungen der Generationen sowie ihr Umgang mit Neuerungen führen jedoch gerade zu Wertekonflikten.[295] Diese wirken sich negativ auf das Betriebsklima und damit einhergehend auf Kommunikation und Arbeitsprozesse aus.[296] Problematisch ist dies, da zum einen der Arbeitsalltag erschwert und zum anderen das Betriebsklima verschlechtert wird, welches einen direkten Einfluss auf die Innovationsfähigkeit von Unternehmen hat. Langfristig erfolgreiche Unternehmen fördern ihr Betriebsklima im Rahmen der Innovationsfähigkeit gezielt.[297] Ebenso problematisch wie das verschlechterte Betriebsklima ist, dass durch Wertekonflikte Kommunikations- und Kooperationsbarrieren entstehen, welche die Innovationsfähigkeit diverser Gruppen einschränken.[298] Die Generation der Babyboomer ist zwar prinzipiell kooperativ und teamorientiert, vertritt aber dennoch unterschiedliche Werte als die jüngeren Generationen, wodurch eine Verhinderung von Konflikten unwahrscheinlich ist. Grundsätzlich sollen gemischte Gruppen in der Findung von Lösungen allerdings kreativer sein. Dies ist insofern nachvollziehbar, denn „diverse groups have a broader and richer base of experience from which to approach a problem."[299] Weiterhin wird ange-

---

[294] Vgl. Dimitratos (o. J.), abgerufen am 04.08.2014.

[295] Vgl. Watrinet (2008), 37f.

[296] Vgl. Holzinger (2011), abgerufen am 06.08.2014.

[297] Vgl. Quinn (1985), 77.

[298] Vgl. Watrinet (2008), 34.

[299] Cox (1993), 33.

nommen, heterogene Teams wären flexibler und könnten sich schneller an Veränderungen anpassen.[300] Diese Annahme lässt sich unter Berücksichtigung der Eigenschaften älterer Arbeitnehmer und insbesondere Frauen der Babyboomer-Generation jedoch nicht bestätigen. Wie bereits untersucht wurde, wirken diese aufgrund ihrer spezifischen Eigenschaften flexibilitätshemmend. Daneben ist die Kommunikationsfähigkeit innerhalb einer heterogenen Gruppe bedeutsam für deren Effektivität.[301] Aufgrund verschiedener Wertevorstellungen von Generationen kommt es jedoch zu Konflikten, welche die Kommunikation erschweren. Dies ist umso problematischer, da ältere Frauen bzw. ältere Menschen generell andere Medien im Rahmen der Kommunikation nutzen und bereits dadurch Schwierigkeiten innerhalb der Verständigung auftreten, die durch Wertekonflikte zusätzlich verstärkt werden. Es ist zwar so, dass in einem Team, das sich aus älteren und jüngeren sowie aus männlichen und weiblichen Mitarbeitern zusammensetzt, verschiedene Erfahrungen und Einstellungen eingebracht werden, was den Innovations- sowie den vorgelagerten Kreativitätsprozess fördern könnte,[302] auf der anderen Seite stehen dem jedoch unterschiedliche Werte und damit Konflikte gegenüber, die sich vermutlich nur dann lösen lassen, wenn Teammitglieder eine einheitliche Kommunikationsbasis haben und bereit sind, von ihrer Einstellung Abstand zu nehmen bzw. diese in eine für den Innovationsprozess förderliche Richtung ändern. Dies ist jedoch schwierig, da Erwachsene über ein gefestigtes Wertesystem verfügen, das sich in Grundannahmen manifestiert, welche nur schwer zu ändern sind. Weiterhin ist eine Änderung der Einstellung von Frauen der Babyboomer-Generation nicht ohne weiteres zu erwarten, da diese zum einen unangepasst und in ihren Ansichten selbstsicher sind sowie Beständigkeit bevorzugen und radikalen Wandel ablehnen. Die Generation X ist dagegen vorrangig lustlos und individualistisch, während die Generation Y zwar kooperationsbereit, jedoch kritikunfähig ist, wodurch sich weitere Schwierigkeiten im Rahmen einer Kommunikation ergeben können. Diese Eigenschaften legen die Vermutung nahe, dass eine Lösung von Wertekonflikten ohne weiteres unwahrscheinlich ist. Dies führt, wie beschrieben, zu einem schlechteren Betriebsklima und dadurch zu einer innovationshemmenden Wirkung. Die Annahme einer Hemmung oder schlimmstenfalls einer Blockierung der Innovationsfähigkeit von Unternehmen durch ältere Frauen wird zudem durch ihre nega-

---

[300] Vgl. Watrinet (2008), 34.
[301] Vgl. Stumpf et al. (1999), 40.
[302] Vgl. Amabile (1988), 126.

tive Wirkung auf die Flexibilität eines Unternehmens sowie durch ihre beschriebenen charakterisierenden Eigenschaften unterstützt. Auch wenn Babyboomer-Frauen nicht direkt in den Innovationsprozess einbezogen werden, kann die Umsetzung von Neuerungen durch ihre ablehnende Haltung erschwert oder möglicherweise sogar blockiert werden.

Engagement

Das Engagement umfasst die Leistungsorientierung bzw. Leistungsbereitschaft und -fähigkeit von Mitarbeitern und Unternehmen. Demnach spiegelt sich das Engagement in einem Mitarbeiterverhalten wider, das selbstinitiiert ist und über die üblichen Leistungen im Rahmen des Arbeitsvertrages hinausgeht. Das Mitarbeiterengagement wird u. a. als Hauptnutzen von Unternehmenskulturen angesehen.[303] Die Leistungsbereitschaft und -fähigkeit von Mitarbeitern hilft Unternehmen, in einem komplexen, unsicheren Wettbewerb bestandsfähig zu bleiben. So zeigte eine Studie, dass erfolgreiche Unternehmen über eine höhere Leistungsfähigkeit verfügen als weniger erfolgreiche Unternehmen.[304] Voraussetzung hierfür ist allerdings die Fähigkeit der kritischen Reflexion als Bestandteil der Lernfähigkeit von Unternehmen und Beschäftigten, um Aktionismus und blindes Fortführen von Routinen, die möglicherweise in Krisen münden und damit die Existenz bedrohen können, zu vermeiden.[305] Der von der Unternehmenskultur ausgehende motivationale Charakter entfaltet bei Mitarbeitern jedoch erst dann seine Wirkung, wenn diese die vermittelten Ziele und Perspektiven als sinnvoll interpretieren und sich mit ihnen und dem Unternehmen identifizieren können. Identifikation ist hierbei eine spezielle Form der sozialen Identifikation, die "the perception of oneness with or belongingness to some human aggregate"[306] darstellt. Hierfür müssen Mitarbeiter in das Unternehmen integriert sein.[307]

Eindeutige Aussagen über die Identifikation älterer Arbeitnehmerinnen mit Unternehmen zu treffen, ist schwierig, da Identifikation vor allem „auf (der) wahrgenommenen Ähnlichkeit und geteilten Überzeugungen zwischen den Mitglie-

---

[303] Vgl. Eberhardt (2013), 6.

[304] Vgl. Van Yperen (2003), 240.

[305] Vgl. Sackmann (2004), 235.

[306] Ashforth et al. (1989), 21.

[307] Vgl. Poech (2002), 54.

dern der jeweiligen Gruppe"[308] beruht. Allgemein weist die Babyboomer-Generation zwar einen hohen Berufsbezug auf, dieser stellt jedoch noch keinen Bezug zum entsprechenden Unternehmen dar. Es ist aus verschiedenen Gründen anzunehmen, dass sich ältere Arbeitnehmerinnen heutzutage nur schwer mit Unternehmen identifizieren können. Unternehmen sind aufgrund des dynamischen Umfeldes gezwungen, flexibel und innovativ zu agieren. Babyboomer-Frauen sind jedoch in ihrer Flexibilität eingeschränkt und begegnen Veränderungen misstrauisch und unaufgeschlossen, sodass in dieser Hinsicht nicht von einer stark ausgeprägten Identifikation mit Unternehmen ausgegangen werden kann. Ausnahmen bilden hierbei jedoch möglicherweise Unternehmen, die in Branchen agieren, wo eine häufige Anpassungsfähigkeit nicht notwendig ist. Daneben konzentrieren sich viele Unternehmen im Rahmen ihrer Belegschaftsstruktur auf die Beschäftigung jüngerer und mittelalter Mitarbeiter.[309] Dadurch agieren verstärkt die Generationen X und Y in Unternehmen, die andere Einstellungen vertreten als die Babyboomer. Aufgrund der unterschiedlichen Überzeugungen, die jedoch eine wichtige Rolle im Rahmen der Identifikation von Mitarbeitern mit Unternehmen spielen, und der Tatsache, dass die Überzeugungen der Generation X und Y in Unternehmen vorherrschen, liegt nahe, dass sich ältere Frauen aufgrund ihrer Einstellung nur schwer mit Unternehmen identifizieren können.

Neben der Identifikation mit dem Unternehmen ist im Rahmen des Engagements jedoch auch wichtig, dass sich Beschäftigte mit den vermittelten Zielen und Perspektiven identifizieren und diese als sinnvoll erachten. Hierüber Aussagen zu treffen, erweist sich ebenfalls als schwierig, da keine konkreten Ziele und Perspektiven vorliegen. Unter Berücksichtigung des dynamischen Umfeldes von Unternehmen kann vermutet werden, dass es sich um Ziele handelt, die der Sicherung der Wettbewerbsfähigkeit dienen und daher einen flexiblen bzw. innovativen Charakter haben. Da dies nicht der üblichen Charakteristik von älteren Arbeitnehmerinnen entspricht, ist hierbei auch von einer geringen Identifikation auszugehen. Im Rahmen der Identifikation kann daher angenommen werden, dass die Unternehmenskultur ihren motivationalen Charakter bei älteren Frauen nicht entfaltet. Dies erweist sich als problematisch, da ein Leistungsverhalten im Sinne von „Dienst nach Vorschrift" Folge der mangelnden Identifikation sein

---

[308] Dick (2004), 7.
[309] Vgl. Eckardstein (2004), 130.

kann.[310] Die ausschließlich gemäß dem Arbeitsvertrag ausgeführten Leistungen könnten zwar theoretisch zur Sicherung der Bestandsfähigkeit eines Unternehmens beitragen, doch hinsichtlich eines dynamischen Umfeldes, das Flexibilität und Innovationsfähigkeit erfordert, ist diese möglicherweise nicht dauerhaft gegeben.

Im Rahmen der Zusammenarbeit wird die Leistungsfähigkeit bzw. das Engagement von Teams durch die Qualität ihrer Interaktion bestimmt.[311] Hinsichtlich der Kommunikation zwischen der älteren und jüngeren Generation gibt es jedoch bereits aufgrund der unterschiedlichen Mediennutzung Schwierigkeiten. Dies ist insofern problematisch, da die Kommunikation für die Identifikation von Bedeutung ist und im Sinne des dualistischen Ansatzes eine Rückkopplung zur Unternehmenskultur aufweist.[312] Weiterhin erschwert wird die Kommunikation durch Wertekonflikte, die im Rahmen des Engagements entstehen, wenn hinsichtlich der Leistungsbereitschaft Differenzen auftreten.[313] Es ist zwar so, dass Babyboomer als leistungsorientiert gelten und auch jüngeren Mitarbeitern eine Leistungsorientierung zugeschrieben wird,[314] doch die Babyboomer verstehen die Arbeitsauffassung der Folgegenerationen nicht, wodurch sich aufgrund von unterschiedlichen Arbeitsstilen Konflikte ergeben können. Diese basieren darauf, dass „Menschen (...) unterschiedliche Einstellungen, Erwartungen, Motive und Forderungen in Arbeitssituationen"[315] einbringen. Diese Unterschiedlichkeiten können zu Konflikten führen, die sich möglicherweise negativ auf das Betriebsklima und damit auf die Unternehmenskultur auswirken. Da die Babyboomer die Arbeitsauffassungen der Folgegenerationen nicht nachvollziehen können, liegt nahe, dass sie diesen mit Misstrauen und negativen Vorurteilen bezüglich ihres Leistungswillens und ihrer –fähigkeit begegnen. Dies kann in eine sogenannte Selffulfilling Prophecy münden, die dazu führt, dass Mitarbeiter sich auf Dauer so verhalten, wie es gemäß dem Vorurteil befürchtet wurde.[316] Darüber hinaus können Stereotypisierungen zu Konflikten führen und die Kommunikation behindern, wodurch es zu einer geringeren Leistung, einer sin-

---

[310] Vgl. Sackmann (2004), 194.

[311] Vgl. Poech (2002), 71.

[312] Vgl. Friedrich (2010), 14.

[313] Vgl. Watrinet (2008), 37.

[314] Vgl. Schmidt (2004), 36.

[315] Weinert (2004), 133.

[316] Vgl. Lönnies (2010), 336.

kenden Motivation und möglicherweise auch zu (inneren) Kündigungen kommt.[317] Insbesondere die innere Kündigung kommt einer Resignation gleich, die als der stärkste Faktor für zurückgehaltene Leistung angesehen wird.[318] Im schlimmsten Fall führt das Verhalten älterer Arbeitnehmerinnen somit dazu, dass jüngere Mitarbeiter ein schwächeres Leistungsverhalten und damit auch eine schwächere Leistung zeigen. Daneben erfahren aber auch ältere Beschäftigte die Konfrontation mit Stereotypen. Sie werden häufig als wenig leistungs- und integrationsfähig angesehen,[319] wodurch es ebenfalls zur Selffulfiling Prophecy kommen kann. Zudem sinkt die Leistungsfähigkeit Älterer generell durch Rollenkonflikte, Angst vor dem Versagen und Fehlern, mangelnden Einfluss bezüglich der Tätigkeit sowie durch eine mangelnde berufliche Entwicklung und fehlende Wertschätzung.[320] Diese Aspekte können im Rahmen des täglichen Arbeitens sowie innerhalb der Zusammenarbeit mit anderen auftreten und zu einer verminderten Leistungsfähigkeit führen, wodurch negativ Auswirkungen auf die Wettbewerbsfähigkeit von Unternehmen wahrscheinlich werden.

Grundsätzlich kann somit zum einen das Engagement älterer Arbeitnehmerinnen durch fehlende Identifikation, Stereotypisierungen sowie Ängste, Konflikte, mangelndes Feedback und Entwicklung sinken und zum anderen das Engagement jüngerer Mitarbeiter durch Vorurteile der Babyboomer eingeschränkt werden. Daraus ergibt sich eine Verschlechterung des Betriebsklimas, das sich wiederum negativ auf die Unternehmenskultur und damit auch auf andere Dimensionen der Kultur, z. B. der Innovationsfähigkeit, auswirkt.

Image

Neben dem Wettbewerbsfaktor gilt die Unternehmenskultur zusätzlich als wichtiger Imagefaktor. Unter dem Begriff des Images wird generell eine Vorstellung bzw. ein Bild verstanden, das Einzelne oder Gruppen von einer Person, einer Gruppe oder einer Sache haben.[321] Bezogen auf Unternehmen ist das Image somit das Bild oder die Vorstellung, welche Menschen vom Unternehmen haben bzw. wie Menschen das Unternehmen wahrnehmen. Beeinflusst wird dieses Bild unter anderem durch die wahrgenommenen Aktivitäten sowie die Leis-

---

[317] Vgl. Watrinet (2008), 39.
[318] Vgl. Chlopczik et al. (2013), 216.
[319] Vgl. Rosen et al. (1976), 181.
[320] Vgl. Ilmarinen et al., (1991), 138.
[321] Dudenredaktion (2014), 1041.

tungsfähigkeit eines Unternehmens. Streng genommen haben Unternehmen jedoch mehrere Images, da verschiedene Anspruchsgruppen, z. B. Kunden, Mitarbeiter oder Aktionäre, ein anderes Verhältnis zu Unternehmen haben und diese daher unterschiedlich wahrnehmen.[322] Im Rahmen der Unternehmenskultur und dieser Arbeit ist von Bedeutung, wie Unternehmen von potenziellen Mitarbeitern wahrgenommen werden, da das Image für die Arbeitgeberattraktivität und diese für das „Anziehen" guter Fachkräfte und damit für die Wettbewerbsfähigkeit eine wichtige Rolle spielt. Aber auch aktuell im Unternehmen Beschäftigte sind von Bedeutung, da die Wahrnehmung des Mitarbeiters bezüglich der Unternehmensattraktivität deren Handlungen, wie z. B. Engagement, beeinflusst.[323] Als wichtigster Einflussfaktor des Unternehmens auf ihr Image wird die Kommunikation angesehen.[324] Bestimmende Faktoren der Unternehmensattraktivität sind unter anderem das Betriebsklima, die Innovationsfähigkeit sowie die Anzahl an jungen Menschen in Unternehmen.[325]

Bezüglich des Betriebsklimas wurde bereits im Rahmen der vorangegangenen Aspekte deutlich, dass eine Rekrutierung älterer Arbeitnehmerinnen zu einer Verschlechterung des Klimas führen kann. Dies mündet nicht selten in einer geringeren Loyalität von Mitarbeitern gegenüber Unternehmen und kann damit aufgrund der nach außen getragenen Unzufriedenheit mit einer Verschlechterung des Images einhergehen.[326] Dies wiederum wirkt sich negativ auf die Unternehmenskultur und insbesondere den Aspekt der Kundenorientierung aus, da der Auftritt von Mitarbeitern nach außen eine beeinflussende Wirkung auf diese hat.[327] Daneben wirkt sich eine Verschlechterung des Images auf die Arbeitgeberattraktivität des Unternehmens aus, sodass ein verschlechtertes Betriebsklima indirekt zu Schwierigkeiten bezüglich der Rekrutierung von Fachkräften führen kann. Zusätzlich kann eine Verschlechterung des Betriebsklimas mit einer geringeren Leistungsfähigkeit von Beschäftigten und damit von Unternehmen einhergehen. Problematisch ist dies, da die Leistungsfähigkeit als wichtiger Aspekt für die Wahrnehmung eines Unternehmens durch potentielle Mitarbeiter angesehen wird.

---

[322] Vgl. Riordan et al. (1997), 401.

[323] Vgl. Riordan et al. (1997), 402.

[324] Vgl. Rolke (2007), 576.

[325] Vgl. Raich (2007), 84.

[326] Vgl. Brauweiler (2010), 88.

[327] Vgl. Baetge et. al. (2007), 207.

Die Auswirkungen einer Rekrutierung älterer Arbeitnehmerinnen auf den kulturellen Aspekt der Innovationsfähigkeit wurden bereits diskutiert. Die geringe Veränderungsbereitschaft älterer Frauen, ihre abnehmende Begeisterungsfähigkeit sowie ihre abwehrende Haltung gegenüber Neuartigem und Wandel führen über die negativen Auswirkungen auf die Innovationsfähigkeit zu einer Verschlechterung des Unternehmensimages. Dies ist insofern problematisch, da junge nachwachsende Fachkräfte Veränderungen begrüßen und diesen flexibel begegnen. Unternehmen, deren Image sich durch die Innovationsfähigkeit verschlechtert, haben es daher schwer, Fachkräfte zu rekrutieren.

Ein weiterer Einflussfaktor auf das Image von Unternehmen ist die Anzahl der jungen Menschen, die in diesen arbeiten. Eine verstärkte demographieorientierte Rekrutierung kann bezüglich dieses Aspektes somit grundsätzlich zu einer Verschlechterung des Images führen. Fraglich ist an dieser Stelle allerdings, welches Alter potenzielle Mitarbeiter als jung bzw. alt kategorisieren, denn aktuell beträgt der Altersdurchschnitt in Unternehmen deutlich mehr als 40 Jahre. Dass dieser Aspekt für das Unternehmensimage von Bedeutung ist, lässt sich möglicherweise mit den Stereotypisierungen erklären, die gegenüber älteren Generationen vorherrschen. So wird z. B. häufig angenommen, sie seien weniger leistungsfähig, was für das Image eines Unternehmens jedoch von hoher Bedeutung ist.

Direkte Wirkungen durch das Verhalten älterer Arbeitnehmerinnen auf das Image von Unternehmen sind höchstens durch illoyales Verhalten zu erwarten. Indirekt kann eine stark demographieorientierte Rekrutierung durch die Anzahl sowie die Charakteristik älterer Arbeitnehmerinnen jedoch Auswirkungen auf Betriebsklima, Innovationsfähigkeit, Flexibilität und Engagement haben, wodurch sich zunächst die Unternehmenskultur verschlechtert und ihre Funktion der Akquisition aufgrund eines schlechteren Images als attraktiver Arbeitgeber eingeschränkt wird.

Unternehmenserfolg

Die vorangegangenen Aspekte sind über die Unternehmenskultur mit dem Erfolg eines Unternehmens verknüpft und nehmen zusätzlich Einfluss aufeinander. Die bisherige Untersuchung zeigt, dass eine demographieorientierte Rekrutierung zu Flexibilitätshemmungen führen kann, wodurch der Erfolg eines Unternehmens im dynamischen Umfeld gefährdet wird. Daneben ist die Flexibilität von Unternehmen und Mitarbeitern für den Aspekt der Innovation von Bedeutung. Diese wiederum spielt im Rahmen der Wettbewerbsfähigkeit sowie des

Images von Unternehmen eine wichtige Rolle und wird bereits durch die gehemmte Flexibilität eingeschränkt. Weiterhin ist die Leistungsfähigkeit von Mitarbeitern bedeutsam für die Leistungsfähigkeit von Unternehmen sowie für die wahrgenommene Unternehmensattraktivität durch Außenstehende. Hierbei können jedoch Wertekonflikte entstehen, die auf unterschiedlichen Einstellungen der Generationen beruhen. Daraus ergeben sich negative Konsequenzen für das Betriebsklima und somit für die Leistungsfähigkeit von Beschäftigten und Unternehmen. Das verschlechterte Betriebsklima wirkt zusätzlich negativ auf das Image von Unternehmen. Verstärkt wird dies durch vorherrschende Stereotypisierungen sowie Kommunikationsprobleme. Zusammenfassend kann daher an dieser Stelle gesagt werden, dass die Rekrutierung älterer Frauen aufgrund ihrer Charakteristik bzw. ihrer Wertevorstellungen und Grundannahmen im Sinne des dualistischen Kulturansatzes zu einer Verschlechterung unternehmenskultureller Aspekte führen kann. Je stärker ältere Frauen der beschriebenen Charakteristik entsprechen, desto größer ist die Wahrscheinlichkeit, dass sich negative Auswirkungen für die Wettbewerbsfähigkeit und damit für den Erfolg eines Unternehmens ergeben.

Handlungsrahmen

Unternehmensleitbild

Unternehmensleitbilder enthalten den Kern grundlegender Eigenschaften und Absichten, welche die Einzigartigkeit von Unternehmen wiedergeben.[328] Durch diese Wiedergabe wird die Kultur eines Unternehmens zum Teil sichtbar gemacht, denn Leitbilder enthalten Wertevorstellungen, die neben der Sichtbarmachung und Dokumentation der relevanten Unternehmenswerte auch eine handlungsleitende Funktion durch die „Kodifizierung" erwünschter Verhaltensweisen von Mitarbeitern beinhalten und somit erlauben, Zuwiderhandlungen zu sanktionieren. Meist sind Leitbilder allerdings einseitige Absichtserklärungen der Unternehmensleitung, weshalb sie nicht zwangsläufig den im Unternehmen anerkannten Basiskonsens wiedergeben und für das alltägliche Miteinander ausreichen.[329] Neben der Außendarstellung sowie der handlungsleitenden Funktion haben Leitbilder auch eine strategische, identitätsstiftende und kulturunterstützende Funktion. Diese wirken allerdings nur dann, wenn sich alle Mitarbeiter

---

[328] Vgl. Watrinet (2008), 82.

[329] Vgl. Dill et al. (1997), 165f.

vom Leitbild angesprochen fühlen.[330] Glaubwürdig sind Unternehmensleitbilder erst, wenn zwischen offizieller und innerer Haltung eine Konsistenz besteht, d. h. die postulierten Werte müssen mit dem gelebten Verhalten übereinstimmen.[331]

Im Rahmen der Heterogenität von Beschäftigten sind Leitbilder durch ihre handlungsleitende und identitätsstiftende Funktion von besonderer Bedeutung. Die spezielle Herausforderung besteht für Unternehmen darin, ein Leitbild zu formulieren, das von allen Mitarbeitern (gleichermaßen) akzeptiert, angenommen und im täglichen Miteinander umgesetzt wird. Darüber hinaus müssen die strategischen Ziele eines Unternehmens in der Formulierung des Leitbildes Berücksichtigung finden.[332] Unternehmen haben die Möglichkeit, über Leitbilder neue Werte einzubringen, wodurch sie Einfluss auf die vorherrschende Kultur nehmen können. Voraussetzung bleibt jedoch, dass das Leitbild von allen Beschäftigten akzeptiert, angenommen und gelebt wird. Um die Akzeptanz eines Leitbildes bei den Beschäftigten zu erreichen und keine einseitige Absichtserklärung zu formulieren, ist es notwendig, Mitarbeiter in den Gestaltungsprozess des Leitbildes zu integrieren und somit sicherzustellen, dass ihre Erwartungen, Vorstellungen und Bedürfnisse Berücksichtigung finden. Dies fördert zudem die Identifikation der Beschäftigten mit dem Leitbild und damit mit dem Unternehmen.[333] Sie sollten jedoch keine für immer geltenden festgeschriebenen Erklärungen sein. Ein verändertes Umfeld erfordert gegebenenfalls die Anpassung des Unternehmensleitbildes, welches über die Verankerung der wesentlichen Werte Einfluss auf den Erfolg eines Unternehmens nehmen kann.[334]

Bezogen auf den Aspekt älterer Arbeitnehmerinnen müssen Leitbilder sicherstellen, dass Altersvielfalt in Unternehmen geschätzt wird und ausdrücklich erwünscht ist. Wichtig ist jedoch, dass es nicht beim bloßen Bekenntnis bleibt, sondern eine Umsetzung im beruflichen Alltag erfolgt.[335] Hierbei sind im Rahmen der Einführung neuer Leitbilder bzw. ihrer Modifikation vor allem die Aspekte der Kommunikation und Führung von Bedeutung. Zum einen muss eine

---

[330] Vgl. Watrinet (2008), 90f.
[331] Vgl. Sackmann (2004), 236.
[332] Vgl. Watrinet (2008), 75.
[333] Vgl. Watrinet et al. (2009), 84f.
[334] Vgl. Humble et al. (1994), 28, 39.
[335] Vgl. Watrinet et al. (2009), 79.

Kommunikation des Leitbilds im Sinne der Sichtbarmachung nach außen erfolgen und zum anderen müssen Leitbilder den Beschäftigten gegenüber kommuniziert werden. Hierbei nehmen Führungskräfte als verbindendes Element zwischen dem postulierten Leitbild und der gelebten Unternehmenskultur eine besondere Rolle ein und können somit auf die Konsistenz zwischen Werten und Verhalten Einfluss nehmen.[336] Gelingt die Umsetzung eines der Zeit vorauseilenden Leitbildes, kann dies zu Wettbewerbsvorsprüngen im Markt führen und damit zum Erfolg eines Unternehmens beitragen.[337]

Kommunikation

Kommunikation gilt in einem konkurrenzorientierten Umfeld als überlebensnotwendig.[338] Zudem spiegelt sie die Kultur im täglichen Miteinander wider,[339] wobei ein gemeinsames Zeichen- und Kommunikationssystem die Grundlage für Verständigung und Verständnis darstellt.[340] Die Kommunikation wird als wechselseitiger Informationsaustausch verstanden, wobei neben dem Aspekt der Information auch Emotionen, Vorstellungen, Meinungen und Verhalten (mit-)geteilt werden.[341] Die hohe Bedeutung der Kommunikation im Rahmen der Unternehmenskultur spiegelt sich u. a. in ihrer identitätsstiftenden sowie motivierenden Funktion wider. So kann die Kommunikation sowohl neben dem als auch über das Führungsverhalten auf die Identifikation und Motivation von Beschäftigten einwirken, welche wiederum die erbrachte Leistung und somit den Erfolg eines Unternehmens beeinflussen. Zugleich entsteht ein Rückkopplungseffekt, da die Kommunikation auf die vorherrschende Unternehmenskultur Einfluss nimmt.[342] Aufgrund verschiedener unternehmensspezifischer Faktoren wie der Unternehmensgröße oder alltäglichen Kommunikationsdichte gibt es kein „Patentrezept", welches Kommunikations- und Rückkopplungsmaß für einen positiven Effekt auf den Unternehmenserfolg notwendig ist.[343]

---

[336] Vgl. Watrinet (2008), 93, 110.

[337] Vgl. Watrinet (2008), 86.

[338] Vgl. Weinert (2004), 684.

[339] Vgl. Est (2010), 151.

[340] Vgl. Sackmann (1992), 161.

[341] Vgl. Watrinet (2008), 105.

[342] Vgl. Friedrich (2010), 14.

[343] Vgl. Beile et al. (2009), 240.

Auch im Rahmen der generellen Veränderung von Kultur, die vielschichtig, komplex und zeitintensiv ist, gibt es kein alltagstaugliches „Rezept", welche Maßnahmen zielführend sind. Die Kommunikation wird dabei jedoch als wichtiger Einflussfaktor angesehen, da Menschen ihr Handeln erst ändern, wenn sie vernünftige Gründe haben. Diese müssen jedoch zunächst kommuniziert werden.[344] Im Rahmen der direkten Kommunikation, über die Menschen besonders zügig lernen und ihr Verhalten anpassen können, gibt es sowohl den schriftlichen als auch den mündlichen Weg. Die schriftliche Kommunikation kann z. B. in Form eines Leitbildes erfolgen. Bezüglich der mündlichen Kommunikation erhalten soziale Nähe und der wechselseitige Austausch von Informationen eine besondere Bedeutung. Insgesamt wird eine Botschaft jedoch lediglich zu 7 % über Worte vermittelt, während 38 % über die Gesprächsregulierung und die Stimmintonation und 55 % über nonverbale Signale erfolgen.[345] Daneben können auch andere Medien zur Vermittlung von Kultur genutzt werden, denkbar sind u. a. Riten oder Zeremonien. Diese Medien tragen prinzipiell ebenso wie die direkte Kommunikation zur Durchsetzung und Verankerung kultureller Werte bei. Problematisch ist hierbei allerdings, dass symbolische Handlungen interpretationsbedürftig sind und von Mitarbeitern daher unterschiedlich verstanden werden könnten.[346]

Die Herausforderung bezüglich der Kommunikation besteht darin, sowohl jüngere und ältere als auch männliche und weibliche Mitarbeiter gleichermaßen zu erreichen. Mit zunehmendem Alter verändert sich die Kommunikation jedoch. So verfügen ältere Mitarbeiter zwar über eine ausgeprägte Kommunikationsfähigkeit als jüngere, allerdings bestehen zwischen unterschiedlichen Generationen Verständigungsbarrieren.[347] Diese können Konfliktpotenzial bergen und dazu führen, dass Beschäftigte ihre volle Leistungsfähigkeit nicht abrufen. Daneben wird die Kommunikation von Frauen und Männern unterschiedlich eingesetzt. So kommunizieren Männer, um ihre Unabhängigkeit zu wahren und ihren hierarchischen Status zu behalten, während bei Frauen ein Verhandeln und Nähe sowie Bemühen, Bestätigung und Unterstützung im Vordergrund stehen.[348] Daher ist es im Rahmen der Beschäftigung unterschiedlicher Mitarbeiter von Be-

---

[344] Vgl. Eberhardt (2013), 20ff.

[345] Vgl. Watrinet (2008), 109.

[346] Vgl. Dill et al. (1997), 188f.

[347] Vgl. Schmidt (2004), 64.

[348] Vgl. Weinert (2004), 685.

deutung, eine effiziente Kommunikation zu fördern, die von allen gleichermaßen verstanden wird. Hierzu zählt auch, die interpretationsbedürftigen nonverbalen Verhaltensweisen bzw. Zeichen zu beachten und gegebenenfalls zu kontrollieren.[349] Gelingt eine offene, konstruktive Kommunikation zwischen allen Beschäftigten, in der auch Konflikte sachlich diskutiert werden, trägt diese maßgeblich zur Reduktion von Unsicherheit sowie der Förderung des Mitarbeiterpotenzials und damit zum Unternehmenserfolg bei.[350]

Wertschätzung

Der Aspekt der Wertschätzung ist für Beschäftigte und Unternehmen von besonderer Bedeutung. So zeigt sich, dass mangelnde Wertschätzung einer der Gründe dafür sein kann, dass die Leistungsfähigkeit älterer Mitarbeiter abnimmt. Auch im Rahmen der Unternehmenskultur und des Unternehmenserfolges werden weiche Faktoren wie Wertschätzung als wichtig erachtet.[351] Eine positive Wertschätzung der Beschäftigten führt zu höherer Motivation, einer stärkeren Bindung der Mitarbeiter an das Unternehmen sowie zur Verbesserung des Images, da Mitarbeiter das Unternehmen als attraktiven Arbeitgeber nach außen kommunizieren.[352] Wichtig ist jedoch, dass Mitarbeiter sowohl eine fachliche als auch eine persönliche Wertschätzung erfahren. Dies bildet die Grundlage für vertrauensvolle Verhältnisse, insbesondere zwischen Mitarbeitern und Führungskräften.[353] Letztere nehmen im Rahmen der Wertschätzung aufgrund des Kontaktes zu den Beschäftigten eine besondere Rolle ein. Auch bezüglich der Wahrnehmung des Unternehmens durch Mitarbeiter ist die Wertschätzung von besonderer Bedeutung, da davon ausgegangen wird, dass die Wahrnehmung eines konkreten Arbeitsaspekts die Gesamtwahrnehmung von Mitarbeitern beeinflusst. Eine positive Wirkung auf diese Wahrnehmung ist u. a. durch Teamgeist, Kollegialität, Anerkennung und Wertschätzung von Mitarbeitern gegeben.[354]

Hinsichtlich der verschiedenen Mitarbeitergenerationen sollten die speziellen Stärken wertgeschätzt werden. Bei den Babyboomern ist dies beispielsweise der

---

[349] Vgl. Schmidt (2004), 64.

[350] Vgl. Sackmann et al. (2008), 116.

[351] Vgl. Beile et al. (2009), 230.

[352] Vgl. Est (2010), 151.

[353] Vgl. Poech (2002), 54.

[354] Schulte-Deußen et al. (2013), 120.

Erfahrungs- und Wissensschatz.[355] Darüber hinaus ist die Vielfalt der Belegschaft im Rahmen des Managing Diversity von Bedeutung. Dies wird als Instrument zur Steigerung des Unternehmenserfolges durch gezielte Wertschätzung sowie aktive Nutzung der Unterschiedlichkeit verstanden.[356] Eine besondere Herausforderung besteht jedoch darin, dass zwischen Generationen bestimmte Stereotypisierungen vorherrschen, die zur Diskriminierung führen können. Alleinige Maßnahmen wie die Verankerung der Wertschätzung im Leitbild reichen jedoch nicht aus, um den Aspekt der Wertschätzung durchzusetzen, da auch die Führungskräfte eine besondere Rolle in diesem Prozess einnehmen.[357]

Ziel der Wertschätzung sollte grundsätzlich sein, dass sich innerhalb eines Unternehmens alle Mitarbeiter als Kollegen und Menschen anerkennen und wertschätzen.[358] Neben der erhöhten Motivation, stärkeren Bindung an das Unternehmen und der Verbesserung des Images steigert die Wertschätzung darüber hinaus die Effektivität von Teams und wirkt somit positiv auf Leistungsbereitschaft und Unternehmenserfolg.[359]

Führung

Führungskräften kommt im Rahmen der Modifikation und Vermittlung von Kulturen eine besondere Rolle zu.[360] Gemäß dem dualistischen Ansatz prägen zwar alle Mitarbeiter die Kultur eines Unternehmens, doch Führungskräften wird wegen ihrer Position die größte kulturbeeinflussende Wirkung zugeschrieben. Der Grund hierfür ist, dass Beschäftigte sich am Verhalten ihrer Führungskraft orientieren.[361] Dies gibt Führungskräften die Möglichkeit, erwünschte bzw. gewünschte Verhaltensweisen vorzuleben und somit zum einen als Vorbild und zum anderen als Verstärker dieser zu agieren.[362] Unabhängig davon, ob sie dies wollen oder nicht, kommunizieren Führungskräfte ständig durch ihr Verhalten. Sie können lediglich entscheiden, inwieweit sie dies bewusst tun.[363] Dies ist für

---

[355] Vgl. Lönnies (2010), 339.

[356] Vgl. Schmidt (2004), 19.

[357] Vgl. Schulte-Deußen et al. (2013), 118.

[358] Vgl. Roth et al. (2010), 43.

[359] Vgl. Poech (2002), 95.

[360] Vgl. Tunstall (1983), 17.

[361] Vgl. Sackmann (1990), 175.

[362] Vgl. Eberhardt (2013), 17.

[363] Vgl. Schein (1986), 23.

die Kulturmodifikation insofern von Bedeutung, da Mitarbeiter das Handeln von Führungskräften ständig interpretieren und einen Lernprozess durchlaufen, in dem sie ihre Wahrnehmungsfilter und Interpretationsmuster gemäß dem Verhalten der Führungskräfte anpassen.[364] Wichtig ist hierbei jedoch, dass die verbalen und nonverbalen Verhaltensweisen übereinstimmen. Da Menschen besonders über Beobachtung gut lernen, reicht die verbale Kommunikation von Führungskräften alleine nicht aus. Erst im konkreten Verhalten wird die Unternehmenskultur sichtbar und somit für Mitarbeiter glaubwürdig und nachvollziehbar. Ein besonderer Fokus liegt daher auf dem nonverbalen Verhalten, denn dieses ist aufgrund der unbewussten Steuerung authentischer.[365] Somit können Führungskräfte als „Enabler" oder „Disabler" für das Verhalten von Mitarbeitern wirken und darüber hinaus Einfluss auf das Engagement und die Identifikation von Beschäftigten mit dem Unternehmen nehmen.[366]

Im Sinne einer kulturkonformen Führung sind sich Führungskräfte ihrer Vorbildrolle bewusst und verhalten sich entsprechend der gewünschten Unternehmenskultur. Hierzu gehört, dass sie sowohl fachlich als auch menschlich ein gutes Beispiel für ihre Mitarbeiter darstellen.[367] Im Rahmen der Weiterentwicklung von grundlegenden Überzeugungen und Annahmen, die im dualistischen Ansatz eine besondere Bedeutung haben, ist die Voraussetzung einer Kulturmodifikation jedoch zunächst die Verinnerlichung der Überzeugungen und Annahmen durch die Führungskraft selbst.[368] Erst dann haben sie die Möglichkeit, einen weitgehenden Konsens über die Grundwerte im Unternehmen zu etablieren.[369] Fehlt diese Verinnerlichung bzw. die Identifikation mit bestimmten Werten, ist das Verhalten der Führungskraft unglaubwürdig und trägt nicht positiv zur gewünschten Unternehmenskultur bei.[370] Als wichtiger Multiplikator einer Kultur müssen sich Führungskräfte zur Vermittlung der Unternehmenskultur daher so verhalten, wie sie es von ihren Mitarbeitern erwarten.[371]

---

[364] Vgl. Daft et al. (1984), 285.

[365] Vgl. Sackmann (2004), 41.

[366] Vgl. Sackmann (2006), 12.

[367] Vgl. Poech (2002), 55.

[368] Vgl. Friedrich (2010), 13.

[369] Vgl. Dierkes (1988), 561.

[370] Vgl. Marré (1997), 108.

[371] Vgl. Eberhardt (2013), 6, 21.

Die Veränderung einer Unternehmenskultur lässt sich nicht erzwingen. Das glaubwürdige Vorleben erwünschter bzw. gewünschter Verhaltensweisen durch die Führungskraft kann jedoch zur erfolgreichen, schrittweisen Modifikation der vorherrschenden Kultur beitragen.[372] Zusätzlich haben Führungskräfte die Möglichkeit und Aufgabe, kulturkonformes Verhalten zu würdigen sowie abweichendes zu sanktionieren.[373] Neben dem kulturkonformen Führungsverhalten rückt zunehmend die partnerschaftliche Führung in den Vordergrund. Mitarbeiter wünschen sich ein partnerschaftliches Führungsverhalten, das ihnen Raum zur Mitwirkung und Mitgestaltung erlaubt. Dies ist insofern bedeutsam, da die Möglichkeit der Partizipation positiv mit der Zufriedenheit und Motivation von Beschäftigten sowie deren Anstrengung und Leistung korreliert. Darüber hinaus werden Vertrauen, Loyalität und Bindung der Mitarbeiter an das Unternehmen gestärkt, wodurch sich insgesamt positive Effekte für den Unternehmenserfolg ergeben können. Fehlen die Möglichkeiten der Partizipation, hat dies einen demotivierenden Effekt für Mitarbeiter.[374] Durch die Einbeziehung und aktive Beteiligung von Beschäftigten werden Veränderungen außerdem mit größerer Wahrscheinlichkeit angenommen und akzeptiert.

Bezüglich der unterschiedlichen im Unternehmen agierenden Generationen ist prinzipiell kein spezielles Führungsverhalten notwendig, da die Führung älterer grundsätzlich keine anderen Voraussetzungen hat als die Führung jüngerer. Wichtig ist jedoch, dass Führungskräfte insbesondere in Hinblick auf ältere Arbeitnehmerinnen frei von Vorurteilen handeln. Dies gibt ihnen die Möglichkeit, Stereotypisierungen abzubauen und mehr Respekt unter den Generationen zu schaffen. Voraussetzung hierfür ist jedoch, dass Führungskräfte über die Vorteile älterer Mitarbeiterinnen aufgeklärt werden und sich nicht an Defizitmodellen orientieren. Denkbar ist zusätzlich noch eine altersorientierte Führung, die sich durch das Erfahrungswissen älterer Mitarbeiterinnen beispielsweise in einer starken Partizipation zeigen kann.[375] Dies ist umso wichtiger, da tief verankerte kulturelle Muster bei älteren Mitarbeitern nur schwer zu ändern sind und die Möglichkeit der Partizipation sowohl Widerstände als auch Rückfälle in alte Muster reduzieren kann.[376] Um die Einstellungen, Werte und Perspektiven der

---

[372] Vgl. Beile et al. (2009), 246.

[373] Vgl. Sackmann (2004), 40.

[374] Vgl. Sackmann (2004), 210.

[375] Vgl. Raabe et al. (2003), 144ff.

[376] Vgl. Marré (1997), 201f.

Beschäftigten in die gewünschte Richtung zu lenken, ist jedoch grundsätzlich wichtig, dass Führungskräfte überzeugend und glaubwürdig auftreten.[377]

Szenario 2

Flexibilität

Die Grundproblematiken durch die Rekrutierung älterer Frauen ergeben sich im Rahmen der Flexibilität in Szenario 1 aus der geringen Veränderungsbereitschaft und der damit einhergehenden Ablehnung von Neuem, dem Wunsch nach Beständigkeit und Sicherheit sowie aus der unterschiedlichen Technologienutzung von Generationen. Das größte Problem zeigt sich darin, dass Neuerungen zu Unsicherheit und Angst führen, wodurch Widerstände der beständigkeits- und sicherheitsorientierten älteren Arbeitnehmerinnen wahrscheinlich werden. Daher sollten änderungsfördernde Kräfte gepflegt und verstärkt bzw. aktiv Maßnahmen gegen Unsicherheit und Angst ergriffen werden.[378] Zudem resultieren ökonomische Schwierigkeiten aufgrund interner Probleme oft aus der mangelnden kulturellen Anpassung von Mitarbeitern.[379]

Da Leitbilder eine handlungsleitende Funktion haben, können Unternehmen den Aspekt der Flexibilität gezielt in diesem aufnehmen. Voraussetzung ist jedoch, dass dies unter der Mitwirkung älterer Arbeitnehmerinnen bzw. Arbeitnehmern generell geschieht, denn nur so ist sichergestellt, dass das Leitbild von allen angenommen, akzeptiert und gelebt wird. Zudem kann die Einbeziehung älterer Arbeitnehmerinnen ihre Zufriedenheit, Motivation, Anstrengung sowie Leistung steigern, wodurch die Gefahr von Widerständen und Rückfällen sinkt. Zusätzlich werden Unsicherheiten durch Transparenz reduziert.

Den Kern der Transparenz bilden Führungskräfte, indem sie notwendige Informationen bereitstellen, den persönlichen Dialog zu älteren Arbeitnehmerinnen suchen und so ein Klima der Offenheit und Transparenz schaffen.[380] Dies gibt älteren Mitarbeiterinnen die Möglichkeit, sich bereits im Vorfeld auf Neuerungen einzustellen und somit ihre Unsicherheit zu reduzieren. Von besonderer Bedeutung ist in diesem Rahmen die Kommunikation. Denn eine offene, direkte und konstruktive Verständigung aller Parteien ist eine zentrale Voraussetzung

---

[377] Vgl. Weinert (2004), 14.
[378] Vgl. Kobi et al. (1986), 161.
[379] Vgl. Marré (1997), 97f.
[380] Vgl. Poech (2002), 52, 94.

für die Reduktion von Unsicherheit sowie die Maximierung der Mitarbeiterpotenziale. Zusätzlich können Führungskräfte Gründe kommunizieren, warum die Änderung des Verhaltens älterer Frauen notwendig ist, wodurch das Verständnis dieser gewonnen werden kann. Weiterhin geben Transparenz und Kommunikation erwünschter Verhaltensweisen die Möglichkeit, unerwünschtes Verhalten zu sanktionieren bzw. erwünschtes zu belohnen. Durch das konsequente Sanktionieren alter Verhaltensweisen bzw. die ausdrückliche Anordnung neuer Verhaltensweisen, wird die Aufrechterhaltung bisheriger Prämissen erschwert.[381] Da ältere Arbeitnehmerinnen der Anerkennung ihrer Arbeit eine hohe Bedeutung beimessen und Lob sowie Anerkennung motivierend wirken und ein Sicherheitsgefühl vermitteln,[382] ist anzunehmen, dass das Verhalten älterer Frauen in die für das Unternehmen gewünschte Richtung geändert wird. Wichtig ist jedoch, dass diese Veränderungen ohne den Identitätsverlust dieser Frauen einhergehen, da dies den Kern der psychologischen Sicherheit ausmacht. Eine Belohnung und Unterstützung der Verhaltensweisen, die sich in die gewünschte Richtung bewegen, tragen zur Aufrechterhaltung dieser Sicherheit bei.[383] Daher nehmen Führungskräfte im Rahmen von Veränderungen eine besonders wichtige Rolle ein.

Die Reduktion von Unsicherheit gehört zum Aufgabengebiet von Führungskräften. Dies kann im Rahmen der kulturkonformen Führung beispielsweise dadurch erreicht werden, dass sie die erwünschten Verhaltensweisen in ihrer Rolle als Kulturvermittler und Vorbild überzeugend und glaubwürdig vorleben, da Mitarbeiter durch Beobachtung lernen. Hierbei ist sowohl die nonverbale als auch die verbale Kommunikation von Bedeutung. Zudem ist es Aufgabe der Führungskraft, erwünschte Verhaltensweisen anzuerkennen und älteren Mitarbeiterinnen wertschätzend zu begegnen. Dabei dürfen die übrigen Beschäftigten jedoch nicht vernachlässigt werden. Dies stärkt das vertrauensvolle Verhältnis zwischen Führungskraft und den entsprechenden Mitarbeiterinnen und wirkt zusätzlich unterstützend. Neben der Anerkennung erwünschter Verhaltensweisen kann die Wertschätzung zudem in der Partizipation älterer Mitarbeiterinnen im Rahmen von Veränderungen Ausdruck finden. Darüber hinaus wirkt die Beteiligung älterer Frauen an Weiterbildungsmaßnahmen ebenfalls wertschätzend. Diese Betei-

---

[381] Vgl. Schein (1995), 259.
[382] Vgl. Poech (2002), 94.
[383] Vgl. Schein (1995), 232, 261.

ligung ist außerdem im Rahmen neuer Technologien bezüglich der Flexibilität von Bedeutung.

Bisher werden ältere Arbeitnehmerinnen (und auch Arbeitnehmer) nur unzureichend in Weiterbildungsmaßnahmen eingebunden, was dazu führt, dass diese am technologischen Wandel nicht teilhaben.[384] Im Rahmen der Beschäftigung älterer Arbeitnehmerinnen und des dynamischen Umfeldes, das die Nutzung neuer Technologien erfordert, ist dies jedoch zwingend notwendig, um ein weitestgehend flexibles Verhalten aller Mitarbeiter zu erreichen und somit positiv auf den Unternehmenserfolg einzuwirken. Diese Maßnahmen sollten jedoch spezifisch auf ältere Mitarbeiterinnen, ihre Lerngewohnheiten und den entsprechenden Bedarf ausgerichtet sein.[385] Berücksichtigen Unternehmen diese Notwendigkeit und nutzen zudem die weiteren möglichen Maßnahmen, wird eine Steigerung der Flexibilität und damit eine gute Grundlage für die Innovationsfähigkeit von Unternehmen wahrscheinlich.

Innovation

Das größte Problem bezüglich der Innovationsfähigkeit eines Unternehmens durch die Rekrutierung älterer Frauen zeigt sich aufgrund unterschiedlicher Einstellungen der Generationen in entstehenden Wertekonflikten. Diese wirken sich negativ auf das Betriebsklima und Arbeitsprozesse sowie auf die Kommunikation zwischen Generationen aus, wodurch die Innovationsleistung von Teams und damit von Unternehmen eingeschränkt wird. Das primäre Ziel sollte daher die Verhinderung bzw. Auflösung von Wertekonflikten sein.

Im Rahmen von Konflikten ist die Kommunikation von besonderer Bedeutung. Denn für ein geringes Konfliktniveau sowie die Effektivität (von Teams) stellt die gemeinsame Wertebasis einen zentralen Faktor dar. Diese stärkt außerdem den Gruppenzusammenhalt.[386] Sie sollte von Führungskräften vorgelebt und richtiges Verhalten belohnt bzw. unerwünschtes sanktioniert werden. Weiterhin sollten Führungskräfte eine effiziente Kommunikation fördern, die von allen Beschäftigten gleich verstanden wird. Ein offenes und konstruktives Kommunikationsklima erlaubt, Konflikte sachlich zu diskutieren und kann zudem Unsicherheiten, die im Rahmen von Neuerungen eine zentrale Rolle spielen, reduzieren sowie das Potenzial von Mitarbeitern, welches für Innovationen bedeutsam ist,

---

[384] Vgl. Günther (2010), 36.

[385] Vgl. Schulte-Deußen et al. (2013), 116.

[386] Vgl. Watrinet (2008), 35.

fördern. Durch einen verständigungsorientierten Austausch sowie durch die ausdrückliche Kommunikation eines gemeinsamen Oberziels wird außerdem die Gefahr verringert, dass Sachkonflikte in Beziehungs- bzw. Wertekonflikte übergehen. Gelingt diese Form der Kommunikation, kann der Kreativitätsvorteil heterogener Gruppen genutzt werden.[387]

Insbesondere die Kreativität ist von Bedeutung, da diese dem Innovationsprozess vorgelagert ist. Eine Erhöhung dieser und damit eine positive Wirkung auf die Innovationsfähigkeit kann zum einen durch die Einbeziehung von Mitarbeitern in Gestaltungsprozesse[388] und zum anderen durch die Wertschätzung von Mitarbeitern erreicht werden.[389] Zudem fördert die Wertschätzung die Effektivität von Teams und wirkt sich positiv auf Leistungsbereitschaft und Motivation aus. Hierbei sollten Beschäftigte als kreative, innovative Entwicklungsträger angesehen und in Entscheidungsprozesse eingebunden werden.[390] Neben der motivierenden Wirkung sowie der Steigerung der Leistungsbereitschaft wird die Beteiligung von Mitarbeitern an Prozessen als Grundlage für eine positive Wirkung der Unternehmenskultur im Rahmen der Innovationsfähigkeit angesehen.[391] Kulturen, die sich durch eine hohe Mitarbeiterbeteiligung auszeichnen, steigern außerdem ihre Produktivität und haben somit eine positive Wirkung für den Erfolg von Unternehmen.[392]

Die Aus- und Weiterbildung von Beschäftigten stellt ein weiteres wichtiges Kriterium für die Innovationskraft von Unternehmen dar.[393] Damit die Rekrutierung älterer Frauen nicht mit einer eingeschränkten Innovationsfähigkeit einhergeht, muss ihr Potenzial ausreichend ausgeschöpft werden. Dies geschieht beispielsweise durch die zielgerichtete Weiterbildung sowie die anschließende Würdigung der erbrachten Leistung.[394] Werden die Fähigkeiten und Kompetenzen älterer Mitarbeiterinnen erkannt und gefördert, kann dies zu einer offeneren Haltung gegenüber Neuerungen sowie dem aktiven Einbringen von Verbesserungsvor-

---

[387] Vgl. Watrinet (2008), 38f.
[388] Vgl. Marré (1997), 102.
[389] Vgl. Watrinet (2008), 94.
[390] Vgl. Watrinet (2008), 96.
[391] Vgl. Beile et al. (2009), 242.
[392] Vgl. O'Toole, (2009), abgerufen am 01.09.2014.
[393] Vgl. Baetge et. al., (2007), 188.
[394] Vgl, Günther (2010), 27.

schlägen führen. Letzteres ist insbesondere dann in hohem Maße vorhanden, wenn Führungskräfte ihre Mitarbeiter zu selbstverantwortlichen Handeln ermutigen.[395] Dennoch reichen die Maßnahmen der Aus- und Weiterbildung bzw. die Förderung der Fähigkeiten und Kompetenzen alleine nicht für eine positive Innovationsfähigkeit aus, da diese nicht vor auftretenden Konflikten schützen.

Um eine konstruktive Kultur zu schaffen, die auf Vertrauen basiert, ist es notwendig, Vorurteile gegenüber älteren Arbeitnehmerinnen abzubauen.[396] Dies kann, ebenso wie die Befürwortung innovationsfördernden Handelns, im Leitbild etabliert werden. Im Rahmen der Innovationsfähigkeit ist außerdem naheliegend, die Erwünschtheit und Bedeutung der Belegschaftsheterogenität ausdrücklich zu betonen. Wichtig ist jedoch, dass diese Werte auch im Unternehmen gelebt werden, wobei der Führungskraft als Kulturvermittler und Vorbild eine besondere Rolle zukommt. Wenn es gelingt, Vorurteile abzubauen, die Fähigkeiten älterer Arbeitnehmerinnen zu erkennen und zu fördern sowie ein offenes und konstruktives Kommunikationsklima zu schaffen, in dem Konflikte sachlich diskutiert werden, kann die Innovationsfähigkeit von Unternehmen gefördert werden und einen positiven Beitrag zum Erfolg leisten.

Engagement

Die mangelnde Identifikation älterer Arbeitnehmerinnen mit Unternehmen sowie mit deren Zielen erweist sich im Rahmen des ersten Szenarios als besonders problematisch. Daneben können unterschiedliche Arbeitsauffassungen der Generationen zu Wertekonflikten führen, wodurch die erbrachte Leistung negativ beeinflusst wird. Des Weiteren kann sich das Engagement von Mitarbeitern im Sinne einer Selfulfilling Prophecy durch vorherrschende Stereotypisierungen verringern. Da mögliche Maßnahmen bezüglich Wertekonflikten und Stereotypisierungen bereits vorgestellt wurden, liegt der hauptsächliche Fokus zur Steigerung des Engagements in diesem Abschnitt auf der Erhöhung der Identifikation älterer Arbeitnehmerinnen mit Unternehmen sowie deren Zielen.

Das Verständnis sowie das Wissen älterer Mitarbeiterinnen darüber, welchen Beitrag sie zur Erreichung von Zielen geleistet haben, können einen positiven Einfluss auf die Effektivität der Mitarbeiterinnen nehmen und spielen im Rahmen der Identifikation eine wichtige Rolle.[397] Dies kann beispielsweise durch

---

[395] Vgl. Poech (2002), 96.
[396] Vgl. Beile et al. (2009), 244f.
[397] Vgl. Boswell (2006), 1504.

Wertschätzung erreicht werden, denn die ausdrückliche Anerkennung einer erbrachten Leistung nimmt Einfluss auf die Motivation älterer Arbeitnehmerinnen. Zwischen der Leistung selbst sowie der Bewertung besteht ein deutlicher positiver Zusammenhang, d. h. sobald ein Leistungsfeedback erfolgt, wirkt sich dies auf eine Steigerung der Produktivität aus.[398] Zudem kann die Arbeitsfähigkeit und Beschäftigungsdauer älterer Mitarbeiterinnen verlängert werden.[399] Darüber hinaus ist auch eine positive Wirkung für die Leistungsbereitschaft und Effektivität von Teams zu erwarten. In diesen ist wiederum die Kommunikation von Bedeutung.

Die Leistungsfähigkeit von Teams wird durch die Qualität ihrer Interaktionen bestimmt, denn Kommunikation kann eine identitätsstiftende, motivierende sowie konfliktlösende Wirkung haben, wenn sie angemessen ausgestaltet wird. Zudem ermöglicht sie, vorherrschende Stereotypisierungen abzubauen. Voraussetzung ist jedoch, dass eine effiziente, offene und konstruktive Kommunikation gefördert wird. In diesem Zusammenhang sind sowohl das Leitbild eines Unternehmens als auch die vorherrschende Führung bedeutsam.

Im Rahmen der Identifikation nimmt das Leitbild eine besondere Rolle ein, da strategische Ziele Bestandteil dieser sind. Um sicherzustellen, dass Leitbilder von allen Beschäftigten angenommen, akzeptiert und im beruflichen Alltag umgesetzt werden, ist eine Beteiligung dieser bei der Formulierung von Leitbildern notwendig. Gelingt dies, kann sich nicht nur eine Steigerung der Identifikation, sondern auch eine Erhöhung der kurz- und mittelfristigen Leistung ergeben.[400]

Daneben kommt Führungskräften eine Schlüsselrolle im Rahmen der Identifikation bzw. des Engagements zu, da sich das Führungsverhalten indirekt auf die Identifikation von Beschäftigten mit Unternehmen und deren Zielen auswirkt.[401] Diese müssen ein effizientes, offenes und konstruktives Kommunikationsklima fördern, in dem alle Mitarbeiter ein einheitliches Interpretationsverständnis haben. Damit vorherrschende Stereotypisierungen bzw. Vorurteile gegenüber anderen Generationen abgebaut werden, müssen Führungskräfte zunächst selbst ein positives Bild älterer Arbeitnehmerinnen haben und Vielfalt als Vorteil zu schätzen wissen. Indem sie erwünschte Verhaltensweisen vorleben und als Ver-

---

[398] Vgl. Poech (2002), 71.
[399] Vgl. Eckardstein (2004), 133.
[400] Vgl. Pittrof (2011), 56.
[401] Vgl. Friedrich (2010), 14.

stärker dieser im Rahmen von Anerkennung und Sanktionierung agieren, können sowohl die Identifikation als auch das Engagement gesteigert werden. Dies ist insbesondere dann anzunehmen, wenn es sich um einen partnerschaftlichen Führungsstil handelt. So konnte eine Längsschnittstudie zeigen, dass gutes Führungsverhalten stark mit einer verbesserten Arbeitsfähigkeit älterer Mitarbeiter einhergeht.[402] Hierzu gehört beispielsweise, ältere Arbeitnehmerinnen in ihrer Überzeugung zu stärken, Wesentliches für den Erfolg getan zu haben, was im Sinne der Wertschätzung wiederum positiv auf Identifikation und Leistungsbereitschaft wirkt.[403] Außerdem haben Führungskräfte die Möglichkeit, Beschäftigte mit Erwartungen zu konfrontieren sowie Situationen und Zusammenhänge aufzuzeigen.[404] Dies ist insofern bedeutsam, da Mitarbeiter vernünftige Gründe brauchen, um ihr Handeln zu ändern. Gelingt die Stärkung der Identifikation, wirkt sich dies nicht nur positiv auf Leistung und Unternehmenserfolg, sondern auch auf das Image eines Unternehmens aus, da zufriedene Mitarbeiter ihr Unternehmen als attraktiven Arbeitgeber kommunizieren.

Image

Problematisch für das Image ist, dass die Rekrutierung älterer Frauen zu einer Verschlechterung des Betriebsklimas führen kann, wodurch illoyales Verhalten begünstigt wird. Zudem geht ein schlechteres Betriebsklima meist mit einer geringeren Leistung einher, die für die Wahrnehmung des Unternehmens jedoch von Bedeutung ist. Dieselbe Problematik ergibt sich bezüglich der Innovationsfähigkeit, welche im Rahmen des Images ebenfalls bedeutsam ist. Zuletzt ist die wahrgenommene Anzahl junger Menschen in Unternehmen für junge, nachwachsende Fachkräfte häufig ein wichtiger Faktor der Arbeitgeberattraktivität, wobei die Vermutung nahe liegt, dass Stereotypisierungen hierbei eine entscheidende Rolle spielen. Diese Problematiken wurden bereits weitgehend in den vergangenen Punkten aufgegriffen. Daher folgt in diesem Abschnitt eine Darstellung, wie diese Maßnahmen gezielt zur Verbesserung des Images beitragen können.

Die Außendarstellung eines Unternehmens erfolgt u. a. über das Leitbild. Hierbei haben Unternehmen die Möglichkeit, sich als attraktiver Arbeitgeber für alle Mitarbeitergenerationen darzustellen. Aus diesem Grund sollte eine vielfältige

---

[402] Vgl. Ilmarinen et al. (2002), 239.

[403] Vgl. Raabe et al. (2003), 143.

[404] Vgl. Kobi et al. (1986), 167.

Belegschaftsstruktur im Leitbild ausdrücklich erwünscht werden. Um Stereotypisierungen keinen Raum zu geben, wäre zudem denkbar, die Vorteile verschiedener Generationen im Leitbild aufzuzeigen. Hierbei ist jedoch die Glaubwürdigkeit von besonderer Bedeutung. Gelingt es, ein überzeugendes Leitbild zu etablieren, in dem Vielfalt geschätzt wird und in dem Unternehmen auch bewusst die Beschäftigung älterer Arbeitnehmer und Frauen begrüßen, hat dies nicht nur einen positiven Effekt auf das Image, sondern erlaubt Unternehmen auch, sich als attraktiver Arbeitgeber von anderen abzuheben.[405]

Daneben ist es, wie bereits in vorigen Untersuchungspunkten beschrieben, möglich, das Betriebsklima über die interne Kommunikation zu verbessern. Fühlen sich auch ältere Arbeitnehmerinnen im Unternehmen wohl, erhöht dies die Wahrscheinlichkeit, dass sie das Unternehmen als attraktiven Arbeitgeber nach außen kommunizieren. Ergreifen Unternehmen gezielt Maßnahmen zur Förderung der Vielfalt, hat dies ebenfalls eine positive Wirkung für das Unternehmensimage.[406] Ein Beispiel hierfür sind innerbetriebliche Mentorenprogramme, welche sich positiv auf das Arbeitgeberimage auswirken.[407] Weitere günstige Effekte für das Image können über die Loyalität von Mitarbeitern im Rahmen der Führung und Wertschätzung erreicht werden.

Die Wertschätzung selbst hat einen direkten Effekt auf die Loyalität von Mitarbeitern. Indirekt wirkt sie über die Kommunikation der Beschäftigten positiv auf das Image. Grundsätzlich wird die Unternehmenskultur als Imagefaktor von Faktoren wie Anerkennung, sozialer Einstellung oder Mitarbeiterbeteiligung bestimmt.[408] Daher sollten die speziellen Stärken jeder Mitarbeitergruppe geschätzt und Vielfalt befürwortet werden. In diesem Zusammenhang sind die Führungskräfte von besonderer Bedeutung. Der Abbau von Vorurteilen sowie das Vorleben und Etablieren von Vielfalt schätzenden Werten ist Aufgabe der Führungskraft. Dies ist insbesondere deshalb wichtig, da davon ausgegangen wird, dass zukünftige Talente „nicht der Gruppe des homogenen Ideals angehören."[409] Eine Verstärkung erwünschter Verhaltensweisen kann über Sanktionen erreicht werden. Prinzipiell ist jedoch eine partnerschaftliche Führung mit Mitarbeiterbetei-

---

[405] Vgl. Lönnies (2010), 330.
[406] Vgl. Scheele (2008), 131.
[407] Vgl. Lönnies (2010), 329.
[408] Vgl. Beile et al. (2009), 245.
[409] Watrinet (2008), 29.

ligung von Bedeutung, da diese sich nicht nur auf die Leistung, sondern auch auf die Zufriedenheit und Loyalität der Mitarbeiter und damit auf das Image eines Unternehmens auswirkt. Gelingt es Führungskräften, Vielfalt als Wert zu etablieren, hat dies nicht nur einen positiven Effekt für das Unternehmensimage, sondern führt darüber hinaus auch zu einem vorurteils- und konfliktfreien Umgang mit Heterogenität.[410] Hiervon sind wiederum positive Effekte für das Betriebsklima und damit für die Loyalität zu erwarten, woraus sich eine Verbesserung des Images sowie der Position als attraktiver Arbeitgeber ergeben können.

Unternehmenserfolg

Szenario 2 zeigt, dass Unternehmen einer Verschlechterung der Unternehmenskultur aufgrund einer demographieorientierten Rekrutierung mithilfe verschiedener Maßnahmen begegnen können. Besonders wichtig sind dabei die im Handlungsrahmen erläuterten Aspekte bzw. deren angemessene Ausgestaltung. So kann eine erste Maßnahme beispielsweise die konkrete Ausgestaltung des Leitbildes sein, in dem Vielfalt erwünscht und geschätzt sowie Regeln des menschlichen Umgangs verankert werden. Besonders wichtig ist jedoch, dass dies glaubwürdig ist und unter Mitwirkung der Arbeitnehmer geschieht. So ist sichergestellt, dass das Leitbild angenommen, akzeptiert und gelebt wird und kann sich zudem positiv auf die Identifikation und damit auf das Engagement auswirken. Letztere wird außerdem durch die Wertschätzung älterer Arbeitnehmerinnen gefördert. Weitere positive Auswirkungen der Wertschätzung sind Motivation und Zufriedenheit sowie Loyalität, wodurch sich positive Effekte für das Image ergeben, da Unternehmen als attraktive Arbeitgeber nach außen kommuniziert werden. Daneben spielt die Kommunikation eine besondere Rolle, da sie ermöglicht, Wertekonflikte abzubauen, indem beispielsweise gemeinsame Zielvorgaben gemacht werden, die wiederum positiv auf die Identifikation wirken und damit förderlich für Flexibilität und Engagement sind. Wichtig ist jedoch, dass ein offenes, konstruktives Kommunikationsklima herrscht. Dies kann durch Führungskräfte gefördert werden und gibt die Möglichkeit, eine gemeinsame Wertebasis zu schaffen sowie Vorurteile abzubauen, was u. a. positiv für Flexibilität und Engagement ist. Hierbei spielt vor allem das Verhalten von Führungskräften eine Rolle. Diese müssen sich im Sinne einer kulturkonformen Führung selbst so verhalten, wie sie es von Mitarbeitern erwarten und unerwünschte Verhaltensweisen konsequent ausrotten. Daneben hat die partnerschaftliche Führung sowie die Beteiligung von Mitarbeitern eine hohe Bedeu-

---

[410] Vgl. Watrinet (2008), 30.

tung, da diese positiv auf Identifikation und Engagement wirken. Zusätzlich ist vorteilhaft, wenn spezielle Maßnahmen für ältere Frauen ergriffen werden, beispielsweise in Form adäquater Weiterbildungen. Dies wirkt sich nicht nur auf Wertschätzung, Engagement und Innovationen, sondern auch auf das Image eines Unternehmens positiv aus. Erfolgt eine konkrete Ausgestaltung der genannten Maßnahmen, wirkt dies auf alle betrachteten kulturellen Aspekte und damit insgesamt auf den Erfolg eines Unternehmens positiv.

Ergebnisse

Zusammenfassung der Ergebnisse

Im Rahmen des demographischen Wandels sowie des Fachkräftemangels wird eine demographieorientierte Rekrutierung, die sich an älteren Menschen, insbesondere Frauen, ausrichtet, zunehmend bedeutender. Unternehmen, die verstärkt ältere Frauen rekrutieren, müssen sich aufgrund der speziellen Charakteristik dieser, d. h. deren Werten und Einstellungen, im Sinne des dualistischen Kulturansatzes auf eine Veränderung der Unternehmenskultur einstellen. Aufgrund ihrer hohen Bedeutung für den Unternehmenserfolg sollte diese im Rahmen der Rekrutierung in den Fokus von Unternehmen und Führungskräften rücken.

Durch die Rekrutierung älterer Frauen können sich negative Auswirkungen auf die kulturellen Aspekte der Flexibilität und Innovationsfähigkeit sowie auf Engagement und Image ergeben. Besondere Probleme hinsichtlich der Flexibilität sind von älteren Arbeitnehmerinnen aufgrund ihrer ablehnenden Haltung gegenüber Neuem sowie ihrer ausgeprägten Beständigkeits- und Sicherheitsorientierung häufig zu erwarten. Neuerungen (z. B. technologischer Art), die in der Regel mit Unsicherheiten einhergehen, erfordern die Anpassungsfähigkeit aller Mitarbeiter und provozieren bei älteren Frauen aufgrund ihrer Einstellung Widerstände. Daher kann durch die demographieorientierte Rekrutierung eine Einschränkung, im Extremfall sogar eine Blockierung, der Flexibilität erwartet werden. Diese ist jedoch für die Innovationsfähigkeit von großer Bedeutung. Hierbei ergeben sich durch die Rekrutierung älterer Arbeitnehmerinnen zunächst aufgrund ihrer negativen Auswirkungen auf den kulturellen Aspekt der Flexibilität Probleme. Daneben treten im Rahmen der Innovationsfähigkeit Wertekonflikte auf, die in der unterschiedlichen Einstellung von Generationen begründet sind und die größte Herausforderung für Unternehmen darstellen. Denn Wertekonflikte haben einen negativen Einfluss auf Betriebsklima, Arbeitsprozesse sowie Kommunikation, wodurch die Innovationsleistung von Teams und damit von Unternehmen eingeschränkt wird. Des Weiteren können sich ältere Arbeitnehmerinnen negativ auf den kulturellen Aspekt des Engagements auswirken, wenn nur eine geringe Identifikation mit Unternehmen und deren Zielen vorhanden ist. Daneben erweisen sich auch Stereotypisierungen als problematisch für das Engagement, da sie zum einen in eine Selffulfilling Prophecy oder in eine Resignation münden können, welche als wichtigster Faktor für zurückgehaltene Leistung angesehen wird. Außerdem sind insbesondere beim Aspekt des Engagements Wertekonflikte aufgrund unterschiedlicher Arbeitsauffassungen von Generationen zu erwarten. Diese senken die Leistungsfähigkeit von Unternehmen und wirken sich daher negativ auf den Unternehmenserfolg aus. Darüber hinaus können die negativen Auswirkungen auf Flexibilität, Innovationsfähigkeit und Engagement auch für das Image eines Unternehmens problematisch werden. So kann ein verschlechtertes Betriebsklima beispielsweise zur Illoyalität von Beschäftigten führen, wodurch sich ein negativer Effekt auf das Image ergibt, indem Mitarbeiter ihre Unzufriedenheit nach außen tragen. Daneben führt ein verschlechtertes Betriebsklima zu weniger Leistungsfähigkeit, welche für die Wahrnehmung eines Unternehmens jedoch von wichtiger Bedeutung ist. Dieselbe Konsequenz ist von einer abnehmenden Innovationsfähigkeit zu erwarten. Dies zeigt, dass die kulturellen Aspekte eng miteinander verknüpft sind und die Verschlechterung eines Aspektes mit großer Wahrscheinlichkeit zur Verschlechterung anderer Aspekte beiträgt. Insgesamt können sich durch die Rekrutierung älterer Frauen daher negative Effekte für die Kultur und damit für den Erfolg eines Unternehmens ergeben.

Unternehmen stehen einer verschlechterten Unternehmenskultur jedoch nicht machtlos gegenüber, sondern können zahlreiche Maßnahmen wie die Etablierung eines Leitbildes, Förderung der Kommunikation, gelebte Wertschätzung und adäquate Führung ergreifen, um eine gewünschte Kultur schrittweise umzusetzen. Bezüglich des Leitbildes haben sie die Möglichkeit, neben strategischen Zielen auch die ausdrückliche Erwünschtheit einer Belegschaftsvielfalt zu etablieren. Ein glaubwürdiges und überzeugendes Leitbild kann dann zum einen eine positive Wirkung auf das Image und zum anderen eine Förderung der Identifikation von Beschäftigten mit Unternehmen und deren Zielen haben. Hieraus ergeben sich darüber hinaus positive Effekte für Flexibilität, Innovation und Engagement. Voraussetzung ist jedoch, dass die Formulierung des Leitbildes unter der Beteiligung von Mitarbeitern geschieht, denn nur dann wird dies auch von allen angenommen, akzeptiert und gelebt. Daneben ist die innerbetriebliche Kommunikation von besonderer Bedeutung. Zum einen sind Mitarbeiter in der Lage ihr Verhalten in die gewünschte Richtung zu ändern, wenn ihnen vernünftige Gründe kommuniziert werden, warum ein anderes Verhalten sinnvoller ist und zum anderen kann ein offenes und konstruktives Kommunikationsklima Vorurteile und Stereotypisierungen sowie Wertekonflikte abbauen, was insbesondere im Rahmen der Flexibilität, Innovation und des Engagements sowie in zweiter Linie für das Image bedeutend ist. Wichtig ist jedoch, ein gemeinsames Kommunikationssystem zu etablieren, in dem alle Botschaften von Mitarbeitern unterschiedlicher Generationen gleichermaßen verstanden werden. Eine weitere positive Wirkung auf die Unternehmenskultur ist im Rahmen der Wertschätzung zu erwarten. Diese sollte sowohl fachlich als auch menschlich erfolgen. Gelingt dies, führt die Wertschätzung u a. zu Leistungsbereitschaft, wodurch sich positive Effekte für Engagement und Innovationsfähigkeit ergeben können. Daneben kommunizieren wertgeschätzte Mitarbeiter das Unternehmen als attraktiven Arbeitgeber nach außen, wodurch sich ein positiver Einfluss auf das Image ergibt. Die größte Wirkung auf die Unternehmenskultur ist jedoch im Rahmen der Führung zu erwarten. Zum einen können Führungskräfte die Wertschätzung und Förderung der Kommunikation umsetzen, zum anderen agieren sie im Sinne einer kulturkonformen Führung als Vorbild und Verstärker der gewünschten Unternehmenskultur. Daher sollten sie sich so verhalten, wie sie es von ihren Mitarbeitern im Rahmen der Kultur erwarten und erwünschtes Verhalten belohnen bzw. unerwünschtes sanktionieren. Auf diese Weise kann nicht kulturkonformes Verhalten eliminiert und erwünschtes etabliert werden. Wichtig ist jedoch auch hier die Glaubwürdigkeit und Überzeugungsfähigkeit der Führungskraft. Dies setzt voraus, dass sie sich mit der gewünschten Kultur identifiziert. Zusätzlich hat ein partnerschaftlicher Führungsstil, der Raum zur Mitwirkung und Mitgestaltung gibt, einen positiven Einfluss auf die Unternehmenskultur. Dieser erhöht die Motivation von Beschäftigten und führt zu loyalem Verhalten, welche wiederum für das Image sowie das Engagement von Bedeutung sind. Die Umsetzung einer Maßnahme alleine reicht jedoch nicht für die Modifikation einer Unternehmenskultur aus. Eine Kombination dieser Maßnahmen kann die Unternehmenskultur und damit auch den Erfolg eines Unternehmens erheblich verbessern und schrittweise in die gewünschte Richtung lenken. Wichtig ist allerdings, dass alle Beschäftigte in diesen Prozess einbezogen werden und nicht ausschließlich ältere Arbeitnehmerinnen, da die Kultur im Sinne des dualistischen Ansatzes ein Produkt aller Mitarbeiter ist.

Limitationen

Aufgrund der Komplexität des Themas Unternehmenskultur sowie des begrenzten Seitenumfangs konnten in dieser Arbeit nicht alle mit der Kultur zusammenhängende Aspekte aufgegriffen werden. Aus diesem Grund wurde die Charakteristik der Unternehmenskultur neben den Aspekten des Handlungsrahmens auf Flexibilität, Innovationsfähigkeit, Engagement und Image beschränkt, da eine Beeinflussung dieser durch die Rekrutierung älterer Frauen am ehesten zu erwarten ist. Streng genommen ist das Image allerdings kein kultureller Aspekt, sondern eine Funktion der Unternehmenskultur, die aufgrund ihrer hohen Bedeutung für den Erfolg eines Unternehmens zusätzlich untersucht wurde. Weitere Aspekte, die in dieser Arbeit nicht näher untersucht wurden, sind beispielsweise die Kunden- oder die balancierte Stakeholderorientierung. Außerdem konnte in dieser Arbeit nicht konkret berücksichtigt werden, dass jedes Unternehmen eine individuelle Kultur hat, deren Anforderungen branchenabhängig sind.[411] Dies impliziert, dass die Untersuchung mögliche Auswirkungen einer demographieorientierten Rekrutierung auf die Kultur eines Unternehmens zeigt, jedoch keine definitive Aussage darüber macht, dass die Auswirkungen auch exakt so eintreffen. Inwiefern sich die Rekrutierung älterer Frauen letztlich auf die Unternehmenskultur auswirkt, hängt daher von der bereits vorhandenen Kultur ab. Dasselbe gilt für die zur Verfügung stehenden Maßnahmen. Inwieweit eine Modifikation der Kultur letztlich notwendig ist, zeigt die unternehmensindividuelle Differenz der Ist- und Soll-Kultur.[412] Voraussetzung hierfür ist jedoch die Erfassung der bereits bestehenden Kultur. Auf welche Arten dies erfolgen kann, konnte, abgesehen von den zwölf Dimensionen einer Kultur, ebenfalls nicht näher erläutert werden. Daneben gibt es außerdem starke und schwache Unternehmenskulturen.[413] Da eine starke Unternehmenskultur jedoch kein Garant für den Erfolg eines Unternehmens ist[414] und schwache Kulturen einen geringen Einfluss auf das Verhalten von Mitarbeitern haben,[415] wurde hierauf keine besondere Rücksicht genommen. Im Rahmen einer Komplexitätsreduktion und aufgrund der Nichtbetrachtung einer spezifischen Unternehmenskultur wurde auch auf mögliche Subkulturen nicht näher eingegangen. Ein Auftreten dieser ist außerdem erst mit zunehmender Unternehmensgröße zu erwarten.[416]

Daneben wurde nicht näher darauf eingegangen, wie viele ältere Frauen rekrutiert werden müssten, damit sich merkliche Effekte auf die Unternehmenskultur ergeben. Einzelne können zwar prägend wirken und die Kultur verändern, wodurch sich eine Verselbstständigung dieser ergibt, die dann von einer Gruppe getragen wird,[417] doch fraglich ist, ob eine einzelne Person die vorherrschende

---

[411] Vgl. Baetge et. al. (2007), 188.
[412] Vgl. Scholz et al. (1990), 69.
[413] Vgl. Steinmann et al. (2013), 664ff.
[414] Vgl. Baetge et. al. (2007), 216.
[415] Vgl. Eberhardt (2013), 10.
[416] Vgl. Pittrof (2011), 21.
[417] Vgl. Kobi et al. (1986), 32.

Kultur eines Großunternehmens stark verändern und somit auf den Unternehmenserfolg Einfluss nehmen könnte. Es ist viel mehr zu vermuten, dass eine deutliche Kulturveränderung von der Größe des Unternehmens und der dazu in Relation stehenden demographieorientierten Rekrutierung abhängig ist. Einige Unternehmen achten bereits im Rahmen der Rekrutierung darauf, dass potenzielle Mitarbeiter in die Kultur eines Unternehmens passen.[418] Außerdem erfahren rekrutierte Mitarbeiter dann üblicherweise eine Enkulturation, was bedeutet, dass sie in die Kultur eines Unternehmens eingeführt bzw. sozialisiert werden.[419] Dies führt möglicherweise dazu, dass die Auswirkungen einer demographieorientierten Rekrutierung geringer sind als in der Untersuchung beschrieben. Passen Unternehmen und Mitarbeiter in ihrer kulturellen Charakteristik nicht zueinander, kann dies zum Ausscheiden von Mitarbeitern führen.[420] Aufgrund der Tatsache, dass Unternehmen jedoch durch den Fachkräftemangel und ein dynamisches Umfeld besonders auf gute Mitarbeiter angewiesen sind, kann davon ausgegangen werden, dass es nicht immer zur Trennung kommt und eine Veränderung der Kultur wahrscheinlich wird.

Neben den Aspekten der Kultur wurden ältere Frauen in ihrer Charakteristik verallgemeinert dargestellt, obwohl auch innerhalb von Generationen individuelle Unterschiede vorherrschen können. Dies war zur Reduktion der Komplexität notwendig, bedeutet jedoch auch, dass die Effekte auf die Kultur verallgemeinert wurden. Dass das Verhalten einer Person in verschiedenen Situationen sowohl von ihren individuellen kognitiven als auch motivationalen und emotionalen Zuständen abhängig ist,[421] konnte daher keine Berücksichtigung finden.

Implikationen für die Forschung

Da die Untersuchung in dieser Arbeit ausschließlich theoriebasiert ist, steht ein empirischer Nachweis noch aus. Das bedeutet für die Forschung, dass zunächst eine Bestandsaufnahme der untersuchten Dimensionen in der vorhandenen Kultur erfolgen muss, bevor dieselbe Bestandsaufnahme nach der Rekrutierung älterer Frauen erfolgt. Dies zeigt die Differenz zwischen der vorherigen sowie der aktuellen Kultur auf. Im nächsten Schritt müssten die beschriebenen Maßnahmen von Unternehmen ergriffen werden, ehe eine weitere Bestandsaufnahme

---

[418] Vgl. Sackmann (2009), 21.

[419] Vgl. Marré (1997), 74.

[420] Vgl. Kobi et al. (1986), 159.

[421] Vgl. Marré (1997), 47.

erfolgt. Hieraus könnte zum einen abgeleitet werden, inwieweit eine Kultur von älteren Frauen verändert wird und inwiefern die ergriffenen Maßnahmen zur Verbesserung der veränderten Kultur beitragen. Dies erfordert allerdings eine Langzeitstudie, da die Veränderung einer Kultur zeitintensiv ist. Zudem besteht weiterhin die Problematik, dass jedes Unternehmen eine individuelle Kultur hat. Da es bereits Studien zu den kulturellen Unterschieden erfolgreicher und weniger erfolgreicher Unternehmen gibt,[422] könnte zum einen untersucht werden, inwiefern ältere Frauen die Kultur erfolgreicher und weniger erfolgreicher Unternehmen beeinflussen und zum anderen, ob eine solche Rekrutierung und die anschließend ergriffenen Maßnahmen zu einer besseren Wettbewerbsposition der weniger erfolgreichen Unternehmen beitragen können.

Des Weiteren herrschen innerhalb der Gruppe der älteren Frauen Unterschiede vor. So gibt es beispielsweise Frauen, die kinderlos sind und andere, die aufgrund der Kindererziehung für eine bestimmte Zeit aus dem Arbeitsleben ausgeschieden sind. Hierbei gibt es jedoch auch den Unterschied, dass manche Frauen alleinerziehend waren, während andere in einer „klassischen" Familienkonstellation lebten. Inwiefern sich Frauen durch solch verschiedene Lebensläufe in ihrer Charakteristik unterscheiden, könnte für die Beeinflussung einer Kultur ebenfalls maßgeblich sein und sollte daher zusätzlich näher erforscht werden. Die individuellen Unterschiede zwischen Unternehmenskulturen und den Charakteristiken älterer Frauen stellen die Forschung vor eine große Herausforderung. Es ist jedoch fraglich, ob eine exakte Erforschung der Auswirkungen unter Berücksichtigung aller Unterschiede überhaupt erfolgen und zusätzlich zu definitiven, allgemeinen Aussagen führen kann. Vielmehr ist anzunehmen, dass auch die empirische Forschung auf eine Verallgemeinerung zurückgreifen muss. Dies führt zwar dazu, dass es weiterhin keine allgemeingültigen Aussagen gibt, die auf jedes Unternehmen zutreffen, erlaubt jedoch, eine Einordnung zu tätigen, inwieweit sich Veränderungen durch die Rekrutierung ergeben und inwieweit die beschriebenen Maßnahmen zu einer Veränderung der Kultur führen können.

Implikationen für die Praxis

Für die unternehmerische Praxis zeigt diese Arbeit zunächst die Bedeutung der Unternehmenskultur und demographieorientierten Rekrutierung sowie eine allgemeine Charakteristik älterer Frauen und mögliche Generationenkonflikte am Arbeitsplatz auf. Zusätzlich liefert diese Arbeit generelle Anhaltspunkte über

---

[422] Vgl. Schulte-Deußen et al. (2013), 105ff.

das Verhalten älterer Mitarbeiter. So ist die abnehmende Begeisterungsfähigkeit beispielsweise stärker mit dem Alter als mit dem Geschlecht verknüpft. Daneben werden im ersten Untersuchungsteil mögliche negative Auswirkungen auf die Unternehmenskultur dargestellt, welche die unternehmerische Praxis im Rahmen einer demographieorientierten Rekrutierung erwarten bzw. beachten sollte. Das Wissen um eine solche mögliche Veränderung kann bereits dazu führen, dass die unternehmerische Praxis im Vorfeld Maßnahmen ergreift, die eine Abdriftung der Kultur verhindern. Denkbar ist beispielsweise eine individuelle und intensive Enkulturation oder die bewusste Pflege der Vielfalt im Unternehmen. Aber auch die im Handlungsrahmen genannten Maßnahmen können dazu führen, dass eine Abdriftung der Kultur vermieden wird, beispielsweise wenn Führungskräfte als Vorbild agieren und unerwünschtes Verhalten sanktionieren bzw. positives belohnen. Sollten diese Auswirkungen nicht berücksichtigt bzw. im Vorfeld keine Maßnahmen zur Verhinderung einer Kulturveränderung ergriffen werden, haben Unternehmen noch immer die Möglichkeit, im Rahmen einer Kulturmodifikation auf die beschriebenen Maßnahmen zurückzugreifen. Dies ist jedoch nicht nur zeitintensiv, sondern auch kostenaufwändig, weshalb eine Abdriftung der Kultur bereits im Vorfeld vermieden werden sollte.[423] Hierbei liefert diese Arbeit auch Anhaltspunkte dafür, wie die Maßnahmen umgesetzt werden können und worauf im Speziellen geachtet werden sollte. Dabei sollte allerdings beachtet werden, dass einzelne Maßnahmen wenig erfolgversprechend sind und daher eine Kombination dieser durchgeführt werden sollte.

Ausblick

Um dem demographischen Wandel sowie dem Fachkräftemangel begegnen zu können, wäre auch denkbar, die Rekrutierung nicht ausschließlich bzw. gar nicht auf ältere Frauen auszurichten, sondern nachwachsendes Arbeitskräftepotenzial aus dem Ausland einzustellen. Dies würde zum einen die Migration unterstützen, was unter dem Gesichtspunkt der schrumpfenden und alternden Bevölkerung nützlich wäre, und könnte zusätzlich dazu führen, dass der Altersdurchschnitt in Unternehmen gesenkt wird, wodurch positive Effekte auf das Image zu erwarten sind. Hierbei ergeben sich jedoch eine Reihe von Problemen. Zum einen würde dies bedeuten, dass Unternehmen sich wieder verstärkt auf junge Mitarbeiter konzentrieren, wodurch älteres Arbeitskräftepotenzial eine schwierige Position auf dem Arbeitsmarkt hat und zum anderen sind auch hier Verände-

---

[423] Vgl. Beile et al. (2009), 232.

rungen der Unternehmenskultur zu vermuten. Möglicherweise sind diese sogar massiver als die Veränderungen, die von älteren Frauen ausgehen, da zusätzlich landes- und gesellschaftskulturelle Aspekte eine Rolle spielen. Eine solche Veränderung der Kultur sowie mögliche zur Verfügung stehende Maßnahmen für eine Kulturmodifikation müssten ebenfalls erforscht werden. Erfolgt eine solche empirische Forschung zum einen im Hinblick auf ältere Frauen und zum anderen im Hinblick auf Migranten, könnte dies einen Vergleich erlauben, von welcher Gruppe eine höhere bzw. eine geringere Kulturveränderung zu erwarten ist. Denkbar ist allerdings auch, dem demographischen Wandel und dem Fachkräftemangel mit einer kombinierten Rekrutierung aus beiden Gruppen zu begegnen. Dies könnte eine Abdriftung der Kultur zwar wahrscheinlicher machen, da eine Fülle kultureller Unterschiede ins Unternehmen getragen würde, könnte andererseits jedoch auch zu Vorteilen führen, wenn die Vielfalt unter Berücksichtigung der Unternehmenskultur entsprechend ausgeschöpft wird. Inwiefern hiervon Auswirkungen zu erwarten sind, müsste jedoch ebenfalls empirisch untersucht werden.

Literaturverzeichnis

Allaire, Yvan/Firsirotu, Mihaela, Theories of Organizational Culture, in: Organization Studies 5 (3/1984), 193-226, 194.

Amabile, Teresa, A Model of Creativity and Innovation in Organizations, in: Research in Organizational Behavior 10 (1988), 123-167.

Ashforth, Blake/Mael, Fred, Social Identity Theory and the Organization, in: The Academy of Management Review 14 (1/1989), 20-39.

Bäcker, Gerhard/Naegele, Gerhard/Bispinck, Reinhard/Hofemann, Klaus/Neubauer, Jennifer., Sozialpolitik und soziale Lage Deutschlands, Band 1: Grundlagen, Arbeit, Einkommen und Finanzierung, Wiesbaden (Springer) 5. Aufl. 2010.

Baetge, Jörg/Schewe, Gerhard/Schulz, Roland/ Solmecke, Henrik, Unternehmenskultur und Unternehmenserfolg: Stand der empirischen Forschung und Konsequenzen für die Entwicklung eines Messkonzeptes, in: Journal für Betriebswirtschaft 57 (3-4/2007), 183-219.

Beile, Judith/Wilke, Peter/Voß Eckhard, Erfolgreiche Gestaltung von Unternehmenskultur – welche Instrumente haben sich bewährt und welche Rolle spielt die Beteiligungsorientierung?, in: *Nerdinger, Friedmann/Wilke, Peter (Hrsg.),* Beteiligungsorientierte Unternehmenskultur, Erfolgsfaktoren, Praxisbeispiele und Handlungskonzepte, Wiesbaden (Gabler) 2009, 229-248.

Bellmann, Lutz/Leber, Ute/Gewiese, Tilo, Ältere Arbeitnehmer/innen im Betrieb, Nürnberg (Institut für Arbeitsmarkt- und Berufsforschung), 2006.

Boswell, Wendy, Aligning Employees with the Organization's Strategic Objectives, Out of 'Line of Slight', out of Mind, in: International Journal of Human Resource Management 17 (9/2006), 1489-1511.

Brauweiler, Jana, Retention Management: Rekrutierung und Mitarbeiterbindung im Kontext des demografischen Wandels, in: *Preißing, Dagmar* (Hrsg.), Erfolgreiches Personalmanagement im demographischen Wandel, München (Oldenbourg) 2010, 77-106.

Bruggmann, Michael, Die Erfahrung älterer Mitarbeiter als Ressource, Wiesbaden (Deutscher Universitäts-Verlag) 2000.

Burke, Mary, Generational Differences Survey Report, Alexandria (Society for Human Resource Management) 2004.

Calori, Roland/Sarnin, Philippe, Corporate Culture and Economic Performance, A French Study, in: Organization Studies 12 (1/1991), 49-74, 71.

Chlopczik, Andrea/Ullmann-Jungfer, Gisela, Facetten der Kulturentwicklung in Unternehmen, in: *Eberhardt, Daniela* (Hrsg.), Unternehmenskultur aktiv gestalten, Berlin – Heidelberg (Springer) 2013, 213-218.

Clemens, Wolfgang, Ältere Arbeitnehmerinnen in Deutschland, Erwerbsstrukturen und Zukunftsperspektiven, in: Zeitschrift für Gerontologie und Geriatrie 39 (1/2006), 41-47.

Cox, Taylor, Cultural Diversity in Organisation, Theory, Research and Practice, San Francisco (Berret Koehler Publishers) 1993.

Dämon, Kerstin, Der Generationenkonflikt im Büro, http://www.wiwo.de/ erfolg/management/diversity-der-generationenkonflikt-im-buero/ 6004476.html, 29. Dezember 2011, abgerufen am 05.08.2014.

Daft, Richard/Weick, Karl, Toward a Model of Organizations as Interpretative Systems, in: Academy of Management Review 9 (2/1984), 284-295.

DGB Bundesvorstand, Abteilung Frauen-, Gleichstellungs- und Familienpolitik, Frau geht vor, Eigenständige Existenzsicherung von Frauen, In allen Lebenslagen unverzichtbar, März 2013.

Dick, Rolf van, Commitment und Identifikation mit Organisationen, Göttingen (Hogrefe) 2004.

Dierkes, Meinolf, Unternehmenskultur und Unternehmensführung, Konzeptionelle Ansätze und gesicherte Erkenntnisse, in: Zeitschrift für Betriebswirtschaft 58 (5-6/1988), 554-575.

Dill, Peter/Hügler, Gert, Unternehmenskultur und Führung betriebswirtschaftlicher Organisationen, Ansatzpunkte für ein kulturbewußtes Management, in: *Heinen, Edmund/Fank, Matthias* (Hrsg.), Unternehmenskultur: Perspektiven für Wissenschaft und Praxis, München – Wien (Oldenbourg) 2. Aufl. 1997, 141-210.

Dimitratos, Katerina, Theories of Knowledge Worker Personality, http://leadersjournal.org/index.php?option=com_content&view=article&id =103&Itemid=109, o. J., abgerufen am 04.08.2014.

Dudenredaktion (Hrsg.), Duden, Die deutsche Sprache, Wörterbuch in drei Bänden, Berlin – Mannheim – Zürich (Dudenverlag) 2014.

Eberhardt, Daniela, Culture matters – aber wie?, Impulse zum Phänomen Organisationskultur, in: *Eberhardt, Daniela,* Unternehmenskultur aktiv gestalten, Berlin-Heidelberg (Springer) 2013, 5-32.

Eckardstein, Dudo von, Demographische Verschiebungen und ihre Bedeutung für das Personalmanagement, in: Zeitschrift Führung + Organisation 73 (3/2004), 128-135.

Est, Volker, Personalentwicklung, in: *Bechtel, Peter/Friedrich, Detlef/Kerres, Andrea* (Hrsg.), Mitarbeitermotivation ist lernbar, Mitarbeiter in Gesundheitseinrichtungen motivieren, führen, coachen, Berlin – Heidelberg – New York (Springer) 2010, 143-158.

Friedrich, Detlef, Einführung in den Kulturbegriff, in: *Bechtel, Peter/Friedrich, Detlef/Kerres, Andrea* (Hrsg.), Mitarbeitermotivation ist lernbar, Mitarbeiter in Gesundheitseinrichtungen motivieren, führen, coachen, Berlin – Heidelberg – New York (Springer) 2010, 3-16.

Gartz, Katja, Dranbleiben, http://www.tagesspiegel.de/wirtschaft/dranbleiben/5829006.html, 13.11.2011, abgerufen am 17.07.2014.

Grabner-Kräuter, Sonja, Zum Verhältnis von Unternehmensethik und Unternehmenskultur, in: Zeitschrift für Wirtschafts- und Unternehmensethik 1 (3/2000), 290-309.

Günther, Tina, Die demographische Entwicklung und ihre Konsequenzen für das Personalmanagement, in: *Preißing, Dagmar* (Hrsg.), Erfolgreiches Personalmanagement im demographischen Wandel, München (Oldenbourg) 2010, 1-40.

Hauke, Christoph/Ivanova, Flora, Vier Generationen – ein Projekt, in: Personalmagazin (9/2008), 58-60.

Hettstedt, Norbert, Strategisches Management – Implikationen des demografischen Wandels, in: *Preißing, Dagmar* (Hrsg.), Erfolgreiches Personalmanagement im demografischen Wandel, München (Oldenbourg) 2010, 41-60.

Hewlett, Sylvia Ann/Sherbin, Laura/Sumberg, Karen, How Gen Y & Baby Boomers Will Reshape Your Agenda, in: Harvard Business Review 87 (8/2009), 71-76.

Holste, Jan, Arbeitgeberattraktivität im demographischen Wandel, Eine multidimensionale Betrachtung, Wiesbaden (Gabler) 2012.

Holzinger, Heidrun, Konfliktlösungen im Unternehmen durch das Personalmanagement, Möglichkeiten und Grenzen, http://www.heidrunholzinger.de/mediapool/99/997954/data/Konfliktloesungen_im_ Unternehmen.pdf, 2011, abgerufen am 06.08.2014.

Huber, Achim, Demographischer Wandel und Personalmanagement, Alter (k)ein Thema für das Personalmanagement? Das Risiko einer Überalterung wird weitgehend ausgeblendet, in: Personalführung (1/1998), 39-43.

Hülskamp, Nicola, Der IW-Demografieindikator, Wie gut ist Deutschland auf den demografischen Wandel vorbereitet?, in: IW-Trends, Vierteljahresschrift zur empirischen Wirtschaftsforschung aus dem Institut der Deutschen Wirtschaft Köln 35 (3/2008), 91-104.

Humble, John/Jackson, David/Thomson, Alan, The Strategic Power of Corporate Values, in: Long Range Planning 27 (6/1994), 28-42.

Ilmarinen, Juhani/Tuomi Kaija/Eskelinen, Leena/Nygard, Clas-Hakan/Huuhtanen, Pekka/Klockars, Matti, Summary and Recommendations of a Project Involving Cross-Sectional and Follow-Up Studies on the Aging Worker in Finnish Municipal Occupations, in: Scandinavian Journal of Work, Environment and Health 17 (1/1991), 135-141.

Ilmarinen, Juhani/Tempel, Jürgen, Arbeitsfähigkeit 2010, Was können wir tun, damit Sie gesund bleiben?, Hamburg (VSA) 2002.

Ilmarinen, Juhani, Älter werdende Arbeitnehmer und Arbeitnehmerinnen, in: *Cranach, Mario von/Schneider, Hans-Dieter/Ulich, Eberhard (* Hrsg.), Ältere Menschen im Unternehmen, Chancen, Risiken, Modelle, Bern – Stuttgart – Wien (Haupt) 2004, 29-50.

Ilmarinen, Juhani, Towards a Longer Life!, Helsinki (Finnish Institute of Occupational Health) 2005.

Kast, Rudolf, Herausforderung Führung – Führen in der Mehrgenerationengesellschaft, in: *Klaffke, Martin* (Hrsg.), Generationen-Management, Wiesbaden (Gabler) 2014, 227-244.

Klaffke, Martin, Büro der Zukunft – Generationenorientierte Gestaltung von Arbeitswelten, in: *Klaffke, Martin* (Hrsg.), Generationen-Management, Wiesbaden (Gabler) 2014, 205-226.

Klee, Günther/Rosemann, Martin/Strotmann, Harald, Die Gesellschaft altert, die Belegschaften altern mit, Sind die Betriebe auf den demographischen

Wandel vorbereitet?, in: Institut für Angewandte Wirtschaftsforschung-Report 32 (1/2004), 139-159.

Kobi, Jean-Marcel/Wüthrich, Hans, Unternehmenskultur erfassen, verstehen und gestalten, Landsberg (Verlag Moderne Industrie) 1986.

Kohlbacher, Florian, Baby Boomer Retirement, Arbeitskräftemangel und Silbermarkt, in: Wirtschaftspolitische Blätter 54 (4/2007), 745-758.

Krell, Gertraude, Managing Diversity: Chancengleichheit als Erfolgsfaktor, in: Personalwirtschaft 26 (4/1999), 26-27.

Lebrenz, Christian/Regnet, Erika, Den Aufschwung meistern, in: Personal (10/2009), 20-22.

Lehr, Ursula, Psychologie des Alterns, Wiebelsheim (Quelle & Meyer Verlag) 9. Aufl. 2000.

Lönnies, Frank, Gelebte und verantwortete Unternehmenskultur – Voraussetzung für erfolgreiches, demografieorientiertes Personalmanagement, in: *Preißing, Dagmar* (Hrsg), Erfolgreiches Personalmanagement im demografischen Wandel, München (Oldenbourg) 2010, 311-350.

Lyons, Sean/Duxbury, Linda/Higgins, Christopher, Are Gender Differences in Basic Human Values a Generational Phenomenon?, in: Sex Roles 53 (9/2005), 763-778.

Marré, Roland, Die Bedeutung der Unternehmenskultur für die Personalentwicklung, Frankfurt am Main (Peter Lang) 1997.

Müller, Axel, Kompetenzträger 50plus – Erwartungen älterer Mitarbeiter, in: *Göke, Michael/Heupel, Thomas* (Hrsg.), Wirtschaftliche Implikationen des demografischen Wandels, Herausforderungen und Lösungsansätze, Wiesbaden (Gabler) 2013, 461-475.

Naegele, Gerhard, Zwischen Arbeit und Rente, Gesellschaftliche Chancen und Risiken älterer Arbeitnehmer, Augsburg (Maro) 1992.

Oertel, Jutta, Baby Boomer und Generation X – Charakteristika der etablierten Arbeitnehmer-Generation, in: *Klaffke, Martin* (Hrsg.), Generationen-Management, Wiesbaden (Gabler) 2014, 27-56.

O'Toole, James, Connecting the Dots between Leadership, Ethics and Corporate Cultur, http://iveybusinessjournal.com/topics/leadership/connecting-the-dots-between-leadership-ethics-and-corporate-culture#.VA8GdWPfh8E, September/Oktober 2009, abgerufen am 01.09.2014.

Parment, Andreas, Die Generation Y – Mitarbeiter der Zukunft, Herausforderungen und Erfolgsfaktor für das Personalmanagement, Wiesbaden (Gabler) 2009.

Pittrof, Matthias, Die Bedeutung der Unternehmenskultur für Hidden Champions, Wiesbaden (Gabler) 2011.

Poech, Angelika, Erfolgsfaktor Unternehmenskultur, Eine empirische Analyse zur Diagnose kultureller Einflussfaktoren auf betriebliche Prozesse, München (Utz) 2002.

Prätorius, Gerhard/Tiebler, Petra, Ökonomische Literatur zum Thema „Unternehmenskultur", Ein Forschungsüberblick, in: *Dierkes, Meinolf/Rosenstiel, Lutz von/Steger, Ulrich* (Hrsg.), Unternehmenskultur in Theorie und Praxis, Konzepte aus Ökonomie, Psychologie und Ethnologie, Frankfurt am Main – New York (Campus) 1993, 23-89.

Quinn, James, Managing Innovation, Controlled Chaos, in: Harvard Business Review 63 (3/1985), 73-84.

Raabe, Babette/Kerschreiter, Rudolf/Frey, Dieter, Führung älterer Mitarbeiter, in: *Badura, Bernhard/Schellschmidt, Henner/ Vetter, Christian*, Fehlzeiten-Report 2002, Berlin – Heidelberg (Springer) 2003, 137-152.

Raich, Margit, Das Schaffen einer Vertrauenskultur als Grundlage für erfolgreiches Unternehmertum, in: *Raich, Margit/Pechlaner, Harald/Hinterhuber, Hans* (Hrsg.), Entrepreneurial Leadership, Wiesbaden (DUV) 2007, 81-93.

Raithel, Jürgen, Quantitative Forschung, Ein Praxiskurs, Wiesbaden (VS Verlag für Sozialwissenschaften) 2. Aufl. 2008.

Reibnitz, Ute von, Szenario-Technik, Instrumente für die unternehmerische und persönliche Erfolgsplanung, Wiesbaden (Gabler) 2. Aufl. 1992.

Riordan, Christine/Gatewood, Robert/Bill, Jodi, Corporate Image, Employees Reactions and Implications for Managing Corporate Social Performance, in: Journal of Business Ethics 16 (4/1997), 401-412.

Rokeach, Milton, The Nature of Human Values, New York (Free Press) 1973.

Rolke, Lothar, Kennzahlen für die Unternehmenskommunikation, in: *Piwinger, Manfred/Zerfass, Ansgar* (Hrsg.), Handbuch Unternehmenskommunikation, Wiesbaden (Gabler) 2007, 575-585.

Rosen, Benson/Jerdee, Thomas, The Natur of Job-Related Age Stereotypes, in: Journal of Applied Psychology 61 (2/1976), 180-183.

Roth, Gerhard/Regnet, Erika/Mühlbauer, Bernd, Organisationskultur und Motivation, in: *Bechtel, Peter/Friedrich, Detlef/Kerres, Andrea* (Hrsg.), Mitarbeitermotivation ist lernbar, Mitarbeiter in Gesundheitseinrichtungen motivieren, führen, coachen, Berlin – Heidelberg – New York (Springer) 2010, 17-48.

Rothlauf, Jürgen, Interkulturelles Management, München (Oldenbourg) 2. Aufl. 2006.

Rump, Jutta/Eilers, Silke, Managing Employability, in: *Rump, Jutta/Sattelberger, Thomas/Fischer, Heinz* (Hrsg.), Employability Management, Grundlagen, Konzepte, Perspektiven, Wiesbaden (Gabler) 2006a, 13-73.

Rump, Jutta/Eilers, Silke, Employability im Zuge des demografischen Wandels, in: *Rump, Jutta/Sattelberger, Thomas/Fischer, Heinz* (Hrsg.), Employability Management, Grundlagen, Konzepte, Perspektiven, Wiesbaden (Gabler) 2006b, 129-148.

Sachverständigenrat, Herausforderungen des demografischen Wandels, Expertise im Auftrag der Bundesregierung, Paderborn (Bonifatius) 2011.

Sackmann, Sonja, Möglichkeiten der Gestaltung von Unternehmenskultur, in: *Lattmann, Charles* (Hrsg.), Die Unternehmenskultur, Ihre Grundlagen und ihre Bedeutung für die Führung der Unternehmung, Heidelberg (Physica-Verlag) 1990, 153-188.

Sackmann, Sonja, ‚Kulturmanagement', Läßt sich Unternehmenskultur ‚machen'?, in: *Sandner, Karl* (Hrsg.), Politische Prozesse in Unternehmen, Heidelberg (Physica) 2. Aufl. 1992, 157-184.

Sackmann, Sonja/Bertelsmann Stiftung, Erfolgsfaktor Unternehmenskultur, Mit kulturbewusstem Management Unternehmensziele erreichen und Identifikation schaffen – 6 Best Practice Beispiele, Wiesbaden (Gabler) 2004.

Sackmann, Sonja, „Betriebsvergleich Unternehmenskultur", Welche kulturellen Faktoren beeinflussen den Unternehmenserfolg?, Neubiberg (Institut für Personal- und Organisationsforschung) 2006.

Sackmann, Sonja/Horstmann, Birte, Unternehmenskultur und Mitbestimmung, Eine integrative Perspektive, in: *Benthin, Rainer/Brinkmann, Ulrich* (Hrsg.), Unternehmenskultur und Mitbestimmung, Betriebliche Integration zwischen Konsens und Konflikt, Frankfurt (Campus) 2008, 97-120.

Sackmann, Sonja, Möglichkeiten der Erfassung und Entwicklung von Unternehmenskultur, in: *Badura, Bernhard/Schröder, Helmut/ Vetter, Christian* (Hrsg.), Fehlzeiten-Report 2008, Berlin – Heidelberg (Springer) 2009, 15-22.

Scheele, Alexandra, Organisation und Geschlechterkultur, Ist Diversity Management ein geeignetes Instrument zur Realisierung betrieblicher Gleichstellung?, in: *Benthin, Rainer/Brinkmann, Ulrich* (Hrsg.), Unternehmenskultur und Mitbestimmung, Betriebliche Integration zwischen Konsens und Konflikt, Frankfurt (Campus) 2008, 121-146.

Schein, Edgar, Organizational Culture, A Dynamic Model, Sloan School of Management, Working Paper, 1983.

Schein, Edgar, Wie Führungskräfte Kultur prägen und vermitteln, in: GDI-Impuls (2/1986), 23-36.

Schein, Edgar, Unternehmenskultur, Ein Handbuch für Führungskräfte, Frankfurt am Main-New York (Campus) 1995.

Schmidt, Viviane, Diversity Dimension Alter, Der demographische Wandel als Erfolgsfaktor für das Personalmanagement, Düsseldorf (VDM) 2004.

Schmidt, Christian/Möller, Joachim/Schmidt, Karsten/Gerbershagen, Marc/Wappler, Frank/Limmroth, Volker/Padosch, Stephan/Bauer, Michel, Generation Y, Rekrutierung, Entwicklung und Bindung, in: Der Anästhesist 60 (6/2011), 517-524, 518.

Scholz, Christian/Hofbauer, Wolfgang, Organisationskultur, Die vier Erfolgsprinzipien, Wiesbaden (Gabler) 1990.

Scholz, Christian, Personalmanagement, Informationsorientierte und verhaltenstheoretische Grundlagen, München (Vahlen) 6. Aufl. 2014.

Schulte-Deußen, Karsten/Klein, Katharina/Maas, Mathias, Mitarbeiterbefragung – was dann?, Handlungsfelder, die dazu beitragen, eine mitarbeiterorientierte Unternehmenskultur zu entwickeln, in: *Domsch, Michel/Ladwig, Désirée* (Hrsg.), Handbuch Mitarbeiterbefragung, Berlin – Heidelberg (Springer) 3. Aufl. 2013, 105-124.

Seidenberg, Ulrich, Auslöseinformationen im organisatorischen Gestaltungsprozeß, Voraussetzungen einer flexiblen Organisation, Frankfurt am Main etc. (Peter Lang) 1989.

Sporket, Mirko, Organisationen im demographischen Wandel, Alternsmanagement in der betrieblichen Praxis, Wiesbaden (Springer) 2011.

Statistisches Bundesamt, 86% der Babyboomer sind erwerbstätig, https://www.destatis.de/DE/ZahlenFakten/ImFokus/Arbeitsmarkt/BabyboomerBerufsleben.html, 07.08.2014, abgerufen am 14.08.2014.

Statistisches Bundesamt, Bevölkerung Deutschlands bis 2050, 11. koordinierte Bevölkerungsvorausberechnung, Wiesbaden (Statistisches Bundesamt) 2006.

Statistisches Bundesamt, 12. koordinierte Bevölkerungsvorausberechnung, https://www.destatis.de/bevoelkerungspyramide/, o. J., abgerufen am 15.07.2014.

Steinmann, Horst/Schreyögg, Georg/Koch, Jochen, Management, Grundlagen der Unternehmensführung, Konzepte – Funktionen – Fallstudien, Wiesbaden (Gabler) 7. Aufl. 2013.

Stumpf, Siegfried/Thomas, Alexander, Management von Heterogenität und Homogenität in Gruppen, in: Personalführung 32 (5/1999), 36-44.

Thom, Norbert/Hubschmid, Elena, Intergenerationeller Wissenstransfer, Besonderheiten jüngerer und älterer Mitarbeitenden, in: *Perrig-Chielo, Pasqualina/Dubach, Martina*, Brüchiger Generationenkitt?, Generationenbeziehungen im Umbau, Zürich (vdf Hochschulverlag AG an der ETH Zürich) 2012, 81-94.

Tschopp, Sandy, Gemeinsamen Takt finden, http://epaper3.tagesanzeiger.ch/ee/alpha/_main_/2009/06/20/004/article/4, o. J., abgerufen am 02.08.2014.

Tunstall, Brooke, Cultural Transition at AT & T, in: Sloan Management Review 25 (1/1983), 15-29.

Unterreitmeier, Andreas/Schwinghammer, Florian, Die Operationalisierung von Unternehmenskultur, Validierung eines Messinstrumentes, http://www.imm.bwl.uni-muenchen.de/forschung/schriftenefo/ap_efoplan_18.pdf, 2004, abgerufen am 19.07.2014.

Van Yperen, Nico, The Perceived Profile of goal orientation withing firms, Differences between employees working for successful and unsuccessful firms employing either performance-based pay or job-based pay, in: European Journal of Work and Organizational Psychology 12 (3/2003), 229-243.

Watrinet, Christine, Indikatoren einer diversity-gerechten Unternehmenskultur, Karlsruhe (Universitätsverlag) 2008.

Watrinet, Christine/Elmerich, Kathrin/Karl, Dorothee/Knauth, Peter, Demografischer Wandel in Unternehmenskulturen, in: *Knauth, Peter/Elmerich, Kathrin/Karl, Dorothee*, Risikofaktor demographischer Wandel, Generationenvielfalt als Unternehmensstrategie, Düsseldorf (Symposion) 2009, 75-108.

Weinert, Ansfried, Organisations- und Personalpsychologie, Weinheim – Basel (Beltz) 5. Aufl. 2004.

Wright, Jennifer, Coaching mid-life, baby boomer women in the workplace, in: Journal of Prevention, Assessment and Rehabilitation 25 (2/2005), 179-183.

Zahidi, Saadla, Women and Ageing, in: *Beard, John/Biggs, Simon/Bloom, David/Fried, Linda/Hogan, Paul/Kalache, Alexandre/Olshansky, Jay*, Global Population, Peril or Promise?, Working Paper 89 (2012), 21-24.

Die Wirkungen des demografischen Wandels auf die Betriebe in Deutschland. Handlungsmöglichkeiten für Arbeitgeber und -nehmer

Jessica Kühn, 2015

Einleitung

In Deutschland zeichnet sich bereits seit den 1970er Jahren ein Wandel hinsichtlich der Bevölkerungsentwicklung ab. Während die Lebenserwartung immer weiter ansteigt, nimmt die Geburtenrate stetig ab. Die Wirkungen dessen sind seit geraumer Zeit zentrales Thema diverser Medien und sämtlicher politischer Dialoge. Dabei mischen sich laut Kistler (k.D.) „zutreffende Aussagen mit abwegigen Mythen und Befürchtungen" (S. 1). Insbesondere der demografischen Alterung wird in der öffentlichen Diskussion immense Aufmerksamkeit gewidmet. Dies betrifft vor allem die Wirkungen auf dem deutschen Arbeitsmarkt: „'Wegen des demografischen Wandels suchen die Firmen händeringend nach Fachkräften' – das erklären die Industrie- und Handelskammern, das schreiben viele Zeitungen und das hört man in Funk und Fernsehen. Die Aussage klingt erst einmal plausibel. Nur: Was plausibel klingt, muss nicht richtig sein" (Möller, 2012, 2. Abs.), so begegnet eine Kolumne des Karriere-SPIEGELs der publizistisch inszenierten Angst vor ‚Vergreißung' und vor einem bevorstehenden Fachkräftemangel.

Im Zuge dessen stellt sich die Frage, wie der demografische Wandel tatsächlich auf den Arbeitsmarkt und die Betriebe in Deutschland wirkt.

Die vorliegende Arbeit soll auf diese gegenwärtige Problematik aufmerksam machen und daraus folgernd die Frage beantworten, wie der demografische Wandel in den Betrieben Deutschlands wirkt. Für die Analyse werden zu Beginn der Arbeit die theoretischen Grundlagen im Hinblick auf den demografischen Wandel erläutert. Im Anschluss daran werden die Wirkungen des Wandels auf den Arbeitsmarkt thematisiert, bevor mögliche Maßnahmen für die demografieorientierte Eingliederung der älteren Arbeitnehmer in den betrieblichen Ablauf vorgestellt werden.

Auf Grundlage näherer Ausführungen dazu soll die Arbeit mit der Beantwortung der anfangs gestellten Frage abschließen: Wie wirkt sich der demografische Wandel auf die Situation in deutschen Betrieben aus und welche Möglichkeiten gibt es diesen zu begegnen?

Demografie und demografische Prozesse in der Bundesrepublik

Im Folgenden werden zunächst die Begriffe „Demografie" und „Demografischer Wandel" kurz erläutert, da diese die Grundlage für die anschließende Analyse der Bevölkerungsentwicklung in Deutschland und deren Wirkungen auf den Arbeitsmarkt bilden. Anschließend wird darauf eingegangen, wie sich der demografische Wandel auf unsere Gesellschaft hinsichtlich der Altersstruktur auswirkt.

Der Demografiebegriff

„Die lebendige Basis einer Gesellschaft ist ihre Bevölkerung" (Huinink & Schröder, 2008, S.49). Aufgrund der zentralen Bedeutung der Entwicklung und Struktur eines Landes hat sich diesbezüglich eine eigene Wissenschaftsdisziplin herausgebildet: die *Demografie bzw. Bevölkerungswissenschaft*. Der Begriff leitet sich aus den altgriechischen Wörtern dēmos (Volk) und *gráphein* (schreiben) ab und bezeichnet die Wissenschaft von der Beschreibung der Gesellschaft. Die Demografie thematisiert und untersucht Bevölkerungsprozesse, mit anderen Worten „Entwicklungen, denen eine Bevölkerung aus innerer Dynamik und in Wechselbeziehung mit der Gesellschaft unterliegt" (Schimany, 2003, S. 26). Dabei analysiert sie die Struktur, Größe, Verteilung und Veränderungen von Populationen (ebd., S. 15).

Diesbezüglich lässt sich die Bevölkerungswissenschaft in mehrere Untersuchungsobjekte unterteilen:

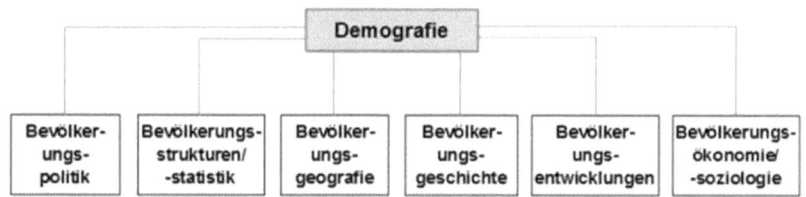

Abbildung 1: Untersuchungsobjekte der Demografie
Quelle: eigene Darstellung nach Huinink & Schröder (2008, S. 49 ff.) und Schimany (2003, S. 53)

Untersuchungsgegenstand der Bevölkerungswissenschaft ist nicht nur die Bevölkerung per se. Als „Disziplin mit einer breiten interdisziplinären Ausstrahlung, wobei Bevölkerungsstatistik und mathematische Modellbildung den disziplinären Kern bilden" (Schimany, 2003, S. 51), untersucht die Demografie auch eine Bandbreite an sozialwissenschaftlichen Kategorien hinsichtlich der Bevölkerung. Dazu zählen zum einen bevölkerungspolitische, aber auch ökonomische bzw. soziologische Betrachtungsweisen. Des Weiteren beschreibt, analysiert und untersucht die Demografie historisch die Bevölkerungsgeschichte. Hinzu kommt das Teilgebiet der Bevölkerungsgeografie, welches sich sowohl mit natürlichen (Geburten als Ergebnis der Fertilität, Sterbefälle als Ergebnis der Mortalität) aber auch mit räumlichen (Migration, räumliche Mobilität) Bevölkerungsbewegungen beschäftigt. Hauptbestandteile letzteren Untersuchungsobjektes, auch *demografische Ereignisse* genannt, sind Fertilität, Mortalität und Migration, also „das Verhältnis der Geburtenzahlen und Todesfälle sowie [das] Saldo von Zu- und Abwanderungen" (Schimany, 2005, S. 3).

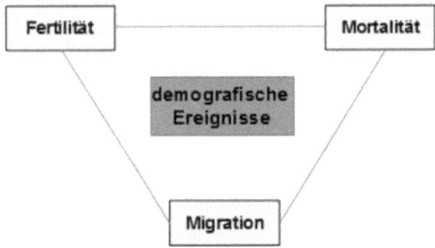

Abbildung 2: Dimensionen der Demografie
Quelle: eigene Darstellung

Dabei besteht zwischen Bevölkerungsprozessen und -strukturen eine wechselseitige Dependenz: einerseits sind vergangene demografische Ereignisse für gegenwärtige Strukturen verantwortlich, andererseits beeinflusst die gegenwärtige Struktur auch die künftigen Entwicklungen (Schminay, 2003, S. 29). Der aktuelle Altersaufbau einer Gesellschaft ist demnach durch vergangene Begebenheiten begründet, er bewirkt aber auch „die gegenwärtige und zukünftige Fruchtbarkeit und Sterblichkeit, wodurch sich erneut die Altersstruktur einer Bevölkerung verändert" (ebd.).

Umbrüche dieser Bevölkerungsentwicklungen, welche sowohl gesellschaftliche, familiale und individuelle Folgen haben können, werden als *demografischer Wandel* bezeichnet (Schimany, 2005, S. 3).

Der demografische Wandel in Deutschland: Entwicklungen und Prognosen der Bevölkerungsentwicklung

Der demografische Wandel, also die Veränderung der Bevölkerungsstruktur, ist ein sich langsam vollziehender Prozess, der sich in Deutschland seit mehr als

100 Jahren zu beobachten ist. Das Zusammenwirken von Geburtenhäufigkeit und Sterblichkeit verursacht einen Wandel im Altersaufbau der Bevölkerung. Betrachtet man den Bevölkerungsaufbau hinsichtlich der Altersstruktur, erkennt man eine Entwicklung von einer Pyramidenform (1910) zu einer prognostizierten Urnenform (2060). (Huinink & Schröder, 2008; Schimany, 2003; Schimany, 2005)

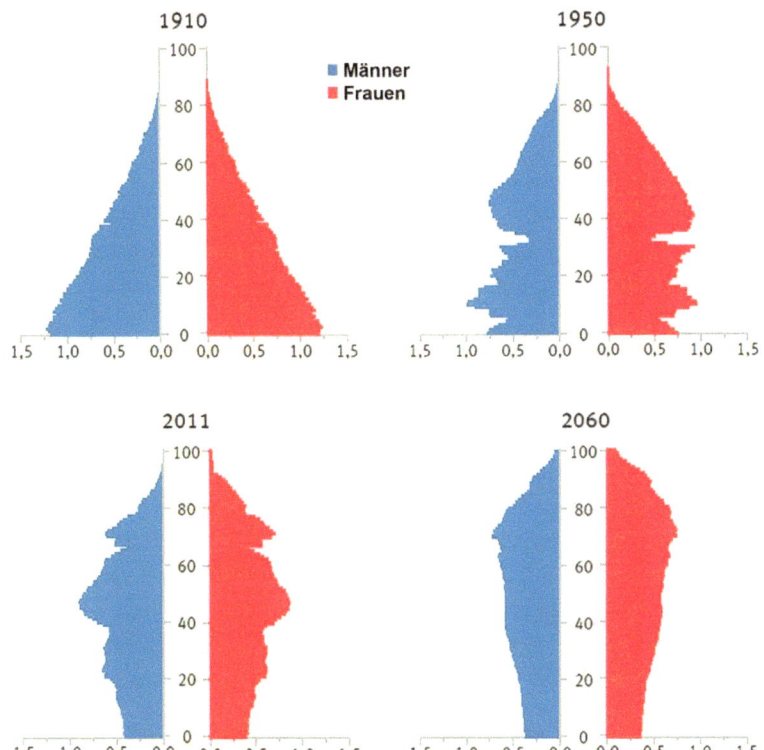

Abbildung 3: Bevölkerungsanteil nach Alter
Datenbasis: Statistisches Bundesamt
Quelle: eigene Darstellung nach BiB, 2013a, S. 10

Während 1910 ein deutlicher Geburtenschuss messbar war, zeigt sich im Laufe der nachfolgenden Jahre ein starker Rückgang der Lebendgeborenen. Schimany (2005) beschreibt diesen Abfall des Geburtenniveaus wie folgt:

„Um 1900 betrug das Geburtenniveau 4,6 Kinder je Frau. Starke Einbrüche liegen in den Jahren 1917/18, 1930 bis 1933 und 1942 bis

> 1945 als Folge der beiden Weltkriege und der Weltwirtschaftskrise
> vor. [...] Anfang der 1960er Jahre gab es mit 2,5 Kindern je Frau [...]
> einen kurzfristigen Aufschwung des Geburtenniveaus als Folge des
> „Wirtschaftswunders". Mitbedingt durch die Freigabe von empfäng-
> nisverhütenden Mitteln sowie die Liberalisierung der Gesetzgebung
> zum Schwangerschaftsabbruch und zum Scheidungsrecht kam es er-
> neut zu einem starken Einbruch der Geburten. [...] Seit 1975 beträgt
> das Geburtenniveau nahezu gleich bleibend nur noch 1,4 Kinder je
> Frau" (S. 6).

Die Gründe für den Geburtenrückgang liegen demnach sowohl in der veränderten Lebensweise, der Emanzipation und der somit verbundene Bildungs- und Berufsorientierung der Frauen, den Veränderungen in der Alters- und Geschlechterstruktur der Gesellschaft, aber auch in der Einführung der Pille und damit möglicher Trennung von Sexualität und Fortpflanzung. (Kocka, 2008, S. 219; Schimany, 2005, S. 6).

Betrachtet man die obenstehende Grafik, fällt nicht nur das Sinken des Geburtenniveaus auf. Auch eine Zunahme der Lebenserwartung ist im Zeitverlauf erkennbar. Laut Schimany (2005) „starben im Jahr 1900 von 1.000 Einwohnern 22 Personen [...], im Jahr 2000 [waren] es nur noch 10" (S. 7). Dieser Trend kontinuierlich sinkender Sterblichkeit ist durch den medizinischen Fortschritt, eine verbesserte Ernährungssituation, verbesserte Hygiene, den Ausbau des Gesundheitssystems und veränderte Arbeits- und Lebensbedingungen als auch -stile begründet (Kocka, 2008, S. 218; Schimany, 2005, S. 7). Die Zahl der Sterbefälle wird hierbei durch zwei Faktoren beeinflusst: Zum einen die Säuglingssterblichkeit, welche das Sterberisiko in den ersten zwölf Monaten beschreibt, und die Morbidität, das heißt das altersspezifische Sterberisiko von älteren Menschen (Huinink & Schröder, 2008, S. 74-75). Dabei steigt die Lebenserwartung Neugeborener kontinuierlich: „Anfang des 20. Jahrhunderts erreichten von 100 neugeborenen Jungen nur 44 das 60. Lebensjahr, während es heute 87 sind. Von den neugeborenen Mädchen wurde damals die Hälfte 60 Jahre alt, heute sind es dagegen 93" (Schimany, 2005, S. 7). Andererseits steigt auch die fernere Lebenserwartung stetig an: Während die Lebenserwartung der Männer bei 79 Jahren liegt, können 60-Jährige Frauen damit rechnen, noch 24 Jahre zu leben (Schimany, 2005, S. 7).

Setzt man beide Trends in Beziehung und vergleicht die Werte beider Entwicklungen, zeigt sich Anfang der 1970er Jahre ein Umbruch: in diesem Jahr „sank in Deutschland die jährliche Zahl der Geburten erstmals unter die jährliche Zahl der Todesfälle" (Schimany, 2005, S. 3).

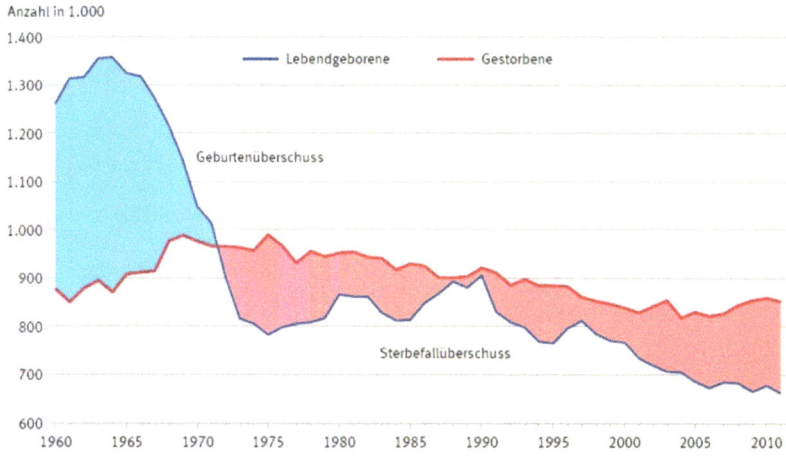

Abbildung 4: Verhältnis der Lebendgeborenen und der Gestorbenen von 1960 bis 2011
Datenbasis: Statistisches Bundesamt
Quelle: BiB, 2013a, S. 7

Seit dem Zeitpunkt verzeichnet Deutschland ein negatives Bevölkerungswachstum. Dies meint, dass aufgrund der sinkenden Geburtenhäufigkeit und der steigenden Lebenserwartung der Anteil der älteren Menschen stetig zunimmt.

Demografische Alterung

Diesen „langfristigen Wandel von einer „jungen" zu einer „alten" Altersstruktur" (Schimany, 2005, S. 4, [Herv.i.O.]) bezeichnet man als *demografische Alterung*. Dabei bezeichnet man die durch die sinkende Geburtenrate verursachte Alterung als *Alterung von unten*, da die jüngeren Jahrgänge den „Sockel" bilden. Als *Alterung von obe*n wird wiederum die zunehmende Alterung der Gesellschaft aufgrund der steigenden Lebenserwartung bezeichnet (ebd.).

Diese Änderungen hinsichtlich des Geburten- und Sterbeniveaus haben die Altersstruktur geprägt:

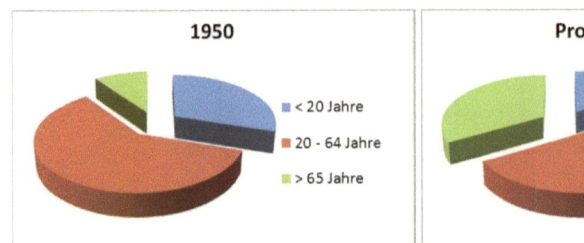

Abbildung 5: Bevölkerungszusammensetzung Deutschlands
Quelle: eigene Darstellung nach https://www.destatis.de/bevoelkerungspyramide/

Die Grafik zeigt die Zusammensetzung der Bevölkerung hinsichtlich der Altersstruktur. Während die Gruppe der unter 20-Jährigen 1950 mit 30 Prozent ausmachte,

wird sich ihr Anteil laut Prognosen im Jahr 2050 halbiert haben. Dahingegen nimmt der Anteil der über 65-Jährigen stetig zu: 1950 machten sie nur zehn Prozent der Bevölkerung aus, 2050 werden es 33 Prozent sein.

Diese Veränderungen im Altersaufbau durch den demografischen Wandel „werden in nahezu jedem Lebensbereich zu beobachten sein" (BiB & Destatis, 2008, S. 68): nicht nur die Sozialversicherungssysteme (Renten-, Kranken-, Pflegeversicherung usw.) stehen vor einem Finanzierungsproblem, auch „betroffen sind Individuen, Betriebe, Organisationen und Verbände sowie Kapital-, Immobilien- und Arbeitsmärkte" (Künemund, 2007, S18).

Die Wirkungen des demografischen Wandels auf Arbeitsmarkt und Beschäftigung

Wie bereits erwähnt, zeigen sich die Konsequenzen des demografischen Wandels in nahezu allen Segmenten der Gesellschaft und somit auch in der Arbeitswelt. In Orientierung an die eingangs gestellte Forschungsfrage, wird im folgenden Kapitel vor allem das Verhältnis von Alter und Arbeit thematisiert.

Die Folgen der demografischen Alterung auf die Arbeitswelt

Durch die im vorherigen Kapitel beschriebene auftretende demografische Alterung der Gesellschaft stehen Politik und Wirtschaft „vor Aufgaben, für deren Bewältigung aufgrund der Einmaligkeit dieses Alterungsprozesses auf keinerlei Erfahrungen zurückgegriffen werden kann" (Schimany, 2005, S. 11). Dabei sind die Auswirkungen des Wandels auf die Arbeitsmarkt- und Beschäftigungssituation der älteren Erwerbspersonen nicht eindeutig, obwohl die Veränderungen der Geburten- und Sterberate sowohl eine Alterung des Erwerbspersonenpotentials[424] als auch eine allgemeine Schrumpfung des Potentials hervorbringen werden (Deutscher Bundestag, 1998, S. 135-136).

Trotz dessen fürchten laut einer Umfrage des Deutschen Industrie- und Handelskammertags (DIHK) im Herbst 2010 konkrete Wirkungen der demografischen Entwicklung.

---

[424] „Über die Verknüpfung der prognostizierten Erwerbsquoten mit den Bevölkerungsvorausschätzungen erhält man das zukünftige Erwerbspersonenpotential" (Deutscher Bundestag, 1998, S. 115).

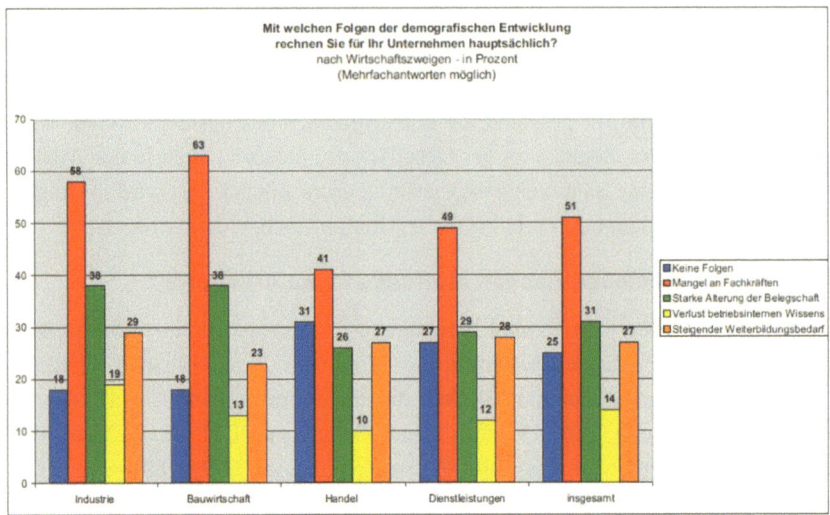

Abbildung 6: DIHK-Unternehmensumfrage
Quelle: DIHK, 2010a, S. 2

Die Umfrage ergab, dass „deutsche Unternehmen zunehmend eine Vergreißung ihrer Belegschaften, empfindlichen Nachwuchsmangel und den Verlust von Know-how befürchten" (DIHK, 2010b, 2. Abs.). Die größte Angst, mit 27 Prozent, haben die Unternehmen vor einem Fachkräftemangel, direkt gefolgt von der starken Alterung der Belegschaft. Dabei sind die Sorgen der Betriebe nicht unbegründet: Forschungen zeigen, dass „aufgrund sinkender Geburtenraten [.] bis 2030 in Deutschland 6 Mio. im erwerbsfähigen Alter [fehlen]", so Schuett (2014, S. 1). Die Psychologin konstatiert auch die Schwierigkeit, mit der die Unternehmen zukünftig zu kämpfen haben: Sie müssen ihre Belegschaft aus einem zugleich schrumpfenden und immer älter werdenden Pool gewinnen, sie binden und sie leistungs- und arbeitsfähig halten (Schuett, 2014, S.1).

Kompetenzen und Beschäftigungsrisiken Älterer

Zusätzlich zu der Sorge um das sinkende Erwerbspersonenpotential spielen „kollektive Deutungsmuster vom Älterwerden und vom Altsein" (Deutscher Bundestag, 2010, S.93) eine große Rolle, da Altersgrenzen sinnbildlich für jeweilige Lebensabschnitte und Statusübergänge stehen.

Altersbilder in der Arbeitswelt haben hierbei eine oft negative Blockadewirkung (ebd.). Dazu zählt zum einen die Definition von Alter aber auch individuelle Annahmen und soziale Vorstellungen. Laut Ehrentraut und Fetzer (2007) sind die älteren Arbeitnehmer „geradezu gebrandmarkt [.] von Vorurteilen wie etwa „nicht produktiv genug", „zu teuer", „wenig lernwillig" oder „kaum belastbar" und [werden deshalb] bei Personaleinsparungen via Altersteilzeit, Vorruhestand etc. (mit staatlicher Förderung) ausmanövriert" (S. 26, [Herv.i.O.]). Allerdings zeichnet sich hinsichtlich der Anerkennung der Potentiale der älteren Belegschaft ein Paradigmenwechsel ab.

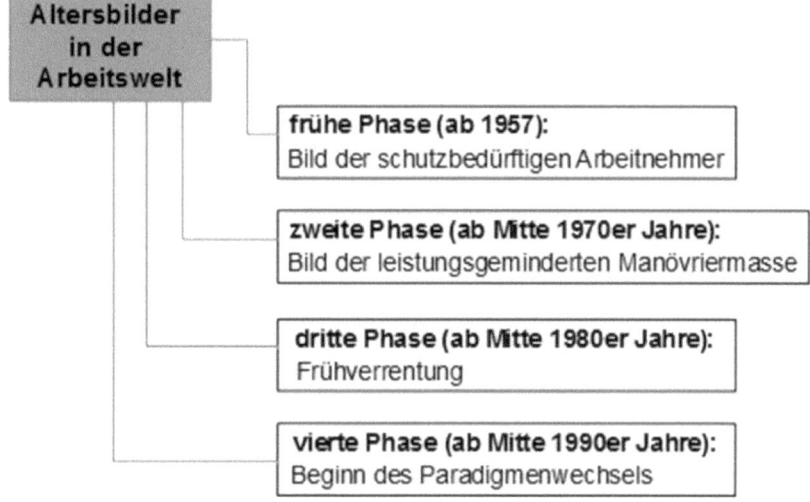

Abbildung 7: Paradigmenwechsel der Altersbilder in der Arbeitswelt
Quelle: eigene Darstellung nach Deutscher Bundestag, 2010, S. 100-102

Allmählich wird vom Bild des leistungsgeminderten Älteren abgerückt und die vorzeitige Ausgliederung älterer Erwerbspersonen aus dem Erwerbsleben überdacht. Stattdessen gibt es, so konstatiert es der 6. Altenbericht, „Bemühungen, ein neues „Kompetenzmodell" von älteren Arbeitnehmern und Arbeitnehmerinnen zu entwickeln" (Deutscher Bundestag, 2010, S. 102, [Herv.i.O.]).

Auch Brandenburg und Domschke dementieren die Pauschalisierung der älteren Belegschaft als leistungsschwache Arbeitskräfte.

Alter ist weder Krankheit noch Leistungsminderung
Aber: Veränderungen der menschlichen Leistungsvoraussetzungen

Abnahme	Konstanz	Zunahme
▪ Belastbarkeit und Flexibilität des Stütz- und Bewegungsapparates ▪ Körperkräfte ▪ Reaktionsflexibilität ▪ Leistungsvermögen der Sinnesorgane ▪ Geschwindigkeit der Informationsaufnahme und -verarbeitung ▪ Kurzzeitgedächtnis ▪ Risikobereitschaft ▪ Lern- u. Weiterbildungsbereitschaft	▪ Leistungs- und Zielorientierung ▪ Systemdenken ▪ Kreativität ▪ Entscheidungsfähigkeit ▪ Kommunikationsfähigkeit ▪ Psychisches Durchhaltevermögen ▪ Konzentrationsfähigkeit	▪ Lebens- und Berufserfahrung ▪ Expertenwissen ▪ Urteilsfähigkeit ▪ Zuverlässigkeit ▪ Qualitätsbewusstsein ▪ Kooperationsfähigkeit ▪ Pflichtbewusstsein ▪ Angst vor Veränderungen

Abbildung 8: Leistungsfähigkeit im Alter
Quelle: Brandenburg & Domschke, 2007, S. 83

Die Autoren betrachten sowohl „menschliche Leistungsvoraussetzungen, die abnehmen, solche, die relativ konstant bleiben, und andere, die mit dem Alter zunehmen" (Brandenburg & Domschke, 2007, S. 82). Der Fokus der Betrachtung, Untersuchung und der Handlungsstrategien sollte demnach nicht nur, wie es früher üblich war, auf den negativen Aspekten des Alter(n)s liegen, sondern auch mögliche Kompetenzen älterer Arbeitnehmer thematisieren.

Die Situation auf dem deutschen Arbeitsmarkt: Erwerbstätigkeit im Alter

Nicht nur hinsichtlich der Altersbilder zeichnet sich eine Trendwende ab. Auch im Hinblick auf die Beschäftigungsquoten[425] im Alter zeigt sich ein Wandel: Während die Jugenderwerbsarbeit aufgrund zunehmender Bildungsbeteiligung und -dauer für beide Geschlechter abnimmt, steigt die Erwerbsbeteiligungsquote der Frauen im Kontext der Emanzipation und der Anteil älterer erwerbstätiger Menschen (BiB, 2013a, S. 21; Schimany, 2003, S. 438).

---

[425]Erwerbstätig ist derjenige, der ab einem Alter von 15 Jahren für mindestens eine Stunde pro Woche entgeltlich arbeitet (BiB, 2013b, S. 1).

Der Anteil der „Älteren" ist hierbei durch die letzten zehn Jahre vor dem Erwerbsaustrittsalter definiert, mit anderen Worten zählen die 55- bis unter 65-Jährigen zu den älteren Arbeitnehmern. Laut dem 2003 veröffentlichten Werkstattbericht der IAB hatte diese Altersgruppe im Jahr 2001 einen Anteil von 20 Prozent an der Bevölkerung im Erwerbsalter. Der Anteil der Frauen in den alten Bundesländern an den Erwerbspersonen betrug 10,7 Prozent, der Anteil der Männer in diesem Alter 13,4 Prozent. (Bach, Brixy & Koller, 2003, S. 9).

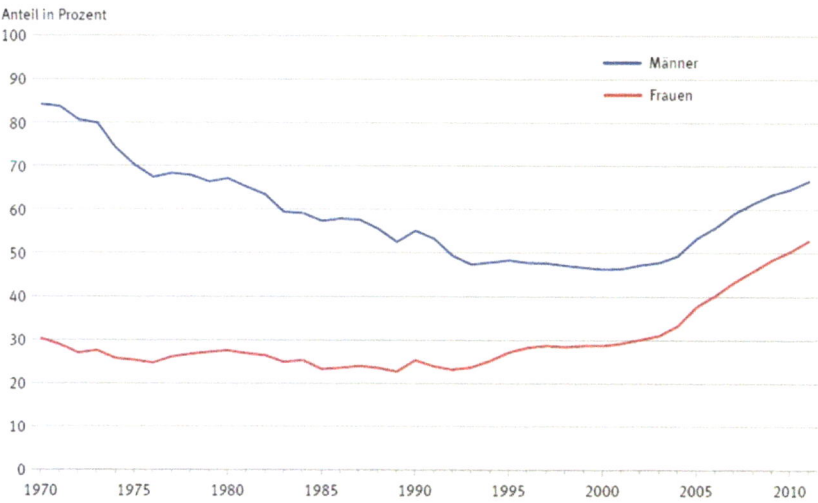

Abbildung 9: Erwerbstätigenquote im Alter von 55 bis 64 Jahren (1970 bis 2011)
Quelle: BiB, 2013a, S. 23

Am Ende des 19. Jahrhunderts war der Anteil der erwerbstätigen Menschen in den letzten zehn Jahren vor Renteneintritt noch groß[426]. Im Verlauf des 20. Jahrhunderts zeichnet sich allerdings ein Rückgang der Erwerbstätigkeit älterer Menschen ab: seit den 1970er Jahren schieden mehr und mehr Arbeitnehmer aus dieser Altersgruppe aus dem Erwerbsleben aus. Allerdings ist der Erwerbstätigenanteil in den letzten Jahren wieder angestiegen. (Kocka, 2008, S. 221-223). Das Bundesinstitut für Berufsforschung konstatiert: „Allein zwischen 2001 und 2011 kletterte die Erwerbstätigenquote bei Männern im Alter von 55 bis 64 Jahren von 46 % auf nunmehr 67 %, bei Frauen in der gleichen Altersgruppe von 29 % auf 53 %" (BiB, 2013a, S. 23).

---

[426]Die Ausführungen beziehen sich vor allem auf den Anteil der männlichen Bevölkerung.

Diese Trendwende für die Beteiligung älterer Menschen an der Erwerbsarbeit bis zum Renteneintritt ist auch jenseits des Erwerbsaustrittsalters messbar.

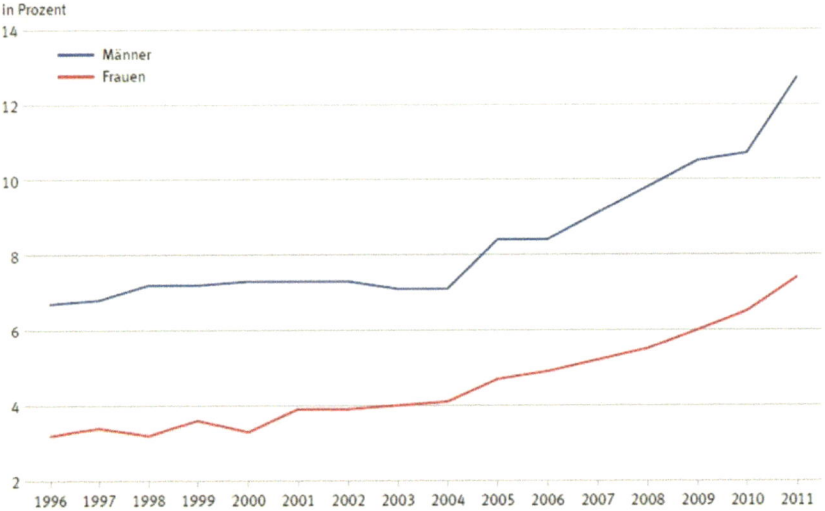

Abbildung 10: Erwerbstätigenquote im Alter von 65 bis 69 Jahren (1970 bis 2011)
Quelle: BiB, 2013a, S. 24

So stieg die Erwerbstätigenquote der 65- bis 69-Jährigen vor allem in den letzten Jahren kontinuierlich an. Laut einer Pressemitteilung des BiB geht „mittlerweile [.] jeder zehnte Bürger in Deutschland aus dieser Altersgruppe einer bezahlten Beschäftigung nach, damit hat sich die Erwerbsbeteiligung gegenüber 1996 verdoppelt (4,8%)" (BiB, 2013b, S. 1). Zu diesem Anstieg haben Männer und Frauen gleichermaßen beigetragen: Der Anteil der Männer stieg von 6,7 % auf 12,7 % an und auch bei den Frauen ist ein Zuwachs von 3,2 % um weitere 4,2 % messbar (ebd.).

Diese Entwicklungen bewirken eine fortlaufende Veränderung der Zusammensetzung der Erwerbstätigen in Deutschland. Dabei bestehe laut Kocka

> „eine ausgeprägte Diskrepanz zwischen den Möglichkeiten der Erwerbstätigen, die bedeutend älter werden und erheblich länger leistungsfähig bleiben als früher einerseits, und den noch vorherrschenden institutionellen und gewohnheitsmäßigen Bedingungen andererseits, die in einem früheren „Altersregime" entwickelt und festgeschrieben wurden, und die es erschweren, dass jene neuen Möglichkeiten realisiert werden können" (2008, S. 226).

Maßnahmen für die demografieorientierte Eingliederung der älteren Arbeitnehmer in die Betriebe

Die durch den demografischen Wandel hervorgerufenen soeben beschriebenen Veränderungen hinsichtlich der Altersstruktur der Bevölkerung, des Erwerbspotentials und den steigenden Erwerbsbeteiligung älterer Arbeitnehmer machen eine stärkere Berücksichtigung dieser erforderlich (Frerich, 2013, S. 185). Nach Künemund (2007) müssen sich „Betriebe, Organisationen und Verbände [...] auf das Altern ihrer „Umwelt" wie auch ihrer „Innenwelt" einstellen und organisatorische Voraussetzungen für eine gelingende Anpassung an die sich verändernden demografischen Strukturen schaffen" (S. 26).

Im Folgenden werden diesbezüglich einige möglichen Maßnahmen zum demografieorientierten Alternsmanagement im Betrieb angeführt.

Betriebliches Personalmanagement – Anpassung der Arbeitsgestaltung im Betrieb

Ein lebenszyklusorientes und alternsgerechtes Personalmanagement ist eine der konzeptionell angemessenen Antworten im Bereich des Arbeitsmarktes und der Betriebe. Solch ein Konzept sollte zum einen die Berücksichtigung der unterschiedlichen altersspezifischen Umstände und zum anderen das Inkludieren und Ausbauen lern-, gesundheits- und motivationsförderlicher Arbeitsbedingungen beinhalten. (Deutscher Bundestag, 2010, S.123; Frerich, 2013, S. 185-186). Dabei steht neben der Förderung und Eingliederung der älteren Arbeitnehmer in den Betrieb auch „die Verfolgung betriebswirtschaftlicher Zielstellungen [im Vordergrund, da] die Bewältigung wirtschaftlicher, technologischer und organisatorischer Herausforderungen [...] eine verstärkte Ausschöpfung der zur Verfügung stehenden Potenziale [möglich macht]" (Frerich, 2013, S, 186).

Zur Umsetzung dieser Ziele haben sich einige Handlungsansätze etabliert, welche nachfolgend erläutert werden sollen.

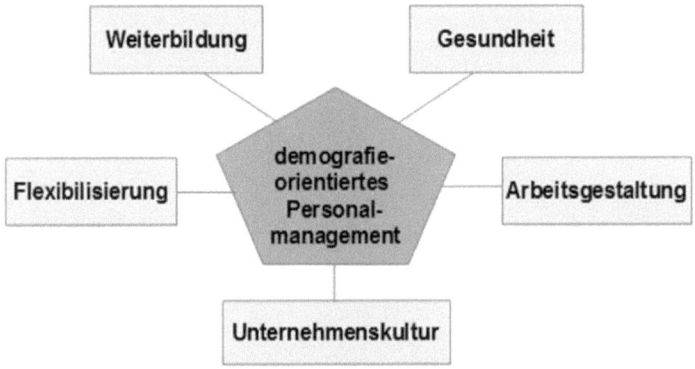

Abbildung 11: Handlungsfelder demografieorientierten Personalmanagements
Quelle: eigene Darstellung

Diese personalpolitischen Maßnahmen beziehen sich auf eine altersübergreifende Qualifizierung durch Weiterbildung, Gesundheitsschutz und -förderung, eine alternsgerechte Arbeitsgestaltung, die Flexibilisierung der Laufbahngestaltung hinsichtlich Stellenwechsel und Arbeitszeitgestaltung und einer motivationsfördernden Unternehmenkultur.

Arbeitsgestaltung

Eine alternsgerechte Arbeitsgestaltung innerhalb der Betriebe umfasst sowohl die entsprechende Ausgestaltung des Arbeitsplatzes, der Arbeitsorganisation und der Arbeitszeit. Dazu zählen präventive, kompensatorische und prospektive Maßnahmen wie Arbeitsschutz, Arbeitsplatzergonomie, individuelle und dynamische Arbeitsstrukturierungskonzepte und eine flexible Arbeitszeitgestaltung (siehe *Flexibilisierung*). (Frerich, 2013, S. 189)

Dabei kann es „aufgrund interindividueller Unterschiede keine für alle Beschäftigten optimale Arbeitsstruktur geben" (ebd.). Aufgrund dessen ist es die Aufgabe der jeweiligen Betriebe individuell in Abhängigkeit der altersspezifischen Zusammensetzung ihrer Belegschaft eine Auswahl angepasster Arbeitsstrukturen (dazu zählen auch Tätigkeiten) anzubieten (ebd., S. 186 ff.). Dazu zählt beispielsweise auch der Einsatz älterer Arbeitnehmer in der Schichtarbeit: Laut Brandenburg und Domschke (2007) sind „ältere Mitarbeiter – als Grenze gilt hier das 40. Lebensjahr – [.] eher für *permanente Frühschichten* als für Wechsel- oder Nachtschichten geeignet" (S. 186, [Herv.i.O.]).

Weiterbildungsmaßnahmen

Die Produktivität und Leistungsfähigkeit der Arbeitnehmer ist eng mit deren Qualifikationen verknüpft, weshalb die Weiterbildung der Erwerbstätigen eine tragende Rolle spielt (Deutscher Bundestag, 1998, S. 150). Infolgedessen ist es „gerade in einer alternden Bevölkerung [...] notwendig, das Modell der zeitlich begrenzten Wissensaufnahme in Schulen oder Ausbildungsstätten durch ständige Weiterbildungsmaßnahmen zu ergänzen" (BiB, 2013a, S. 25). Dabei zählen zu den Möglichkeiten der Kompetenzvermittlung nicht nur formale Qualifizierungsmaßnahmen, sondern auch das arbeitsnahe praktische Lernen (Brandenburg & Domschke, 2007, S. 135).

Laut Messungen des Statistischen Bundesamtes nahm die Beteiligung der Erwerbstätigen an Weiterbildungsmaßnahmen von 2001 (3,2 Millionen) auf 2011 (8,1 Millionen) um mehr als das Doppelte zu. Hierbei sticht die Gruppe der ab 55-Jährigen hervor: ihre Teilnehmerzahl erhöhte sich um das Achtfache. (BiB, 2013a, S. 25)

Gesundheitsschutz und -förderung

Zusätzlich zu Weiterbildungsmaßnahmen bildet auch die betriebliche Gesundheitsförderung ein wichtiges Element eines alternsgerechten Personalmanagements.

Kernbestandteile des Gesundheitsschutzes und der -förderung in Betrieben sind die Wissensvermittlung, das Beeinflussen von Einstellungen und Verhaltensübungen (Frerich, 2013, S. 192). Ziel dieser ist es „die individuelle Gesundheitskompetenz zu stärken, das Wohlbefinden zu steigern und zum Abbau psychischer Belastungen und Beanspruchungen beizutragen" (Gerlmaier, 2007, S. 121).

Diese gesundheitsfördernden Interventionen richten sich altersunabhängig an die gesamte Belegschaft, wobei es altersdifferenzierte Zusatzprogramme gibt (Brandenburg & Domschke, 2007, S. 188). Zu solchen spezifischen Maßnahmen gehören beispielsweise altersabhängige Gesundheits-Checkups, Gesundheitscoaching für ältere Mitarbeiter (bspw. Rückenschulen), gesundheitsbezogene Informationsveranstaltungen für ältere Arbeitnehmer und spezielle Präventions- und Gesundheitsförderungsprogramme für Auszubildende (ebd., S. 190).

Flexibilisierung der Laufbahngestaltung

Als zentrales Handlungsfeld einer demografieorientierten Personalpolitik soll die „Gestaltung von innerbetrieblichen Mobilitätsprozessen [.] mit dem Durchlaufen unterschiedlicher Laufbahnpositionen sowohl Belastungswechsel bzw. Belastungsreduktionen als auch eine Weiterentwicklung der Qualifikationen ermöglichen" (Frerich, 2013, S. 190). Ziel einer flexiblen Laufbahngestaltung ist es demnach einem frühzeitigen gesundheitlichen Verschleiß entgegenzuwirken (Gerlmaier, 2007, S. 123). Kocka (2008) zählt zu den möglichen Maßnahmen die Erleichterung sowohl des Stellenwechsels im jeweiligen Betrieb als auch des Wechsels auf altersgerechte Stellen in anderen Bereichen und Betrieben (S. 227). Zu ersterem zählt nicht nur der Stellenwechsel per se, sondern auch eine abwechslungsreiche Tätigkeitsgestaltung innerhalb einer Stelle durch welche eine „Verfestigung bestimmter Belastungsmuster" (Gerlmaier, 2007, S. 123) verhindert werden soll.

Unternehmenskultur

Nach Frerich (2013) zeigen ältere Erwerbstätige „eine höhere Zufriedenheit mit ihrer Arbeit, ein größeres Engagement und stärkere organisationale Bindung im Vergleich zu jüngeren Arbeitnehmern" (S. 187). Diese positive Einstellung wird allerdings durch die oft bestehenden Vorurteile gegenüber der älteren Belegschaft erschüttert. Dem entgegenzuwirken und ein Wertesystem zu schaffen, welches von möglichst allen Arbeitnehmern des Betriebs getragen wird und ein gewisses Zusammengehörigkeitsgefühl schafft, ist Aufgabe eines guten Personalmanagements (Brandenburg & Domschke, 2007, S. 110). Solch ein Wertesystem ist die Grundlage der Unternehmenkultur eines Betriebes. Zu dieser zählen auch die im Betrieb bestehenden Altersbilder. Ziel einer demografiebezogenen Personalpolitik ist es hierbei, das im Betrieb bestehende Altersbild positiv zu festigen. Aufgabe der führenden Kräfte im Unternehmen ist es daher, „deutlich zu machen, dass auch ältere Mitarbeiter im Unternehmen unverzichtbar und für das Unternehmen wertvoll sind" (ebd., S.112).

Individuelles Engagement des Arbeitnehmers: Lebenslanges Lernen und Eigenverantwortung für gesundes Altern

Für eine möglichst lange Leistungsfähigkeit und somit Arbeits- und Beschäftigungszeit ist allerdings nicht nur der Betrieb verantwortlich: jeder einzelne Arbeitnehmer muss aktiv dazu beitragen. Dies umfasst nach Brandenburg und Domschke (2007) zwei Dimensionen: Einerseits „Aufbau, Erhaltung und Weiterentwicklung beschäftigungsrelevanter Kompetenzen über das gesamte Berufsleben hinweg, [andererseits] Erhaltung und Förderung von Gesundheit und Fitness" (S. 199).

Lebenslanges Lernen

Der Begriff des Lebenslangen Lernens hat sich in der Arbeitswelt etabliert.

> „Dabei soll das lebenslange Lernen als lebensbegleitendes Lernen verstanden werden. Die Idee vom lebensbegleitenden Lernen weitet den bisherigen Blick: Bildung ist im Sinne lebensbegleitenden Lernens kein Prozess, der in einer bestimmten Lebensphase begonnen und abgeschlossen wird. Lebenslanges Lernen tritt damit an die Stelle von Bildungszeiten, die auf bestimmte Lernzeiten wie Schulabschluss, Gesellenbrief oder Hochschulzeugnis beschränkt waren" (BMBF, k.D., 3. Abs.).

Damit wird das Konzept des altersdifferenzierten Lebensverlaufs überwunden. Der Ablauf von „Ausbildung – Erwerbstätigkeit – Ruhestand" ist aufgrund der demografischen Entwicklung überholt. Abgelöst werden soll er vom Prinzip des Lebenslangen Lernens. (Brandenburg & Domschke, 2007, S. 203)

Die Verwirklichung des lebensbegleitenden Lernens ist dabei stark durch die Motivation der Bürger geleitet. Während die Schulpflicht den Schulabschluss als Grundlage jeder Bildungsbiografie legt, muss das Lernen auch nach Erstausbildung attraktiv bleiben. Dasselbe gilt für die Weiterbildung in der spät- und nachberuflichen Phase. (BMBF, k.D., 7. Abs.)

Gesund älter werden

„Nicht nur wie alt man wird, sondern auch *wie* man alt wird, hängt in hohem Maße von der persönlichen Lebensweise und von Umwelteinflüssen ab. […] Etwa 25 Prozent sind Genetik (Erbgut), 75 Prozent sind Umwelt (räumlich und sozial)" (Brandenburg & Domschke, 2007, S. 203, [Herv.i.O.]).

Jeder einzelne ist demnach dazu fähig, zu gesunden beziehungsweise „erfolgreichen" Altern beizutragen. Möglichkeiten diesbezüglich sind laut Brandenburg und Domschke (2007, S. 204) die folgenden:

- gesunde Ernährung
- Verzicht auf Nikotin
- mäßiger Alkoholkonsum
- körperliche Fitness
- Stressreduzierung und -vermeidung
- Inanspruchnahme von Vorsorgeuntersuchungen
- positive Auseinandersetzung mit dem eigenen lebenslaufbedingten Altern
- usw.

Auch in Bezug auf das eigene gesundheitsfördernde Verhalten spielt das Altersbild der Gesellschaft eine Rolle. Während ein positives Bild gesundheitsfördernd wirkt, beeinflussen negative Altersbilder gesundheitliche Präventionsmaßnahmen nachteilig (ebd., S. 206).

Unterstützung des gleitenden Übergangs in den Ruhestand durch Arbeitgeber und Staat

Eine „Verflüssigung des Übergangs von der Erwerbsarbeit in den Ruhestand" (Kocka, 2008, S. 227) ist insofern anstrebsam, da auch sie von der starren Gliederung in die drei Lebensabschnitte „Ausbildung – Erwerbstätigkeit – Ruhestand" abrückt. Auch der sechste Altenbericht plädiert für solch eine Erleichterung und Flexibilisierung der erwerbsbiografischen Statusübergänge (Deutscher Bundestag, 2010, S. 123). In Anbetracht der demografischen Entwicklung in Deutschland wird zukünftig auch die „Arbeit jenseits der Erwerbsarbeit" (Kocka, 2008, S. 228) eine immer größere Rolle spielen. Dazu zählen nach Kocka sowohl Jobs als „Leihoma" als auch das Engagement für Naturschutz oder die aktive Beteiligung in politischen Parteien. Das Spektrum der Möglichkeiten ist groß – und erweiterbar. (ebd., S. 128).

Fazit

Die demografischen Entwicklungen führen in Deutschland zu elementaren Veränderungen hinsichtlich der Altersstruktur auf dem Arbeitsmarkt. Gründe hierfür sind zum einen der Rückgang der Geburtenzahlen und zum anderen die ansteigende Lebenserwartung. Dabei geht der Trend von der traditionellen Diskussion weg „zu einem Gestaltungsthema der betrieblichen Personalpolitik, der Sozialpartner und des Gesetzgebers" (Deutscher Bundestag, 2010, S. 124). Die älteren Arbeitnehmer werden zunehmend als bedeutende Leistungsressource im Betrieb betrachtet. Dies geht sowohl mit Handlungsstrategien eines demografieorientierten Personalmanagements, als auch mit der Notwendigkeit von individuellen Engagement einher. Dabei ist es wichtig, dass die Maßnahmen zur „Förderung alternder Arbeitskräfte bzw. der Sicherung ihrer Beschäftigungsfähigkeit […] nicht erst am Ende , sondern [.] während der gesamten Erwerbsbiographe zum Einsatz kommen" (Frerich, 2013, S. 193). Ein Grundstein hierfür sollte das Bild eines positiven und produktiven Alterns „als faire Antwort auf die gesellschaftlich gebotenen Entwicklungsmöglichkeiten" (Deutscher Bundestag, 2010, S. 124) sein.

Für die Zukunft bleibt abzuwarten, ob die Betriebe die demografischen Entwicklungen für sich nutzen und diesen mit einer entsprechenden altersgerechten Personalpolitik beggnen, oder ob in dieser Hinsicht Optimierungsbedarf besteht.

Literaturverzeichnis

Bach, H., Brixy, U., & Koller, B. (2003). *Ältere ab 55 Jahren – Erwerbstätigkeit, Arbeitslosigkeit und Leistungen der Bundesanstalt für Arbeit* (IAB Werkstattbericht Nr. 5/16.4.2003). Nürnberg.

Bundesministerium für Bildung und Forschung [BMBF]. (k.D.). *Weiterbildung: Lebenslanges Lernen sichert die Zukunftschancen.* Online am 28.02.2015 abgerufen unter http://www.bmbf.de/de/lebenslangeslernen.php

Brandenburg, U., & Domschke, J. (2007). *Die Zukunft sieht alt aus. Herausforderungen des demografischen Wandels für das Personalmanagement.* Wiesbaden: Gabler Verlag.

Bundesinstitut für Bevölkerungsforschung [BiB]. (2013a). *Bevölkerungsentwicklung. Daten, Faken, Trends zum demografischen Wandel.* Wiesbaden.

Bundesinstitut für Bevölkerungsforschung [BiB]. (2013b). Pressemitteilung (Nr. 1/2013). Online am 24.02.2015 abgerufen unter http://www.bib-demografie.de/SharedDocs/Publikationen/DE/Download/ Grafik_des_Monats/2013_01_erwerbstaetigkeit_aelterer.pdf?_blob=publicationFile&v=7

Bundesinstitut für Bevölkerungsforschung [BiB] & Statistisches Bundesamt [Destatis]. (2008). *Bevölkerung. Daten, Fakten, Trends zum demographischen Wandel in Deutschland.* Wiesbaden.

Deutscher Bundestag. (1998). *Zweiter Zwischenbericht der ENQUETE-KOMMISSION „Demografischer Wandel – Herausforderungen unserer älter werdenden Gesellschaft an den einzelnen und die Politik"* (Drucksache 13/11460). Bonn: Deutscher Bundestag.

Deutscher Bundestag. (2010). *Sechster Bericht zur Lage der älteren Generation in der Bundesrepublik Deutschland. Altersbilder in der Gesellschaft und Stellungnahme der Bundesregierung* (Drucksache 17/3815). Berlin.

Deutscher Industrie- und Handelskammertag [DIHK] (Hrsg.). (2010a). *Arbeitsmarkt und Demografie. Ergebnisse einer DIHK-Unternehmensumfrage zur Demografie und den Folgen für den Arbeitsmarkt.* Berlin/Brüssel.

Deutscher Industrie- und Handelskammertag [DIHK]. (2010b). *Firmen fürchten Vergreisung ihrer Belegschaften.* Online am 23.02.2015 abgerufen unter http://www.dihk.de/presse/meldungen/2010-12-30-arbeitsmarkt-und-demografie

Ehrentraut, Dr. O. ,& Fetzer, Dr. S. (2007) . Die Bedeutung älterer Arbeitnehmer im Zuge der demografischen Entwicklung. In M. Holz & P. Da-Cruz (Hrsg.), *Demografischer Wandel in Unternehmen. Herausforderungen für die strategische Personalplanung* (S. 23-36).

Frerich, F. (2013) Alternsmanagement im Betrieb – Herausforderungen und Handlungsansätze. In G. Bäcker, & R. Heinze (Hrsg)., *Soziale Gerontologie in gesellschaftlicher Verantwortung* (S. 185-196), Wiesbaden: VS.

Gerlmaier, A. (2007). Nachhaltige Arbeits- und Erwerbsfähigkeit: Gesundheit und Prävention. In T. W. Länge & B. Menke (Hrsg.), *Generation 40plus. Demografischer Wandel und Anforderungen an die Arbeitswelt* (S. 105-134). Bielefeld: W. Bertelsmann.

Huinink, J., & Schröder, T. (2008). *Sozialstruktur Deutschlands.* Konstanz: UVK.

Kistler, E. (k.D.). Die Auswirkungen des demographischen Wandels auf Arbeitsmarkt und Beschäftigung. Online am 23.02.2015 abgerufen unter http://library.fes.de/pdf-files/akademie/online/03589.pdf

Kocka, Jürgen (2008): Chancen und Herausforderungen einer alternden Gesellschaft. In: U. Staudinger & H. Häfner (Hrsg.): *Was ist Alter(n)? Neue Antworten auf eine scheinbar einfache Frage.* (S. 217-236). Berlin: Springer.

Künemund, H. (2007). Beschäftigung, demografischer Wandel und Generationengerechtigkeit. In T. W. Länge & B. Menke (Hrsg.), *Generation 40plus. Demografischer Wandel und Anforderungen an die Arbeitswelt* (S. 11-32). Bielefeld: W. Bertelsmann.

Möller, J. (2012, 11. Juni). Mythen der Arbeit: Es fehlen Fachkräfte, weil die Gesellschaft altert – stimmt's? *spiegel.de.* Online am 24.02.2015 abgerufen unter http://www.spiegel.de/karriere/berufsleben/fachkraeftemangel-hat-nichts-mit-demogra phischem-wandel-zu-tun-a-837409.html

Schimany, P. (2003). *Die Alterung der Gesellschaft. Ursachen und Folgen des demographischen Umbruchs.* Frankfurt: Campus.

Schimany, P. (2005). *Die alternde Gesellschaft.* (Working Papers, 4/2005). Nürnberg: Bundesamt für Migration und Flüchtlinge.

Schuett, S. (2014). *Führung im demografischen Wandel. Ein Leitfaden für Führungskräfte und Personalmanager.* Wiesbaden: Springer.

Die Folgen der Bevölkerungsalterung für den Arbeitsmarkt in Deutschland

Dominic Konrad, 2015

Zusammenfassung

Die demografische Veränderung stellt den Arbeitsmarkt und die Betriebe vor große Herausforderungen. Die Bevölkerung Deutschlands wird bis 2050 deutlich altern und zudem verringert sich die Einwohnerzahl um 10 Prozent auf 75 Millionen. Die Bevölkerungsstruktur verändert sich bis 2050, da es von Generation zu Generation immer weniger Geburten gibt und die Lebenserwartung steigt. Die Generation der „Baby Boomer" altert nach oben und erhöht zukünftig die absolute Anzahl und den relativen Anteil an Rentnern.

Durch den demographischen Wandel kommt es auf dem deutschen Arbeitsmarkt zu gravierenden Veränderungen. Ein negatives Bevölkerungswachstum und ein schwerwiegender Alterungsprozess der deutschen Gesellschaft sind unter anderem die Folgen des demographischen Wandels. Je nach Höhe der zukünftigen Zuwanderung verändert sich das Arbeitskräfteangebot, insbesondere werden ältere Personen einen immer größer werdenden Teil der Belegschaft bilden. Durch die Umstellung, die der technologische Fortschritt mit sich bringt, rückt die körperliche Arbeit mehr und mehr in den Hintergrund und wissensintensive Tätigkeiten drängen sich in den Vordergrund. Damit einher geht ein höherer Bedarf an hoch qualifizierten Arbeitskräften und zugleich vermindert dies die Nachfrage nach weniger qualifizierten Personen. Für Unternehmen rückt der Wissenstransfer von den älteren auf die jüngeren Mitarbeiter in den Mittelpunkt, um die Wettbewerbsfähigkeit aufrecht erhalten zu können.

Schlüsselwörter

Demographischer Wandel, Wissenstransfer, negatives Bevölkerungswachstum, Arbeitskräfteangebot, Altersstruktur, Arbeitsmarkt

Gender Erklärung

Aus Gründen der besseren Lesbarkeit wird in dieser Diplomarbeit die Sprachform des generischen Maskulinums angewendet. Es wird an dieser Stelle darauf hingewiesen, dass die ausschließliche Verwendung der männlichen Form geschlechtsunabhängig verstanden werden soll.

Einleitung

Problemstellung

Der demographische Wandel beeinflusst diverse Märkte und fordert politische, soziologische und wirtschaftliche Veränderungen. Der Arbeitsmarkt ist ebenfalls von diesem Wandel betroffen und steht zugleich vor Herausforderungen und Chancen.[427] Durch geringere Geburtenraten wird die Bevölkerung von Industriestaaten, besonders Deutschland, in den nächsten 50 Jahren vorerst älter werden und währenddessen schrumpfen. Aufgrund der abnehmenden Nachwuchszahlen seit den 1970er Jahren sind die folgenden Generationen etwa um ein Drittel kleiner als die vorherige Generation. Bisher wurde der Rückgang der Nachwuchszahlen durch die erhöhte Lebenserwartung und Immigration überkompensiert. Dies hatte eine konstante Steigerung und eine Veränderung der altersstrukturellen Zusammensetzung der deutschen Bevölkerung seit dem 2. Weltkrieg zur Folge. Unter Altersstruktur ist das Verhältnis von unterschiedlichen Altersgruppen zueinander zu verstehen. Die Veränderung der Altersstruktur, die mit dem demographischen Wandel einhergeht, betrifft Deutschland im weltweiten Vergleich besonders stark. Da die Bundesrepublik Deutschland als hoch technologisch entwickeltes Land gilt und Unternehmen ihren Wettbewerbsvorteil vor allem aus dem Wissensvorsprung erzielen, beeinflusst die strukturelle Veränderung des Humankapitals unmittelbar die Wettbewerbsfähigkeit der Unternehmen.[428] Das Verhältnis zwischen Jung und Alt hat sich deutlich in Richtung der Älteren verschoben und eine Überalterung der Gesamtbevölkerung ist die Folge. Der demographische Wandel führt aus betrieblicher Sicht zu einem Anstieg an älteren Arbeitnehmern, während die Nachwuchszahlen unterdessen geringer werden und es damit zu einer Verstärkung des bereits existenten partiellen Fachkräftemangels kommt. Die demographische Veränderung findet während eines wirtschaftlichen und technologischen Wandels statt und gefährdet die Wettbewerbsfähigkeit deutscher Unternehmen.[429] Daraus leitet sich die Frage ab, auf welche Chancen und Risiken sich der Arbeitsmarkt beziehungsweise Unternehmen vorbereiten müssen.

---

[427] Vgl. Borsch-Supan et al., 2009, S. 21-22.

[428] Vgl. Klös, 2003, S. 8.

[429] Vgl. Prezewowsky, 2007, S. 1.

Forschungsziele

Im Rahmen der Arbeit soll darauf eingegangen werden, welche Auswirkungen der demographische Wandel auf den Arbeitsmarkt in Deutschland hat und welche Handlungsperspektiven vorliegen. Des Weiteren soll auf Probleme, die mit der Veränderung der Bevölkerung einhergehen, aus betrieblicher Sicht eingegangen und mögliche Bewältigungsstrategien erklärt werden.

Gang der Arbeit

In den folgenden Kapiteln wird die demographische Entwicklung in Deutschland erläutert und es wird dargelegt, warum dem demographischen Wandel eine besondere Wichtigkeit zugeschrieben wird. Es werden Prognosen, die Entwicklung der Bevölkerung und der Altersstruktur dargestellt. Folgend wird näher auf die Herausforderungen am Arbeitsmarkt für Unternehmen und deren Elemente wie Arbeitskräfteangebot, Arbeits-, Personalpolitik oder altersgerechte Arbeitsgestaltung eingegangen. Im vierten Kapitel der Arbeit werden Handlungsempfehlungen vorgestellt, damit Unternehmen in Zukunft besser mit der demographischen Veränderung umgehen können.

Demographische Entwicklung in Deutschland

Bisherige Entwicklung der Bevölkerung

Die drei wichtigsten Faktoren für die Struktur einer Bevölkerung sind die Mobilität, die Fertilität und die Mortalität. Deutschland ist keine Ausnahme, sondern die gesamte Weltbevölkerung ist im 20. Jahrhundert gewachsen. Die Weltbevölkerung brauchte bis 1804, um eine Milliarde Einwohner zu erreichen und nur zwei Jahrhunderte, um von einer Milliarde auf sechs Milliarden Bewohner 1999 zu wachsen.[430] Im letzten halben Jahrhundert stieg die Bevölkerung Deutschlands stetig von 68 auf 82 Millionen Einwohner an.

Die anfangs allgemeingültige Bevölkerungsstruktur lässt sich in Form einer Pyramide darstellen (vgl. Abb. 1: Bevölkerungspyramidenvergleich). Kinder bilden dabei das Fundament und stellen die stärksten Jahrgänge, die Zahl der älteren Personen nimmt als Folge der Sterblichkeit fortwährend ab. Zuletzt konnte ein derartiger Altersaufbau einer Bevölkerungspyramide im Deutschen Reich 1910 festgestellt werden. Die Wirtschaftskrise Anfang der 1930er Jahre, sowie die beiden Weltkriege haben die Struktur der Bevölkerung bis 1950 stark verändert. Die sogenannte „Baby Boomer" Generation ließ die Geburtenrate von 1955 bis 1969 beträchtlich ansteigen. Die Alterung dieser Kohorte ist eine Besonderheit der Bevölkerungsentwicklung. Die Pyramide in ihrer klassischen Form existiert seitdem nicht mehr.[431]

Zusätzlich erhöhte sich das Durchschnittsalter der deutschen Bevölkerung seit 1960 um fünf Jahre und die Struktur der Erwerbstätigen hat sich verändert.[432] Nach der Vorausberechnung des Statistischen Bundesamtes wird sich das Wachstum der Bevölkerung frühestens 2023 umkehren und es wird zu einer Schrumpfung der Bevölkerung kommen.[433]

---

[430] Vgl. Velladics, 2004, S. 11.
[431] Vgl. Statistisches Bundesamt, 2015 S. 18.
[432] Vgl. Buck et al., 2002, S. 15-17.
[433] Vgl. Statistisches Bundesamt, 2015, S. 2.

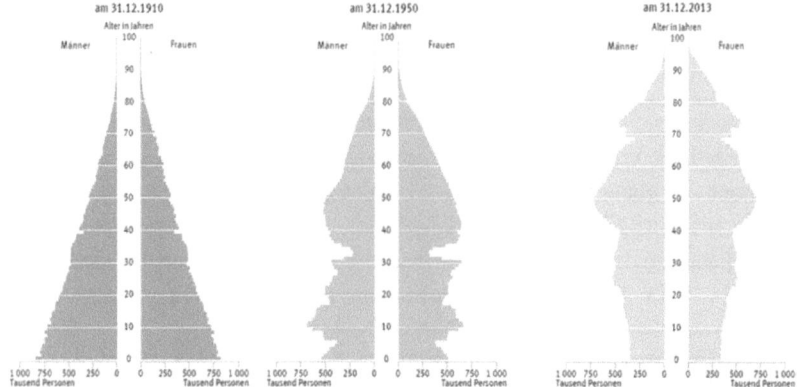

Abbildung 1: Bevölkerungspyramidenvergleich[434]

Eine Bevölkerung wird generell in drei Altersklassen unterteilt: Kinder und Jugendliche unter 20 Jahren, die Erwerbstätigen von 20- bis unter 65-Jährige und den nicht mehr Erwerbstätigen, die 65 Jahre und älter sind. Die veränderte Form der Altersstruktur ist ein Ergebnis aus der geminderten Geburtenrate und der erhöhten Lebenserwartung.[435]

Der verhältnismäßige Anteil von Älteren an der Gesamtbevölkerung Deutschlands ist seit 1950 bis 2013 um 11 Prozentpunkte gestiegen. Absolut ist die Zahl der Altersklasse 65+ von 6,7 auf 15,9 Millionen gewachsen. Der Anteil der Erwerbstätigen (20 bis 64 Jahre) ist im Vergleich mit 60 zu 61 Prozent annähernd konstant geblieben. Der gravierende Unterschied liegt aber bei den Jugendlichen unter 20 Jahren. Diese Altersklasse ist von 30 auf 18 Prozent geschrumpft.[436]

Aktueller Stand der Entwicklung

Im Ausgangsjahr der Vorausberechnung 2013 ist der demographische Wandel in Deutschland längst angekommen. Die Bevölkerung besteht zu:

- 18 % aus Kindern und Jugendliche unter 20 Jahren,
- 61 % aus 20- bis unter 64-Jährigen und
- 21 % aus 65-Jährigen und Älteren.

---

[434] Aus Statistisches Bundesamt, 2015, S. 18.

[435] Vgl. Buck et al., 2002, S. 17.

[436] Vgl. Statistisches Bundesamt, 2015, S. 17.

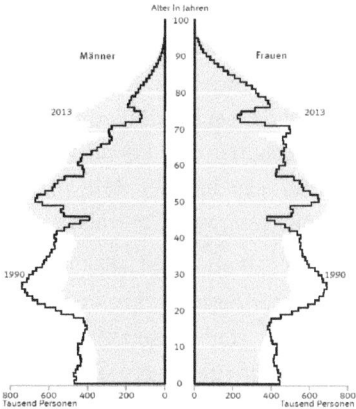

Abbildung 2: Altersaufbau der Bevölkerung 2013 im Vergleich zu 1990[437]

Eine Gegenüberstellung der Altersstruktur im Jahr der deutschen Wiedervereinigung 1990 und 2013 stellt den demographischen Wandel deutlich dar (vgl. Abb. 2 Altersaufbau der Bevölkerung 2013 im Vergleich zu 1990). Die Zahl der Geborenen hat sich in den vergangenen zwei Jahrzehnten kontinuierlich verkleinert. Die stark besetzten Jahrgänge der 1950er und 1960er Jahre sind in das höhere Erwerbsalter gekommen. Die Anzahl der ab 70-Jährigen ist von 8,1 auf 13,1 Millionen gestiegen. Das Medianalter teilt die Bevölkerung in eine jüngere und eine ältere Hälfte und hat sich daraufhin von 37 auf 45 Jahre erhöht. Zeitgleich ist die sogenannte Bevölkerungspyramide symmetrischer geworden. Insbesondere bei den oberen Kohorten macht sich bemerkbar, dass inzwischen nicht nur Frauen, sondern auch Männer ein höheres Lebensalter erreichen.[438]

Prognosen

Die Voraussage für die zukünftige Entwicklung der Bevölkerung ist ein negatives Bevölkerungswachstum aufgrund dessen, dass die Zahl der Gestorbenen die Zahl der Geborenen immer weiter übersteigt und dadurch das Geburtendefizit von der Zuwanderung nicht mehr aufgefangen werden, sondern lediglich abgeschwächt werden kann. Ein negatives Bevölkerungswachstum konnte 2011 nur aufgrund einer außerordentlich hohen Einwanderung verhindert werden. Je nach Annahmen wird sich die Bevölkerungszahl von 80,8 Millionen am 31. Dezem-

---

[437] Aus Statistisches Bundesamt 2015, S. 11.
[438] Vgl. Statistisches Bundesamt 2015 S.11.

ber 2013 auf 67,6 beziehungsweise auf 73,1 Millionen Einwohner im Jahr 2060 verringern.[439] In den Vorausberechnungen wird von einer zusammengefassten Geburtenziffer von 1,4 Kindern pro Frau ausgegangen, die bis 2050 konstant bleibt. Die Geburtenzahl sinkt dennoch aufgrund der kleiner werdenden Müttergenerationen. Die absolute Geburtenzahl könnte nur gleich bleiben, wenn die nachfolgenden Muttergenerationen in ihrer Zahl ident bleiben würden. Daher verstärkt sich der Geburtenrückgang von Generation zu Generation.[440]

Während die Vorhersage der Geburtenzahl eher spekulativ ist, ergibt sich die Zunahme der Sterbefälle aus der bestehenden Altersstruktur der deutschen Bevölkerung. Die außerordentlich stark besetzten Jahrgänge der heute 40- bis 50-jährigen so genannten „Babyboomer" verschieben sich im Laufe der Vorausberechnungsperiode in höhere Altersklassen, in denen die Sterbewahrscheinlichkeit höher ist als in jüngeren Altersklassen.[441] Ein negatives Bevölkerungswachstum wird unter Berücksichtigung dieser Annahmen nicht vor dem Jahr 2023 eintreten. Die Alterung der Bevölkerung ist der zweite Megatrend und hingegen zur Schrumpfung der Bevölkerung bereits gegenwärtig.[442] Die prognostizierte Bevölkerungsstruktur wird stark vom bestehenden Altersaufbau determiniert und die Entwicklung der kommenden Jahrzehnte bestimmen. Nach dem Jahr 2020 wechseln die „Babyboomer" in die Altersklasse 65 + und verstärken somit den Anteil der Älteren an der deutschen Bevölkerung. Durch die geringe Geburtenrate der nachfolgenden Generationen wird dieser Trend unterstützt und es kommt zur so genannten „doppelten Alterung" der Bevölkerung. Das Medianalter wird sich von 42 Jahre bis 2050 auf 47 Jahre erhöhen.[443]

---

[439] Vgl. Statistisches Bundesamt, 2015, S. 6.

[440] Vgl. Wendt, 1999, S. 7.

[441] Vgl. Statistisches Bundesamt, 2003, S. 28

[442] Vgl. Buck & Schletz, 2004, S. 7.

[443] Vgl. Statistisches Bundesamt, 2003, S. 28.

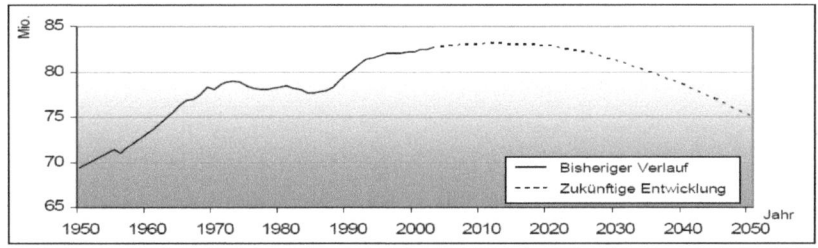

Abbildung 3: Bevölkerungsprognose Deutschlands bis 2050[444]

Der Altenquotient bildet das Verhältnis der Personen im Rentenalter zu 100 Personen im erwerbsfähigen Alter ab und gilt als Indikator für die Alterung einer Bevölkerung.[445] Im Jahr 2008 lag der Altenquotient bei 34 und wird voraussichtlich bis 2060 auf 67 ansteigen. Das Gegenstück ist der Jugendquotient. Er bildet das Verhältnis der Personen unter 20 Jahren zur Erwerbstätigen Bevölkerung im Alter von 20 bis 64 Jahren. Der Jugendquotient sinkt von 2002 bis ins Jahr 2010 von 38 auf 33,5 Prozent und schwankt bis 2050 zwischen 33 und 35,4 Prozent. Der Gesamtquotient bildet das Verhältnis zwischen Personen unter 20 Jahren, sowie den über 65 Jährigen zur erwerbstätigen Altersklasse. Im Jahr 2027 wird der Gesamtquotient erstmals mehr als 100 Prozent betragen und somit wird es mehr Jugendliche und Senioren als Erwerbstätige geben.[446]

Im Jahr 2050 wird der Anteil der Kinder und Jugendlichen aufgrund der Veränderung der Bevölkerungsstruktur von 18 Prozent aus dem Jahr 2013 auf 16 Prozent sinken. Der Anteil der 20- bis unter 65-Jährigen nimmt von 61 auf 47 Prozent ab, während der Anteil der 60-Jährigen und Älteren von 21 auf 37 Prozent steigt.[447]

---

[444] Aus Statistisches Bundesamt, 2003, S.26.
[445] Vgl. Schmid, 2015, „Altenquotient" [online].
[446] Vgl. Klös, 2003, S. 8.
[447] Vgl. Statistisches Bundesamt, 2003, S. 42.

Die Herausforderungen am Arbeitsmarkt

Arbeitskräfteangebot

Erwerbstätige sind Personen im Alter von 15 bis 64 Jahren, die eine auf Erwerb zielgerichtete Tätigkeit ausüben und Entgelt dafür erhalten. Erwerbslose sind Personen im Alter von 15 bis 64 Jahren, die nicht am Erwerbsleben teilnehmen, aber eine Erwerbstätigkeit suchen. Nichterwerbspersonen sind alle Personen von 15 bis 64 Jahren, die nicht aktiv eine auf Erwerb gerichtete Tätigkeit ausüben oder suchen. Erwerbstätige und Erwerbslose ergeben addiert die Erwerbspersonen. Aus den Erwerbspersonen und Nichterwerbspersonen ergibt sich die Bevölkerung im erwerbsfähigen Alter.[448]

Die veränderte Entwicklung der Bevölkerung bestimmt die Entwicklungstendenzen des Arbeitskräfteangebotes. Aus langfristiger Sicht entwickeln sich die Zahl und Altersstruktur der potentiell verfügbaren Arbeitskräfte parallel zur Bevölkerung.[449]

Seit 1980 ist die Bevölkerung um 14 Millionen gewachsen. Dabei fallen 9 Millionen in die Altersklasse der erwerbsfähigen Personen. Damit ist der Anteil der erwerbsfähigen Personen im Vergleich zu früheren Jahrzehnten hoch und es wird von einem großen Arbeitskräfteangebot gesprochen. Dies hat allerdings nichts mit der Zahl der tatsächlichen Beschäftigten zu tun, die erst aus der Verknüpfung zwischen Arbeitskräfteangebot und Arbeitsnachfrage entsteht.

Aufgrund der stark besetzten Jahrgänge der „Baby-Boomer" und der schwach besetzten Kriegsjahrgänge haben sich die Anteile der einzelnen Altersgruppen, die im erwerbsfähigen Alter sind, stark verschoben, da die verschieden stark besetzten Jahrgangskohorten durch die Altersklassen hindurch altern.[450]

Mitarbeiter als wichtigste Ressource

Leistungsfähige und kompetente Mitarbeiter sind während der demographischen und wirtschaftlichen Entwicklung ein bedeutender Faktor für Unternehmen. Einerseits ergeben sich wirtschaftliche Wachstumschancen durch die globale Vernetzung, andererseits wird dadurch der nationale und internationale Konkur-

---

[448] Vgl. Velladics, 2004, S. 32.
[449] Vgl. Velladics, 2004, S. 23.
[450] Vgl. Buck et al., 2002, S. 16-17.

renzkampf forciert.[451] Hohe Flexibilität, kontinuierliche Produkt- und Prozessinnovation sind für Unternehmen am wachsenden Markt zwingend notwendig.

Während weniger qualifizierte Tätigkeiten durch technologischen Fortschritt an Bedeutung verlieren, erhöht sich der Anteil an qualifizierten Tätigkeiten.[452] Innovative Arbeitsweisen und der Einsatz neuer Technologien verstärken den Zuwachs von wissensintensiven Tätigkeiten. Durch die steigende Integration von Kunden wird der Leistungserstellungsprozess verstärkt.[453] Das benötigte Wissen um qualifizierte Tätigkeiten ausführen zu können ist personengebunden. Damit rückt der Mensch als entscheidender Wettbewerbsfaktor in den Vordergrund, da der Mensch Wissensträger ist. Mitarbeiter wurden lange als Kostenverursacher gesehen. Diese Sichtweise änderte sich in jüngerer Zukunft und Unternehmen erkannten, dass das Humankapital eine der wertvollsten Ressourcen eines Unternehmens ist. Heutzutage sind die klassischen Produktionsfaktoren wie Arbeit, Boden und Kapital in den Hintergrund gerückt und der determinierende Faktor für das Potential von Volkswirtschaften und Unternehmen ist das Wissen der Mitarbeiter.[454]

Das Humankapital wird in der Praxis als wertvolle Ressource angesehen, wenn angemessene Gewinne erzielt werden. Im Fall einer wirtschaftlichen Krise von Unternehmen oder Volkswirtschaften ist der Personalabbau ein wesentlicher Bestandteil zur Existenzsicherung.[455]

Veränderung des Erwerbspersonenpotenzials

Die Belegschaft eines Unternehmens besteht vorwiegend aus der Bevölkerung des Landes, in dem sie Waren oder Dienstleistungen produzieren beziehungsweise erbringen.[456] Zum Erwerbspersonenpotenzial zählt nicht die gesamte Bevölkerung, sondern alle Erwerbspersonen im erwerbsfähigen Alter mit Wohnsitz in Deutschland, die eine Erwerbstätigkeit ausführen oder suchen.[457]

---

[451] Vgl. Behrend, 2001, S. 17.
[452] Vgl. Wiesheu, 1999, S. 58.
[453] Vgl. Bullinger et al., 2003, S. 98-100.
[454] Vgl. Buck, 2001, S. 20.
[455] Vgl. Stührenberg, 2004, S. 41.
[456] Vgl. Institut der deutschen Wirtschaft Köln, 2006, S. 11.
[457] Vgl. Deutscher Bundestag, 2002, S. 57.

Die Strukturveränderung der Bevölkerung kann nicht deckungsgleich auf das Erwerbspersonenpotenzial übertragen werden, da es nur einen Teil der Bevölkerung betrifft. Die erhöhte Lebenserwartung hat keinen Einfluss auf das Erwerbspersonenpotenzial. Die geringer werdende Geburtenrate beeinflusst die zukünftige Zahl der Erwerbspersonen unmittelbar. Die strukturelle Veränderung der Bevölkerung und des Erwerbspersonenpotenzials kann nicht gleichgestellt werden. Die Trends Alterung und Schrumpfung sind sowohl bei der veränderten Bevölkerungsstruktur, als auch beim Erwerbspersonenpotenzial zu beobachten.[458]

Fachkräftemangel

Ein Rückgang des Erwerbspersonenpotenzials wird erst ab 2020 eintreten und somit mittelfristig keinen Arbeitskräftemangel verursachen. Der Nachwuchsmangel stellt Unternehmen in gewissen Regionen bereits vor eine Herausforderung. Bei qualifizierten Fachkräften besteht ein Nachfrageüberschuss, welcher sich durch das in Zukunft steigende Durchschnittsalter und kleiner werdende jüngere Kohorten verstärken wird. [459]

Anders als die vorherrschende öffentliche Meinung vorgibt, betrifft der Mangel an Arbeitskräften nahezu ausschließlich spezifisch höher qualifizierte Fachkräfte im jungen und mittleren Alter. Aufgrund von Rationalisierungsprozessen und der technologischen Entwicklung in der Arbeitswelt steigen die technischen Lösungen die den Menschen ersetzbar machen. Dies trifft hauptsächlich auf weniger qualifizierte Tätigkeiten zu, während der Bedarf an höher qualifizierten Fachkräften zunimmt. Dadurch entsteht ein Arbeitskräfteüberhang, der sich auf weniger qualifizierte Personen konzentriert. Es bilden sich Engpässe auf speziellen Teilarbeitsmärkten, die sich keineswegs auf den gesamten Arbeitsmarkt beziehen.[460]

Für die Nichtbesetzung vakanter Stellen sind die verschiedenen Auffassungen über annehmbare Konditionen des Arbeitsverhältnisses oder qualifikatorische Mängel verantwortlich. Ein Fachkräftemangel kann sich auf Betriebe negativ auswirken, indem er Produktionsengpässe verursacht. Somit entstehen Kosten für den Zukauf von Produkten und Dienstleistungen, die die Wettbewerbsfähigkeit von Unternehmen negativ beeinflussen. Des Weiteren können quantitative

---

[458] Vgl. Prezewowsky, 2007, S. 36.

[459] Vgl. Buck et al., 2002, S. 15.

[460] Vgl. Prezewowsky, 2007, S. 36.

und qualitative Personallücken geringe Innovationskraft und Produktivität zur Folge haben. Durch einen Fachkräftemangel kann der Zufluss von neu ausgebildeten Qualifikationsträgern nicht mehr aufrecht erhalten werden und wertvolles Wissen Älterer kann nicht an Jüngere weitergegeben werden.[461]

Betriebliche Altersstruktur

Der demographische Wandel stellt Unternehmen vor die Herausforderung, ihre Altersstrukturen so zu verändern, damit ihre Innovationsfähigkeit und Produktivität erhalten, möglichst sogar gesteigert werden. Die Dominanz einzelner Altersgruppen wird als Altershomogenität bezeichnet, die entweder jugendzentriert, komprimiert oder alterszentriert auftreten kann (vgl. Abb. 4: Idealtypische Altersverteilung, Altersheterogen, Altershomogen).[462]

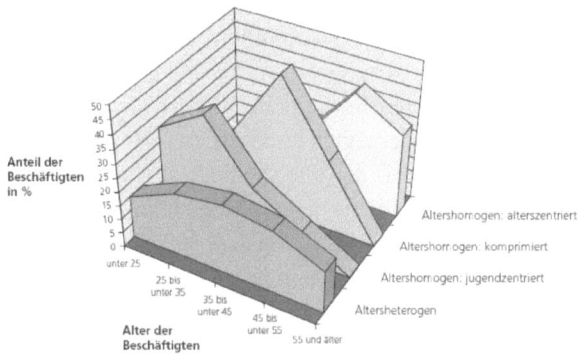

Abbildung 4: Idealtypische Altersverteilung, Altersheterogen, Altershomogen[463]

Die Belegschaften von Unternehmen stellen zumeist ein nicht repräsentatives Abbild der Struktur des Erwerbspersonenpotenzials dar. Je nach Attraktivität (Image, Branche, Finanzkraft, etc.) des Arbeitgebers kann sich dieser von der demographischen Veränderung entkoppeln. Die gewünschte Personalpolitik spiegelt sich in homogenen, jugendzentrierten, komprimierten oder alterszentrierten Belegschaftsstrukturen wieder. Die Altersstruktur der Belegschaft ist das Resultat von quantitativer Personalpolitik. Beispiele dafür sind Rekrutie-

---

[461] Vgl. Prezewowsky, 2007, S. 37.
[462] Vgl. Buck et al., 2002, S. 50.
[463] Aus Buck et al., 2002, S. 55.

rung, Verzicht auf Neueinstellungen, Frühverrentung, Längerbeschäftigung oder Personalfreisetzung.

Als bestmöglichste Struktur aus organisationsdemographischer Sicht gilt die heterogene Altersstruktur. Den Kern der Belegschaft bilden die Mitarbeiter im mittleren Alter, die als besonders leistungsfähig gelten. Es entstehen Synergieeffekte zwischen den älteren, die ihre Erfahrungen weiter geben können und den jüngeren Mitarbeitern, die ihr Wissen einbringen können. Stärken und Schwächen der verschiedenen Altersgruppen werden damit ausgeglichen. Dies sichert die gegenwärtige und auch zukünftige betriebliche Leistungsfähigkeit, da es zu keiner Dominanz einzelner Kohorten kommt und somit das Konfliktpotenzial reduziert wird.[464]

Die rasche technologische Entwicklung der letzten Jahre war der Grund dafür, warum Unternehmen in der Vergangenheit vor allem in innovativen Branchen jüngere Mitarbeiter mit aktuellen Qualifikationen und höherer Leistungsfähigkeit den älteren Mitarbeitern vorgezogen wurden. Jugendzentrierte Altersstrukturen sind die Folge für Unternehmen, deren Schwerpunkt sich auf die Entwicklung und Nutzung neuer Technologien konzentriert. Der geringe Anteil der Belegschaft besteht aus Personen, die altersbedingt aus dem Erwerbsleben ausscheiden. Demzufolge treffen viele junge Arbeitnehmer auf wenige vakante Aufstiegsmöglichkeiten, was zu Motivationsproblemen, einer starken Personalfluktuation und zu einer negativen Beeinflussung der Leistungsfähigkeit führen kann. Zudem verstärkt ein hoher Bedarf an jungen, qualifizierten Arbeitskräften die bereits vorhandenen Rekrutierungsengpässe.[465]

Die betriebliche Leistungsfähigkeit kann von alterszentrierten Strukturen ebenfalls negativ determiniert werden. Die Beschäftigung vieler Älterer führt zu einem Ausscheiden großer Belegschaftsteile zur gleichen Zeit und damit verringert sich die Wettbewerbsfähigkeit. Abrupter Verlust von Erfahrungswissen und entstehende Lücken im betrieblichen Know-How können Konsequenzen alterszentrierter Strukturen sein. Unternehmen sollten dieses mögliche Szenario in Betracht ziehen und frühzeitig ihr komplexes, mehrdimensionales Erfahrungswissen an jüngere Generationen weitergeben. Der quantitative Personalstand kann nur mit einer enormen Einstellungswelle kompensiert werden, welche die Unternehmen wegen der schwierigen Nachwuchssituation vor erneute Heraus-

---

[464] Vgl. R. George, 2000, S. 220.

[465] Vgl. Bertelsmann Stiftung & BDA, 2005, S. 29.

forderungen stellen wird.⁴⁶⁶ Alterszentrierte Strukturen bringen höhere Gesundheits- und Qualifikationsrisiken mit sich, die sich speziell in einer schwächeren Leistungsfähigkeit der älteren Mitarbeitergruppe niederschlagen können.⁴⁶⁷ Die Herausforderungen für ein zukunftsfähiges Personal- und Innovationsmanagement bestehen in:

- Der Schaffung heterogener Altersstrukturen. Ausgeprägte altershomogene Rekrutierungs- und Berentungswellen sollten vermieden werden.
- Die Förderung der Übermittlung von Erfahrungswissen zwischen den betrieblichen Kohorten.
- Die Integration älterer Beschäftigter in den Innovationsprozess, um deren Erfahrungen zu nutzen.⁴⁶⁸

Gesundheit und Leistungsfähigkeit

Gesundheitsgefahren können nur entgegen gewirkt werden, wenn diese Gefahren bekannt sind. Laut dem wissenschaftlichen Institut der Ortskrankenkassen sind Rückenschmerzen die am häufigsten genannte gesundheitliche Beschwerde. Beinahe jeder Zweite (45 Prozent) der Befragten leidet häufig darunter. Verspannungen und Verkrampfungen der Muskulatur sind häufig die Folge von Rückenschmerzen und stehen an zweiter Stelle. Müdigkeit und Abgeschlagenheit folgen auf dem dritten Platz. Zwei Drittel der Befragten bringen Rückenschmerzen, Verspannungen, Reizbarkeit, Nervosität, Unruhe, Augenreizungen und Gelenkschmerzen mit dem Arbeitsplatz in Verbindung.⁴⁶⁹

Es lassen sich zwei gegenläufige Entwicklungen aus statistischen Daten im Zusammenhang zwischen Alter und Arbeitsunfähigkeit (AU) ableiten. Die bis 24-Jährigen erreichen die höchste Anzahl an AU-Fällen, während die Zahl der 45-Jährigen und älter vergleichsweise deutlich geringer ist. Die Dauer der AU pro Fall ist bei den älteren deutlich höher als bei den jüngeren Altersgruppen. Daraus lässt sich ableiten, dass Ältere keineswegs öfter arbeitsunfähig als Jüngere sind, jedoch wenn sie erkranken, deutlich länger arbeitsunfähig bleiben. Je älter eine Altersgruppe ist, desto höher ist die Anzahl der gesundheitlich beeinträchtigten Arbeitnehmer. Ein an das Leistungsvermögen angepasster Arbeitsplatz ist

---

⁴⁶⁶ Vgl. Buck et al., 2002, S. 54.
⁴⁶⁷ Vgl. R. George, 2000, S. 109.
⁴⁶⁸ Vgl. Buck et al., 2002, S. 50.
⁴⁶⁹ Vgl. Buck et al., 2002, S. 83.

für viele von ihnen von Nöten, um ihre Aufgabe in den Tätigkeitsfeldern optimal zu erfüllen. Diese Tätigkeitsfelder sind aufgrund von Modernisierung und Rationalisierung zumeist nur eingeschränkt vorhanden oder zur Gänze entfallen. In den Bereichen Produktion und Dienstleistung haben die Leistungsanforderungen währenddessen zugenommen. Diese Arbeitnehmer, welche bislang vorzeitig ausgegliedert worden sind adäquat einzusetzen, stellt Unternehmen vor eine weitere Herausforderung.

Einige Menschen sind noch mit 70 Jahren innovativ und produktiv während andere bereits mit 45 Jahren als zu alt für ihren Beruf gelten. Diese Tatsache hängt nicht mit der Veränderung der menschlichen Leistungsfähigkeit zusammen, sondern mit der Art der Tätigkeit und ihrem Erwerbsverlauf. Untersuchungen und Praxisevaluationen bestätigen, dass das Leistungspotenzial mit dem Alter wächst und ein Umbauprozess anstatt eines Abbauprozesses stattfindet. Der Umbauprozess beinhaltet einen körperlichen Abbau der Leistungskapazität, psychische Leistungsmerkmale wie Aufmerksamkeit oder Konzentration bleiben gleich und die geistig soziale Kompetenz nimmt im Lauf des Alters zu.

Defizite bei der Reaktionsfähigkeit, der Wahrnehmungsleistung und eine Verlangsamung der geistigen Verarbeitungsprozesse sind Merkmale, welche mehrfach bei älteren Personen vorkommen. Um diese Defizite ausgleichen zu können, müssen Maßnahmen der Arbeitsgestaltung getroffen werden.

Gedächtnis, Kreativität, Problemlösungskompetenz, Intelligenz, soziale Kompetenzen oder Stressbewältigungsfähigkeit sind Leistungsvoraussetzungen, die vor allem von den Anregungsbedingungen abhängig sind, denen ein Mensch im Laufe seines Berufslebens ausgesetzt ist. Gezielte Förderungen erhalten beziehungsweise bauen die Leistungsvoraussetzungen weiter aus. Bei bestimmten Leistungsparametern ist von einer alterstypischen Veränderung zu sprechen, die jedoch keineswegs auf alle Personen einer Alterskohorte gleichermaßen zutrifft. Das individuelle Leistungsvermögen muss betrachtet werden und nicht die alterstypischen Veränderungen. Wichtige Parameter für die Leistungsvoraussetzung sind persönliche Merkmale, Berufsbiographie, Konstitution und Trainingsbereitschaft.[470]

---

[470] Vgl. Buck et al., 2002, S. 84.

Handlungsempfehlungen

Arbeitsmarktpolitische Maßnahmen

Die klassischen Problemgruppen wie Frauen, Jugendliche und Ausländer werden in der Arbeitsmarktstatistik erfasst: Die regionalisierten Arbeitslosenquoten Älterer werden hingegen nicht veröffentlicht, was für die Sensibilisierung der Arbeitsmarktakteure von Bedeutung wäre. Um eine wirksame und regionale Arbeitsmarktpolitik für Ältere zu gewährleisten ist es notwendig, derartige Informationen und fehlende Daten über das regionale Verrentungsgeschehen zu vervollständigen. Im Hinblick auf die demographische Veränderung des Erwerbspersonenpotenzials ist es von zentraler Bedeutung die Arbeitsmarktpolitik für die Arbeitnehmer in späteren Phasen des Erwerbslebens zu verändern.[471] Eine Verkürzung der Bezugsdauer von Arbeitslosengeld wälzt die Kosten dieser Probleme auf Ältere ab und schafft zugleich keine weiteren Arbeitsplätze.[472] Die Bundesanstalt für Arbeit hat diverse Kampagnen zur Unterstützung der älteren Jahrgangskohorten gestartet. Dies ist ein Anhaltspunkt dafür, dass die in Vergangenheit getätigten Maßnahmen nicht die gewünschte Wirkung erzielt haben.

Die ältere Bevölkerungsgruppe ist seit je her deutlich unterrepräsentiert. Die Differenz zwischen Maßnahmen der aktiven Arbeitsförderung und dem Anteil an den Arbeitslosen ist bei dieser Kohorte am größten. Der Anteil der Förderungsmaßnahmen ist mit 16,5 Prozent stark unter dem Anteil der Arbeitslosen, der bei 32,4 Prozent liegt.[473] Die Tabelle 1 zeigt den Anteil der über 50-Jährigen an verschiedenen arbeitsmarktpolitischen Maßnahmen und soll die Unterrepräsentierung der Altersgruppe darstellen. Berufliche Weiterbildung stemmt den quantitativ größten Teil der Maßnahmen und hat zugleich den zweitgeringsten Anteil an Älteren.

---

[471] Vgl. Buck et al., 2002, S. 88-95.
[472] Vgl. Deutscher Bundestag 2001, S. 236.
[473] Vgl. Buck et al., 2002, S. 89.

Maßnahmen	Geförderte insgesamt	Anteil der Älteren an allen Geförderten
Berufliche Weiterbildung	351.960	7,5%
Arbeitsbeschaffungsmaßnahmen	203.601	33,5%
Strukturanpassungsmaßnahmen	109.756	24,5%
Eingliederungszuschuss	90.535	39,2%
Trainingsmaßnahmen	47.492	2,3%

Tabelle 1: Beteiligung Älterer an arbeitsmarktpolitischen Instrumenten (50 Jahre und älter)[474]

Um gesundes Altern in körperlich und psychisch stark belastenden Berufen zu garantieren, ist ein weites Verständnis von betrieblicher Gesundheitsförderung benötigt. Die technische Gestaltung von Arbeitstätigkeiten, Arbeitsorganisation und Personaleinsatz, Qualifizierung und Arbeitszeitregelungen, Unternehmenskultur, Arbeitsklima sowie die Arbeitseinstellungen der Beschäftigten sollten unter Alternsgesichtspunkten kritisch betrachtet und überprüft werden. Vorraussetzung für die erfolgreiche Integration der aufgeführten Punkte ist, dass die betriebliche Gesundheitsförderung einen höheren Stellenwert in Unternehmen einnimmt und zu einer gesamtbetrieblichen Aufgabe wird.[475]

Zusammenarbeit zwischen Älteren und Jüngeren und generationenübergreifender Wissenstransfer

Durch eine verbesserte Zusammenarbeit zwischen Älteren und Jüngeren in Unternehmen werden etwaige Ausgrenzungsprozesse vermindert und die individuellen Stärken der Altersgruppen können gemeinsam lukrativer genutzt werden. Der Austausch an Erfahrungen zwischen den Altersgruppen und die verschiedenen Qualifikationsprofile sorgen für eine sinnvolle Ergänzung. Kontinuierliche Zusammenarbeit und eine heterogene Belegschaftsstruktur sind Voraussetzungen um den generationsübergreifenden Wissens- und Erfahrungstransfer zu ermöglichen. Gelegentlich kann es in der Zusammenarbeit zwischen den Genera-

---

[474] Adaptiert übernommen aus Buck et al., 2002, S. 88.
[475] Vgl. Buck et al., 2002, S. 85.

tionen zu Vorurteilen kommen. Die Kultur eines Unternehmens kann von der Dominanz einer Altersgruppe innerhalb einer Organisation oder eines Teams geprägt sein. Dies kann zu Ausschlussprozessen von kleineren Altersgruppen führen.[476] Wenn auf die Zusammenarbeit verzichtet wird, kann nicht von den verschiedenen Erfahrungshintergründen von Jung und Alt profitiert werden. Deswegen sollten Unternehmen möglichst altersgemischte Teams oder Wissens- und Erfahrungstandems bilden. Während ältere Mitarbeiter in der Zusammenarbeit vor allem lange arbeits- und innovationsfähig bleiben sollen, profitieren die jüngeren Mitarbeiter von der Erfahrung der Älteren und frischen mit ihren Spezialkenntnisse das Wissen der älteren Generation auf.

Erfahrungswissen ist für die Lösung von komplexen Arbeitsinhalten und zur Fertigung/ Montage komplexer Produkte zwingend notwendig, da besonders hohe Anforderungen an Qualität und Funktionalität gestellt werden. Mitarbeitern wird ihr Erfahrungswissen nicht in die Wiege gelegt sondern es dauert, je nach Aufgabenkomplexität, zwischen acht und zehn Jahren, bis sie sich dieses angeeignet haben. Unter Erfahrungswissen ist nicht nur das spezielle Fachwissen zu verstehen, sondern auch der Umgang mit Kunden, Mitarbeitern und Lieferanten, die Fähigkeit Problemsituationen zu erkennen und zu lösen, sowie individuelle Ausprägung von speziellen Fertigkeiten und optimierten Arbeitsweisen.

Die Problematik entsteht bei der Übertragung eines ausgeprägten Erfahrungswissens auf die jüngeren Arbeitnehmer. Es wird zwischen bewusstem und unbewusstem Erfahrungstransfer unterschieden. Da der unbewusste Transfer insbesondere schwer in Worte zu fassen ist und als beträchtlich umfangreicher eingeschätzt wird, nimmt dieser einen höheren Anteil der Bedeutsamkeit ein. Der unbewusste Wissenstransfer von komplexem langjährig erworbenem Erfahrungswissen findet nur während der alltäglichen Zusammenarbeit zwischen den Mitarbeitern statt. Voraussetzungen dafür sind kooperative Aufgabenstellungen und kollegiale Beziehungen zwischen den einzelnen Personen.[477]

Der Wissenstransfer erfolgt gegenwärtig zufällig und unsystematisch. Ein automatisch ablaufender Prozess zwischen den Altersgruppen einer Organisation gilt als unwahrscheinlich. Um einen gezielten und systematischen Wissenstransfer zu gewährleisten, müssen für alle Mitarbeiter Anreize geboten werden, wenn sie

---

[476] Vgl. Jasper et al., 2001, S. 8.

[477] Vgl. Buck et al., 2002, S. 58-60.

sich aktiv am Wissensaustausch beteiligen. Insbesondere älteren Mitarbeitern müssen ihre Ängste und Befürchtung bezüglich des Arbeitsplatzes genommen werden. Die Übertragung des Wissens kann nur in Zusammenarbeit der einzelnen Altersgruppen erfolgreich stattfinden.[478]

Die Tandembildung ist ein systematisches Konzept, welches häufig zur Sicherstellung der Wissensübertragung beschrieben wird. Dieses Konzept verfolgt das Ziel, das vorhandene Wissen und die erlangte Erfahrung eines älteren Mitarbeiters auf einen Jüngeren zu übertragen. Ein Tandem kann nur funktionieren, wenn beide Personen von der neuen Situation profitieren können und somit eine Win-Win Konstellation vorhanden ist. Des Weiteren muss eine funktionierende Sozialbeziehung zwischen den Beiden bestehen. Ältere Mitarbeiter sind nur bereit ihr Wissen weiter zu geben, wenn sie wissen, dass sie sich selbst damit nicht überflüssig machen, dadurch ihre Kollegen unterstützen, sie bei ihrer Arbeit zu entlasten oder das Unternehmen kann sie davon überzeugen, dass die Weitergabe ihres Wissens für den Betrieb von hohem Wert ist. Unterstützende Wirkung hat eine hohe Identifikation mit dem Unternehmen und die Bereitschaft zur Wissensweitergabe steigt. Durch die Kombination aus Erfahrung der Älteren und durch das Wissen der Jüngeren entsteht eine gleichwertige Zusammenarbeit der Altersgruppen.[479]

Personalpolitische Strategien

Externalisierung älterer Mitarbeiter

In der betrieblichen Personal Praxis war die Externalisierung älterer Mitarbeiter bis in die 1990er Jahre weit verbreitet.[480] Externalisierung älterer Arbeitnehmer ist das vorzeitige Ausscheiden von Mitarbeitern, bevor das gesetzliche Rentenalter erreicht wird. Maßnahmen zur Förderung der Frühverrentung, der Berufs- oder Erwerbsunfähigkeit und Umschulungen für andere Tätigkeiten beinhaltet die Externalisierung ebenfalls.[481]

Für den Personalabbau in Unternehmen sind ältere Mitarbeiter am attraktivsten, weil es lange als die sozial erträglichste Form des Personalabbaus galt und somit verhältnismäßig leicht durchsetzbar war. Die Produktivität von Unternehmen

---

[478] Vgl. Oesterreich, 1998, S. 36.
[479] Vgl. Buck et al., 2002, S. 60-61.
[480] Vgl. Bertelsmann Stiftung & BDA, 2005, S. 22.
[481] Vgl. Behrens et al., 2002, S. 38.

kann durch den Austausch von älteren- durch jüngere Arbeitnehmer erhöht werden. Gesundheitliche Probleme, veraltete Qualifikationen oder erhöhte Anforderungen, denen Ältere nicht mehr gerecht werden können, sind Gründe für die Personalbestandsveränderung von Betrieben. Jüngere Mitarbeiter gelten als gesund, frischer und belastbarer mit aktuelleren Qualifikationen.[482] Die Strategie der Externalisierung verfolgt unter anderem das Ziel, Lohnkosten zu senken. Beim Einsatz des Senioritätsprinzips beziehen ältere Mitarbeiter höhere Löhne und Gehälter als vergleichbare jüngere Kollegen, ohne dass eine höhere Leistungsfähigkeit die Unterschiede rechtfertigen würde. Bei einer ausgeprägten und altersabhängigen Vergütung werden ältere Arbeitnehmer überproportional zu ihrer Produktivität bezahlt.[483] Dem zu Folge ist für Unternehmen die Freisetzung Älterer eine höhere Einsparung der Personalkosten, als die Externalisierung Jüngerer. Durch die Externalisierung älterer Mitarbeiter kann auch eine alterszentrierte Homogenität der Belegschaftsstruktur verhindert oder als vorbeugende Maßnahme eingesetzt werden. Das Durchschnittsalter der Beschäftigten sinkt durch den Personalabbau ebenfalls und die Aufstiegschancen von jüngeren Arbeiternehmern erhöhen sich, da vakante Stellen neu besetzt werden müssen.[484]

Verlängerung der Beschäftigungsdauer

Der Eintritt in das Berufsleben und der Übergang in den Ruhestand sind die zwei zeitlichen Grenzen der Beschäftigungsdauer. Eine Verlängerung der Beschäftigungsdauer kann entweder durch eine verkürzte Ausbildungszeit oder durch einen späteren Rentenantrittszeitpunkt erfolgen. Der Eintrittszeitpunkt in das Berufsleben wird von der Bildungspolitik determiniert und wird daher nicht weiter betrachtet, da er von Unternehmen nicht beeinflusst werden kann. Auf den Austrittszeitpunkt können Unternehmen Einfluss nehmen. Die Beschäftigungsdauer kann durch eine Ausweitung der Erwerbstätigkeit bis zum gesetzlichen Rentenalter oder sogar bis über die Renteneintrittsgrenze verlängert werden. Der Erhalt des Humankapitals und die Senkung des Personalbedarfs sind Vorteile, die Unternehmen mit dieser Maßnahme erreichen können. Ziel der verlängerten Erwerbstätigkeit ist die Leistungsfähigkeit des Unternehmens zu erhöhen, indem ausgeglichene Altersstrukturen geschaffen werden. Die Altersstruk-

---

[482] Vgl. Behrend, 2001, S. 72.

[483] Vgl. Giarini & Liedke, 1998, S. 223.

[484] Vgl. Prezewowsky, 2007, S. 45-46.

tur der Belegschaft orientiert sich stark an der Veränderung der Gesamtbevölkerung.[485]

Nachwuchsrekrutierung

Die demographische Veränderung verursacht eine rückläufige Zahl der verfügbaren Nachwuchskräfte. Unternehmen können sich verstärkt auf den Bereich Rekrutierung konzentrieren, um den Mangel an Nachwuchskräften abzuschwächen.

Einerseits kann der Fokus dabei auf Personen gelegt werden, die in der Vergangenheit attraktiv und beschränkt vorhanden waren (War of Talents) oder auf Personen, die sich bisher unterdurchschnittlich am Erwerbsleben teilgenommen haben. Dafür kommen Frauen, Arbeitslose oder Personen aus der stillen Reserve in Frage. Ein Alterungsprozess findet jedoch auch in dieser Personengruppe statt. Somit ist die Rekrutierung der unterdurchschnittlich am Erwerbsleben beteiligten Personen nur bedingt für die altersbedingte Herausforderung geeignet.[486]

Eine weitere Möglichkeit im Bereich der Rekrutierung besteht in der Anstellung von ausländischen Arbeitskräften. Als bundesweite Lösung ist diese Maßnahme jedoch nicht zu betrachten, da Qualifikationserfordernisse nicht erfüllt werden und Integrationsprobleme vorhanden sind.

Der Fokus der Unternehmen ist bislang auf die Rekrutierung von jungen Nachwuchskräften gerichtet. Aufgrund deren Einstellung, aktuellen Wissens und neuer Qualifikationen wird die Qualität des Humankapitals gesteigert. Demzufolge mindert sich der Bedarf ältere Mitarbeiter durch Qualifizierungsmaßnahmen auf dem aktuellsten Wissenstand zu halten. Wenn sich Unternehmen intensiv mit Rekrutierungsaktivitäten beschäftigen, wird es ihnen in Zukunft möglich sein, den Austausch von älteren Mitarbeitern, die aus dem Unternehmen altersbedingt ausscheiden, durch Nachwuchskräfte leichter zu vollziehen. Ziel der Rekrutierung ist es, eine heterogene betriebliche Altersstruktur zu schaffen und das vorhandene Humankapital zu erhöhen.[487]

---

[485] Vgl. Wachtler, 1998, S. 24.
[486] Vgl. Walwei, 2001, S. 5-10.
[487] Vgl. Erhardt, 2003, S. 92.

Resümee

Die demographische Veränderung findet zeitgleich mit einem wirtschaftlichen und gesellschaftlichen Strukturwandel statt. Die Folge daraus ist der Zuwachs an wissensintensiven Tätigkeiten und der Mensch wird zur wichtigsten Ressource und zu einem beträchtlichen Wettbewerbsfaktor. Im Allgemeinen betrachtet wird die menschliche Arbeit weniger körperlicher, sondern mehr den Geist betreffen. Damit verändern sich auch die zukünftigen Belastungen der Mitarbeiter.

Hinsichtlich des Erwerbspersonenpotenzials nimmt Deutschland keine Sonderstellung ein, sondern befindet sich im Mittelfeld unter den EU-Ländern. Ab 2020 kann von einem starken Rückgang des Erwerbspersonenpotenzials gesprochen werden. Die zentralste Veränderung ist mittelfristig jedoch die enorme Alterung der Struktur des Erwerbspersonenpotenzials und seiner stärker werdenden Feminisierung.

Ein Arbeitskräftemangel wird bis 2020 nicht eintreten. Durch den zunehmend technischen und wirtschaftlichen Fortschritt kann der danach prognostizierte Arbeitskräftemangel aufgrund des langfristig sinkenden Arbeitsvolumens ausgeglichen werden. Es wird daher keine Massenarbeitslosigkeit in näherer Zukunft zu erwarten sein.

Der Fakt, dass sich Betriebe vor allem auf die jüngeren Fachkräfte konzentrieren, deren Zahl zukünftig weiter sinken wird, ist als besonders kritisch zu betrachten. Die Belegschaftsstrukturen von Unternehmen bilden keine Ausnahme in Bezug auf die Alterung. Der Kern besteht bei vielen Unternehmen aus Personen, die um die 50 Jahre alt sind. Problematisch kann es für Unternehmen werden, wenn sie die demographische Veränderung unterschätzen und nicht frühzeitig geeignete Maßnahmen auf die Veränderung ihrer Belegschaftsstruktur durchführen. Die vorzeitige Externalisierung älterer Arbeitnehmer hat die Entwicklung alternder Belegschaften lange Zeit verschleiert.

Des Weiteren werden ältere Mitarbeiter weiterhin als Manövriermasse für Freisetzungen aufgrund betrieblicher Restrukturierungsmaßnahmen betrachtet. Damit wird wertvolles Erfahrungswissen unnötig verschleudert und kann die Wettbewerbsfähigkeit von Unternehmen negativ beeinflussen. Ein Umdenken unter diesen Umständen ist von Nöten, jedoch braucht es an Zeit für die Umsetzung. Notwendig ist ein breites Maßnahmenbündel, das alters- und alternsbezogene Maßnahmen abdeckt.

Literaturverzeichnis

Behrend, C. (2001) Erwerbsarbeit im Wandel, Beschäftigungschancen älterer Arbeitnehmer und Übergänge in den Ruhestand. In Deutsches Zentrum für Altersfragen (Hrsg.), Expertisen zum Dritten Altenbericht der Bundesregierung Band 2 (S. 11-130). Opladen: Leske und Budrich.

Behrens, J., Horbach, A. & Solbrig, B. (2002). Wie Sie Ihre Leute vor der Zeit viel zu alt aussehen lassen können. In M. Morschhäuser (Hrsg.), Gesund bis zur Rente. Konzepte gesundheits- und alternsgerechter Arbeits- und Personalpolitik (S. 22-43). Stuttgart: IRB.

Bertelsmann Stiftung & Bundesvereinigung der Deutschen Arbeitgeberverbände. (2005). Erfolgreich mit älteren Arbeitnehmern. Strategien und Beispiele für die betriebliche Praxis (2. Aufl.). Gütersloh: Bertelsmann Stiftung.

Borsch-Supan, A., Erlinghagen, M., Hank, K., Jürges, H., & Wagner, G. G. (2009). Altern in Deutschland. In J. Kocka & U. M. Staudinger (Hrsg.), Produktivität in alternden Gesellschaften (S. 21-43). Halle: Deutsche Akademie der Naturforscher Leopoldina e. V.

Buck, H., Kistler, E., & Mendius, H. G. (2002). Demographischer Wandel in der Arbeitswelt: Chancen für eine innovative Arbeitsgestaltung. Stuttgart: Fraunhofer IRB Verlag.

Buck, H., & Schletz, A. (2004). Ergebnisse des Transferprojekts „Öffentlichkeits- und Marketingstrategie demographischer Wandel". In. H. Buck & A. Schletz (Hrsg.), Ergebnisse des Transferprojektes Demotrans (S. 7-28). Stuttgart: Fraunhofer IAO – Inst. Arbeitswirtschaft und Organisation.

Buck, H. (2001). Öffentlichkeits- und Marketingstrategie demographischer Wandel – Ziele und Herausforderungen. In H.-J Bullinger (Hrsg.), Zukunft der Arbeit in einer alternden Gesellschaft (S. 11-24). Stuttgart.

Bullinger, H.-J., Buck, H. & Schmidt, S. L. (2003). Die Arbeitswelt von morgen. *DSWR, 4*, S. 98-100.

Deutscher Bundestag. (2001). Jahresgutachten 2001/02 des Sachverständigenrates zur Begutachtung der gesamtwirtschaftlichen Entwicklung. BTDr 14/7569. Berlin.

Deutscher Bundestag. (2002). Schlussbericht der Enquete-Kommission „Demographischer Wandel – Herausforderungen unserer älter werdenden Gesellschaft an den Einzelnen und die Politik". Bundestagsdrucksache 14/8800. Berlin: Bundesanzeiger Verlag.

Erhardt, M. (2003). Antworten auf die demographische Herausforderung. Bildungspolitik. In Roman Herzog Institut (Hrsg.), Zukunft der Arbeit. Dokumentation der Vorträge und Diskussion des Auftaktsymposiums zum Roman Herzog Institut am 25. Februar 2003 in der Technischen Unversität München (S. 85-96). München: Roman Herzog Institut.

George, R. (2000). Beschäftigung älterer Arbeitnehmer aus betrieblicher Sicht. Frühverrentung als Personalanpassungsstrategie in internen Arbeitsmärkten. München: Hampp Verlag.

Giarini, O. & Liedke, P. M. (Hrsg.). (1998). Wie wir arbeiten werden – der neue Bericht an de Club of Rome. Hamburg: Hoffmann und Campe.

Institut der deutschen Wirtschaft Köln. (2006). Deutschland in Zahlen (Ausgabe 2006). Köln: Deutscher Instituts-Verlag.

Jasper, G., Rohwedder, A., & Schletz, A. (2001). Innovieren mit alternden Belegschaften. In. J. Moser B., Nöbauer & M. Seidl (Hrsg.), Vom alten Eisen und anderem Ballast (S. 60-86). München: Mering.

Klös, H.-P. (2003). Die demographische Entwicklung als Herausforderung für Berufsbildung und Personalentwicklung – sieben offene Fragen. In H.-P. Klös, R.Weiß & R. Zedler (Hrsg.), Demographische Entwicklung – Berufsbildung – Personalentwicklung (S. 7-19). Köln: Deutscher Instituts-Verlag.

Oesterreich, R. (1998). Wie kann bei gemischten Altersstrukturen ein gezielter und systematischer Wissenstransfer erfolgen?. In A. Reif, J. Täubert & H. Buck (Hrsg.), INVAS – Innovationsfähigkeit im Bereich Montage bei veränderten Altersstrukturen. Dokumentation 2. Chemnitzer Workshop. Chemnitz: Fraunhofer.

Prezewowsky, M. (2007). Demographischer Wandel und Personalmanagement. Herausforderungen und Handlungsalternativen vor dem Hintergrund der Bevölkerungsentwicklung. Wiesbaden: Deutscher Universitäts-Verlag.

Schmid, J. (2015). Definition Altenquotient. Verfügbar unter http://wirtschaftslexikon.gabler.de/Archiv/2580/altenquotient-v8.html

Statistisches Bundesamt. (2003). Bevölkerung Deutschlands bis 2050. 10. koordinierten Bevölkerungsvorausberechnung. Wiesbaden: Statistisches Bundesamt.

Statistisches Bundesamt. (2015). Bevölkerung Deutschlands bis 2060. 13. koordinierten Bevölkerungsvorausberechnung. Wiesbaden: Statistisches Bundesamt.

Stührenberg, L. (2004). Ökonomische Bedeutung des Personalbindungsmanagements für Unternehmen. In R. Bröckermann & W. Pepels (Hrsg.), Personalbindung. Wettbewerbsvorteile durch strategisches Human Resource Management (S. 33-50). Berlin: Schmidt.

Velladics, K. (2004). Generationenvertrag und demographischer Wandel. Konsequenzen des aktiven Alterns für den Arbeitsmarkt am Beispiel Deutschlands und Ungarns. Wiesbaden: Deutscher Universitäts-Verlag/GWV Fachverlage GmbH.

Wachtler, G. (1998). Berufsarbeit in der „Dritten Lebensphase". Wiesbaden: Springer Verlag.

Walwei, U. (2001). Arbeitsmarktbedingte Zuwanderung und bedenkenswerte Alternativen – Strategie zur Erschließung von Personalreserven. Nürnberg: IAB Werkstattbericht.

Wendt, H. (1999). Ausgangspunkte Problemstellungen und Aufgabenfelder des Arbeitskreises „Migration – Integration – Minderheiten". In H. Wendt (Hrsg.), Zuwanderung nach Deutschland – Prozesse und Herausforderungen (S. 7-17). Wiesbaden: Bundesinstitut für Bevölkerungsforschung.

Wiesheu, O. (1999). „Rechnet sich" qualifizieren statt entlassen?. Politische Studien, Sonderheft 2 (S. 57-64).

Einzelbände

Olaf Meschke: Die Bedeutung des Erfahrungswissens älterer Mitarbeiterinnen und Mitarbeiter unter den Bedingungen des demografischen Wandels

http://www.grin.com/de/e-book/171327/

ISBN: 978-3-640-90710-6

Julia Förster: Auswirkungen einer demographieorientierten Rekrutierung auf die Unternehmenskultur

http://www.grin.com/de/e-book/283326/

ISBN: 978-3-656-82627-9

Jessica Kühn: Die Wirkungen des demografischen Wandels auf die Betriebe in Deutschland. Handlungsmöglichkeiten für Arbeitgeber und -nehmer

http://www.grin.com/de/e-book/308408/

ISBN: 978-3-668-06534-5

Dominic Konrad: Die Folgen der Bevölkerungsalterung für den Arbeitsmarkt in Deutschland

http://www.grin.com/de/e-book/318746/

ISBN (Buch): 978-3-668-17893-9